Muhyiddin Shakoor

Aufs fließende Wasser geschrieben

Muhyiddin Shakoor

Aufs fließende Wasser geschrieben

Mein Werdegang zum Derwisch

Der Erfahrungsbericht
eines westlichen Suchers
auf dem Schulungsweg
der Sufis

Otto Wilhelm Barth Verlag

1. Auflage 1991
Einzig berechtigte Übersetzung aus dem Amerikanischen
von Jochen Eggert.
Titel der Originalausgabe: «The Writing On The Water».
Copyright (c) 1988 by Al-Hajj Muhyiddin Shakoor.
First published in Great Britain in 1988 by
Element Books, Ltd., Longmead, Shaftesbury, Dorset.
Gesamtdeutsche Rechte beim Scherz Verlag, Bern, München,
Wien, für den Otto Wilhelm Barth Verlag.

Inhalt

Prolog: Die Suche   9

1. Die Nadel   23
2. Der Abfluß   37
3. Hinter den Abflüssen   55
4. Die Pflanze   70
5. Reisen   85
6. Das Auto   114
7. Der Park   140
8. Der Kuchen   149
9. Die Fischglas-Trilogie   158
10. Die dritte Reise   172
11. Das Feuer   210
12. Das Schwert   223

Epilog: Der Anfang   263
Anhang: Worte des Shaikh   265
Glossar   277

Es ist die Erzählung eines Fremden, und es bedarf eines Fremden, um der Erzählung eines Fremden zu lauschen und sie vernehmen zu können.

Maulana Rumi

Wisse, Geliebter, daß der Mensch nicht zum Scherz oder aufs Geratewohl erschaffen wurde, sondern auf wunderbare Weise gemacht ist und zu einem großen Zweck. Obwohl er nicht vom Immerwährenden ist, lebt er doch für immer; und obgleich sein Körper niedrig und irdisch ist, hat er doch einen hochfliegenden und göttlichen Geist. Wenn er im Schmelztiegel der Entsagung von fleischlichen Leidenschaften gereinigt ist, erlangt er das Höchste und wird, anstatt ein Sklave seiner Begierde und seines Zorns zu sein, mit Engelseigenschaften begabt. In diesen Zustand gelangt, findet er seinen Himmel in stiller Betrachtung der Ewigen Schönheit und nicht mehr in fleischlichen Genüssen. Das Elixier des Geistes, das diesen Wandel in ihm wirkt, ähnlich jenem Elixier, das unedle Metalle in Gold verwandelt, ist nicht leicht zu entdecken und nicht im Hause jeder alten Frau zu finden.

... Die Schätze Gottes nun, worin dieses Elixier zu suchen ist, sind die Herzen der Propheten, und wer es anderswo sucht, wird die große Enttäuschung und den Bankrott erleben am Tage des Gerichts, wenn er die Worte hört: «Wir haben dir die Decke von den Augen genommen, so daß dein Blick heute geschärft ist.»

... Gott hat hundertvierundzwanzigtausend Propheten auf der Erde ausgesandt, die Menschen zu lehren, wie man dieses Elixier zubereitet und wie sie ihr Herz im Tiegel der Entsagung von niederen Eigenschaften reinigen können. Dies Elixier ist kurz zu umschreiben als Abkehr von der Welt zu Gott hin, und seiner Bestandteile sind vier: daß man sich selbst erkenne, daß man Gott erkenne, daß man diese Welt erkenne, wie sie wirklich ist, und daß man die nächste Welt erkenne, wie sie wirklich ist.

Al Ghazali

Was der Mensch in Stein meißelt,
damit es für Jahrhunderte hält,
ist für Allah wie
aufs fließende Wasser geschrieben.

Ein Vers meines Shaikh

Prolog:
Die Suche

Lob sei Gott, der Ersten-Letzten-Wirklichkeit, dem Herrn
der Welten, dem Freund der Suchenden, dem Öffner der Her-
zen. Lob sei Ihm, der mir Freundschaft gewährte und mich
von dieser *Dunya* erlöste, von dieser Raumfahrtzeitalter-
Welt, einer Welt der Ablenkungshypnose und des technologi-
schen Wahns. Lob sei Ihm, der den Suchenden zur Selbsterge-
bung führt, die auch Selbstbegegnung heißen könnte – und
dies ist der Name des Spiels, das eigentlich kein Spiel ist.
Ergebung, der erste Schritt auf der Suche nach dem Selbst:
ein Riesenschritt, ein Kinderschritt – weder noch und doch
beides, und Gehen zu lernen macht manchmal Angst.

Es liegt Jahre zurück, dieses Gestern, als ich meiner Heraus-
forderung entgegenging. In einem ganz normalen Wohnhaus,
aus dem man eine Moschee gemacht hatte, geschah es. Freun-
de hatten mich eingeladen, und ich war eigentlich nur zum
Zuschauen da. Leere Sitzplätze gab es genug, der Lehrer
stand vor einer zweiköpfigen Klasse. Ich setzte mich still ne-
ben eine der schon Anwesenden, eine alte Frau, Sister Ma-
jeed, wie ich später erfuhr. Ich schaute den Lehrer an, einen
bärtigen alten Mann, eine Geschichte für sich. Sie nannten ihn
Imam (religiöser Führer). Ich sah mich im Raum um, die
rissige Decke, das alte Inventar, der Linoleumboden, selbst-
gebastelte Tafeln und die Wand hinter dem Lehrer, auf der
etwas geschrieben war. Es war eine außerordentlich schöne
und sehr verschlungene Schrift. Sie beherrschte die ganze
Wand – und meine Aufmerksamkeit. Sie verströmte Frieden
und wirkte seltsam vertraut, obgleich sie für mich nicht zu
entziffern war. Sie hielt mein Interesse während des ganzen

Vortrags gefangen. Irgendwann konnte ich mich nicht mehr bezwingen und flüsterte der alten Frau neben mir eine Frage zu: «Ma'am, was ist das da?»

Ein weises altes Gesicht wandte sich meinem so jungen zu. Sie sah mich mit wissenden Augen an und sagte: «Es ist das Äußerste auswärts und das Innerste einwärts. Verlieren Sie es nicht aus den Augen.»

In dem Augenblick, als diese Worte mein Ohr erreichten, schien die Zeit stehenzubleiben. Tief in mir hörte etwas. Ich begriff zwar nicht ganz, aber ich wußte, was sie sagte, war die Wahrheit. Die Knie wurden mir weich, und das Herz schlug heftig. Etwas gab mir ein, ihr und diesem Augenblick zu trauen, aber in meiner Verwirrung tat ich etwas anderes. Mein Verstand sagte mir, daß hier etwas Unkontrollierbares geschah, und schon stürzten mir die sinnlosen Fragen nur so aus dem Mund: «Aber was ist es wirklich... ich meine, was bedeutet es? Wie soll ich...?»

Sie streckte eine Hand aus, noch runzliger als ihr Gesicht und genauso weise. Sie faßte mich am Arm und schnitt mein Gestammel ab. Lächelnd beugte sie sich herüber und sagte: «Es ist Sie. Es ist, was Sie sind... das Was. Und was das Wie angeht, nun, sagen wir einfach, daß Sie loslassen müssen, um losgehen zu können. *Assalaamu alaikum.*»

Sie übersetzte, bevor ich neue Fragen stellen konnte: «‹Friede sei mit dir› heißt das, junger Mann. Es heißt: ‹Der Friede Gottes, der Friede *ist*, sei mit dir›.»

Sie ließ sich von mir stützen, als sie aufstand, und nickte zur Wand hin: «Sie werden sehen... wenn Gott es will, werden Sie sehen. Sie finden es alles in dem da. Man nennt es *Kalima.*»

Diese Augenblicke mit Sister Majeed waren wie eine tiefe Einweihung. Ich erkannte mit allem, was ich war, die aus Liebe gewebte Schönheit all der Frauen, die je meine Lehrerinnen gewesen waren. Ich fühlte, ich erinnerte, ich erkannte die Gnade einer unbekannten hegenden Kraft, die mir in meiner Mutter begegnet war, in meiner Großmutter, in der Lehrerin der ersten Klasse, in der Frau von gegenüber, die mir Kekse gab, wenn ich für sie etwas besorgte, und in dem Mädchen von nebenan, dem ich wie vom Donner gerührt in der ersten bewußten Empfindung von Liebe gegenüberstand. Sie alle waren vollkommen klar gegenwärtig in diesem Augenblick, versammelt im Gesicht der alten Frau. Eine große Zerbrochenheit begann da zu heilen, und Tage aus den engen, stumpfen Jahren meiner Vergangenheit offenbarten einen neuen Sinn. Halb betäubt, tief erschüttert von dieser Güte verströmenden alten Frau, nahm ich die Worte an, ohne um deren Tiefe und Tragweite zu wissen. Ich war gekommen und hatte eine seltsame Inschrift auf der Wand gefunden; als ich nun ging, ergriff ihr Geheimnis schon langsam Besitz von mir: *La ilaha ill 'Allah.*

So wurde ich auf den Weg meiner Suche gebracht. Das Forschen nach dem Sinn dieses zeitlosen Satzes war in Wirklichkeit der Anfang meiner Suche nach mir selbst.

Die Wochen, die meiner Begegnung mit Sister Majeed folgten, fanden mich häufig allein, tief in stille Auseinandersetzung mit mir selbst versunken. Immer noch unfähig, diese Begegnung irgendwie einzuordnen, hatte ich mehrmals vergeblich versucht, sie einfach wegzuschieben. Mein Bewußtsein war derart gepackt von diesem Erlebnis, daß ich mir endlich zugab: Ich muß wissen, was es damit auf sich hat.

Unerwartet plötzlich kam mein Leben an einen Wendepunkt. Ich machte einen weiteren Schritt auf einem unbekannten Weg, und so kam es, daß ich in die Moschee zurückging und Sister Majeed näher kennenlernte. Für sie galt wirklich, was man von manchen Menschen sagt: Wer sie kennt, muß sie einfach lieben. So entwaffnend schön war ihre von Weisheit durchstrahlte Seele, daß man gar nicht anders konnte. Es war etwas fast Magnetisches in ihrer Selbsthingabe, etwas strahlend Stilles, das meine eigene tiefe Sehnsucht anklingen ließ und mich in größere Nähe zu mir selbst brachte.

Der bärtige alte Mann wurde nach Sister Majeed mein erster formeller Lehrer. Auch er hatte seine Schönheit. Sein Vortrag war lebhaft und voller plastischer Vergleiche, besaß Witz und Humor und Tiefe. Anfangs erinnerten seine Worte mich sehr an Dinge, die ich früher schon gehört hatte: Rituale, Riten und dogmatische Gesetze – all die Dinge, die ich mit der institutionalisierten Religion assoziierte und die mich nicht in der Tiefe ansprachen, obwohl ich immer hoffte, daß das geschehen würde. Gleichwohl mußte ich mir eingestehen, daß hier noch etwas anderes war, etwas, das mich vielleicht doch erreichen und mir eine aufregend neue Richtung erschließen konnte.

Ich kam etliche Male, bevor der alte Mann über die üblichen Grußworte hinaus mit mir sprach. Stets mit Block und Bleistift in der Hand, schrieb ich alles mit. Bienenfleißig legte ich umfangreiche Notizensammlungen an und studierte die Ideen. Fragen, Fragen. Nach einer Weile fühlte ich mich bereit – vielmehr: ausreichend gewappnet –, mich zu Wort zu melden. Zu meiner Überraschung hörte sich der alte Mann meine Fragen an. Und nicht nur das, er unternahm es sogar, sie zu beantworten, und forderte mich dann seinerseits mit Fragen heraus. Er ließ mich nach Antworten suchen, wies mich an zu lesen, zu denken und zu verstehen. Nie zuvor hatte ich in Sachen Religion und Glaube einen Lehrer wie diesen kennengelernt.

Wir verbrachten viele Stunden in dem alten Gebäude, der Imam und ich. Häufig waren nur wir beide da. Dann saßen wir hinten in der alten Küche, tranken Kaffee und sprachen über den Islam. Mitunter saßen wir auch oben im Gebetsraum und sprachen über Gott, den er Allah nannte. In diesem Raum begann ich – auf der praktischen Ebene – zu begreifen, was es mit dem Akt der Ergebung auf sich hat. Ich kniete nieder und berührte vor dem Herrn des Universums mit der Stirn den Boden. Tränenüberströmt und geschüttelt von einer Unrast, die irgendwoher aus der Tiefe aufstieg, tat ich einen Blick in die Vergessenheit. Ich murmelte eine Formel, die mir damals so fremd war, wie sie mir heute vertraut ist: *Subhana Rabbi al 'ala* – Preis meinem Herrn, dem Allerhöchsten.

Während der nächsten Jahre war ich ein Schüler, im äußeren wie im spirituellen Leben. In diesen Jahren war ich dem Imam treu ergeben, und unter seiner Anleitung gewann ich mehr Klarheit in meinem Suchen. Bei ihm lernte ich die Grundlagen: Etwas von der Alleinigkeit Gottes, von der Einheit Seiner Botschaft in allen geoffenbarten Büchern, von der Bruderschaft der Propheten, von Leben und Tod und von den Engeln. Manches erfuhr ich auch von der Natur der menschlichen Seele und von den Pflichten eines Gottesdieners. Und etwas vom Gebet (*Salat*), vom Almosengeben (*Zakat*), vom Fasten (*Saum*) und von der Pilgerschaft (*Hajj*). Es war die Zeit meiner ersten Lektionen, vermittelt unter Gottes Führung durch die weise und liebevolle Fürsorglichkeit von Sister Majeed, dem Imam und den vielen anderen, die mein Leben berührten. Die Jahre flogen nur so dahin, und dann kam der Tag, an dem ich wußte, daß ich gehen mußte. Das erste Stadium meiner praktischen Schulung war abgeschlossen, und nun wurde es Zeit weiterzuziehen. Das war kein leichter Schritt. Ich hing doch sehr an dieser Moschee, diesem Imam und dieser Gemeinschaft von Muslimen.

Ich vollzog die Trennung und zog auf eigene Faust los. Man hatte mir eine Stelle in einer anderen Stadt angeboten, und so machte ich mich auf, um etwas von der Welt zu sehen. Drei Jahre lang war das ein herrliches Leben. Ich ging von Erfolg zu Erfolg, vor allem was Einfluß und Anerkennung im Berufsleben anbetraf. Aber irgendwie war ich doch nicht glücklich. Ich wünschte mir ein spirituelles Leben, sah aber nicht, wie ich dazu kommen sollte, ohne etwas anderes aufzugeben. Ebenso unlustig wie verstört, suchte ich schließlich eine neuerliche Veränderung. Aber dieser schlecht bedachte und zum falschen Zeitpunkt gestartete Fluchtversuch führte sehr schnell in die Katastrophe. Nach drei Monaten stand ich mit leeren Händen auf der Straße. Von einer, wie es mir schien, endlosen Serie von Problemen verfolgt, leidend, blieb mir schließlich nichts anderes übrig, als eine Bestandsaufnahme meines Lebens zu machen und mich erneut meinem Schöpfer zuzuwenden.

Endlich fand ich dann einen neuen Job, eine einfache, bescheidene Stellung, die keine Gelegenheit zu meiner früheren Aufgeblasenheit bot. Kurz nachdem ich die Stelle angetreten hatte, fiel mir eine Zeitschrift aus dem Mittleren Osten in die Hände, in der für die Vorbereitung einer Konferenz zur Abfassung von Beiträgen aufgerufen wurde. Ich fühlte mich kompetent auf einem der genannten Gebiete und schrieb. Nach einer ganzen Weile erhielt ich einen Anruf aus großer Entfernung.

Der Anrufer sagte in geschäftsmäßigem Tonfall: «Bruder,

ich bin gebeten worden, Sie davon zu informieren, daß Ihr Referat angenommen worden ist. Können Sie es einrichten, in Saudi Arabien dabeizusein? Ihr Flugticket wird Ihnen zugeschickt, und um Ihr Visum kümmern wir uns.»

Verblüfft nahm ich an und legte auf. Innerhalb eines Monats hatte ich Visum und Tickets und saß auch schon im Flugzeug.

Auf dieser Konferenz wurde mir vielerlei Gutes zuteil. Mein Referat wurde gut aufgenommen, und ich gewann manche neue Einsicht. Ich traf wunderbare Gott-bewußte Denker, von denen ich vieles lernte. Ein sehr wesentlicher Teil dessen, was ich dort lernte, bezog sich auf die Frage, wie ich die verschiedenen Aspekte meines Lebens – die praktische, die berufliche und die spirituelle Seite – miteinander in Einklang bringen konnte. Und was ich an Rat erhielt, war mir in der Tat hochwillkommen. Ich war der strapaziösen Gespaltenheit meines Lebens so müde geworden. Eine andere sehr wertvolle Erfahrung bei dieser Konferenz hatte mit meiner immer noch nicht vollzogenen Ablösung von der Moschee meiner Heimatstadt und dem alten Imam zu tun. Ich empfand immer noch eine Art Treuepflicht gegenüber dieser bestimmten Gemeinschaft und Stadt. Ich sprach während der Konferenz mit einem alten Muslim über meine Hoffnungen und das, was mich bedrückte. Er hörte zu, schaute mich dann still an und sagte: «Sehen Sie denn nicht, mein Bruder? Allah hat Sie hierhergebracht, damit Ihnen klarwerden kann, daß diese Welt Ihr Zuhause ist. Ihre Familie ist überall.»

Die Worte trafen meine Ohren, als wäre ich taub gewesen und nun geheilt. Noch nie hatte ich mein Leben in einen so weiten Rahmen gestellt gesehen. Mit dieser Antwort kam auch Licht in eine weitere Frage, die sich auf Lehrer und Imame (religiöse Führer) bezog. Ich hatte den Imam als eine Art *Shaikh* oder Meister-Lehrer betrachtet. Ich hatte gedacht, meine Loyalität ihm gegenüber verbiete es mir, einen anderen Lehrer zu suchen; aber so sehr ich ihn auch liebte, wußte ich doch, daß bei ihm nicht zu finden war, was ich im Herzen suchte. Dieser ältere Sucher nun machte mir den wesentlichen Punkt klar. Er sagte, ein Mensch könne sehr leicht der Imam, also der Lehrer für die exoterische Seite der religiösen

Praxis, eines anderen sein, sei aber dann nicht unbedingt sein Shaikh, der Führer oder Meister für die mehr nach innen zielenden esoterischen Fragen der spirituellen Läuterung und Entwicklung. Ich hatte dem Imam zuviel Bedeutung beigemessen, weil er nach Sister Majeed mein erster formeller Lehrer gewesen war. Dies zu erfahren war eine große Erleichterung; dennoch nimmt er in meinem Herzen immer noch einen ganz besonderen Platz ein. Der Prophet Muhammad selbst, Friede sei mit ihm, sagte: «Sei zutiefst demutsvoll und achtungsvoll gegenüber Menschen, von denen du Wissen empfängst.» Und sein Gefährte Ali, möge Gott Freude an ihm haben, sagte: «Sklave bin ich dem Menschen, der mich auch nur ein einziges Wort gelehrt hat. Er mag mich verkaufen oder freigeben.»

Und so kamen während dieser Konferenz viele dunkle und unbeantwortete Fragen plötzlich ans Licht. Während ich über mein Dortsein nachdachte und über all das, was ich gelernt hatte, wurde mir die Gnade Gottes immer deutlicher. Ich fühlte wirklich Seinen unsichtbaren Schutz. Von einer Seite der Welt zur anderen hinüber schaute ich zurück auf mein Leben. Ich sah, daß Gott mich auch in den Tagen der Dummheit geliebt und daß Er mein Herz am Leben erhalten hatte. Ja, ich hatte mich verirrt, aber ich hatte Ihn nie zurückgewiesen, und das innere Suchen war immer dagewesen.

Während der Konferenz traf ich noch einen weiteren Helfer-Führer, sein Name war Ibrahim. Irgendwie machte Gott, daß wir zueinander gezogen wurden, und bald kamen wir miteinander ins Gespräch. Ibrahim kannte viele der Konferenzteilnehmer und machte es sich zur Aufgabe, mich herumzureichen und mit möglichst vielen Leuten bekanntzumachen. Die interessanten Menschen, die ich durch die Bemühungen dieses umgänglichen und kontaktfreudigen Bruders kennenlernte, wären eine Geschichte für sich wert.

Ziemlich am Anfang trafen wir auf einen Mann aus der Türkei. «Hier haben wir jemanden, mit dem Sie sich mal unterhalten sollten», sagte Ibrahim lächelnd. «Aber wenn ich Sie alleinlasse, dann nehmen Sie sich in acht vor diesem Bruder, der könnte nämlich nach *Sufi*-Art mit Ihnen reden. Aber es wäre bestimmt nicht schlecht für Sie, mal seiner Sicht der Dinge ausgesetzt zu sein.»

Nach dieser ziemlich ominösen Bemerkung zog Ibrahim sich zurück. Ich stand da und versuchte mir klarzumachen, was er wohl gemeint haben könnte. Ich hatte Werke einiger großer Sufis gelesen, und deren Schönheit und Tiefe hatten mich immer sehr beeindruckt. Ich sah die Sufis als besonders kostbare Menschen unter den Muslimen an und hatte insgeheim stets gehofft, eines Tages einer der ihren zu sein. Was an Ibrahims Worten ließ mich also jetzt innerlich derart in Abwehrstellung gehen?

Plötzlich brach die Stimme des Fremden in meine Gedanken ein und holte mich in den Augenblick zurück: «*Assalaamu alaikum wa Rahmatullahi wa barakatu* – Friede sei mit dir, die Gnade Gottes und Sein Segen.»

Der fremde Bruder blickte mir direkt ins Gesicht. Seines war freundlich, die Augen feucht und voller Licht. Die Schlichtheit seines Äußeren und seines Auftretens verriet innere Tiefe. Ich bot ihm die Hand zum Gruß, doch er nahm sie und küßte sie. Dann trat er noch näher, berührte meinen Kopf und küßte mir die Stirn. Er sagte: «Lassen Sie uns einen besseren Platz suchen, ich habe Ihnen viel zu sagen.»

Wir verließen den schmalen Korridor und blieben in einem ruhigen und hellen Teil der Lobby stehen. Es gab eigentlich keinen Grund zu reden. Etwas an diesem Menschen erreichte mich ganz in der Tiefe. Er berührte meine Sehnsucht nach etwas, das Worte nicht beschreiben können. Dieser Mann, den ich nie zuvor getroffen oder gesehen hatte, war ein wahrer spiritueller Freund. Ihn nur zu sehen, war wie die Bestätigung, daß meine Hoffnung auf spirituelle Führung berechtigt sei.

Wieder sprach er mich an: «Ich bin vom Großshaikh Abdullah Daghistani zu Ihnen geschickt worden, dem Shaikh meines Meisters, Shaikh Nun von Kibrus. Da der Großshaikh jetzt in der besseren Welt ist, sollten Sie sich, falls Sie mehr über ihn wissen wollen, mit Shaikh Nun in Verbindung setzen. Der Großshaikh hat mir gesagt, daß Sie den Shaikh finden werden, nach dem Sie sich sehnen – und vieles andere.»

Ich begann zu weinen. Je länger er sprach, desto mehr weinte ich. Er sprach mir von vielen Dingen, von Gott, vom

Propheten Muhammad und der Bruderschaft der Propheten (Friede sei mit ihnen), vom Weg des Islam als Auslieferung an Gott. Und von der Ausrichtung der Suchenden, die er in zwei Klassen einteilte: die «Äußeren», die mehr das Äußerliche suchen, vor allem durch Ausführung der Rituale und durch Wahrung der Formen, und die «Inneren», die über Rituale und Formen hinaus zum Ozean des tieferen Sinns gelangen wollen. Immer noch weinte ich. Was ich hörte und empfand, berührte und bewegte mich in einer mir unbekannten Tiefe meines Herzens. Die Liebe und Wahrheit, die in diesem Fremden lebten, waren mehr, als mein Verstand erfassen konnte – aber mein Herz verstand doch.

Der Fremde schenkte mir ein Foto des edlen Großshaikh, der 120 Jahre alt geworden war. Mich bestürzte das lichtdurchstrahlte Gesicht dieses Mannes, der hier aus einer anderen Welt zu mir herüberdrang und durch diesen Derwisch in mein Leben trat. Ich nahm das Foto und steckte es weg, und es hat mich seither immer wieder daran erinnert, daß die Erfahrung meines Herzens wirklich und echt ist.

Wir blieben für die Dauer der Konferenz zusammen. Wir saßen zusammen im Plenum und suchten andere Teilnehmer auf, die ebenfalls Arbeiten vorgelegt hatten. Wir verließen die Konferenz zusammen und reisten in die Heilige Stadt Medina. Wir besuchten die Moschee und die Grabstätte des Propheten, Friede sei mit ihm, und seiner geliebten Gefährten Abu Bakr Siddiq und Umar Ibn Khattab, die an seiner Seite beigesetzt sind, möge Gott sich ihrer erfreuen.

Dieser Besuch hatte einen besonderen Sinn und eine besondere Bedeutung, was mir erst viel später aufging. Hier war eine Stadt der Ergebung entstanden, und sie barg die erhabenste Gemeinschaft von Dienern Gottes, die je existiert hatte. Es war mir vergönnt, in der Moschee in jener *Mihrab* (Gebetsnische) zu beten, die auch der Prophet zu jenem Zweck benutzt hatte – der richtige Ort, um mich meiner Kleinheit zu erinnern und zu Gott zu beten, daß ich unter denen sein möge, die dem Propheten wirklich nahe sind. Der richtige Ort, um Klarheit zu gewinnen über die Hoffnung, mich Gott so vollkommen auszuliefern, wie es alle seine Propheten getan hatten, und mein Herz so mit Liebe und Licht erfüllen zu können, wie es *Medina al munawwara*, die Stadt der Erleuchtung, gewesen war.

Wir reisten weiter zur Heiligen Stadt Mekka, wo Gott mir den Anblick seines uralten Hauses gewährte, der *Ka'bah*, die der Prophet Adam und der spätere Prophet Abraham, Friede sei mit ihnen, errichtet hatten. Wir führten die Riten der kleinen Pilgerschaft (*Umra*) aus und verabschiedeten uns dann in der Stadt voneinander. Der Fremde und Freund war die Personifikation dieses pulsierenden Geistes der Brüderlichkeit, den ich überall um uns her spürte. Und natürlich war ich nach unserem Abschied von solcher Freude erfüllt, daß ich kaum an mich halten konnte. Welch ein Glück, einen solchen Führer und Begleiter durch die heiligsten Städte auf Gottes Erde gehabt zu haben! Als ich in Mekka in den Bus einstieg, dachte ich an meine Heimat zurück. Die Welt schien kleiner geworden zu sein.

Auf dem Rückflug wurde ich sehr krank. Ich verlor alles Gleichgewichtsgefühl und konnte weder essen noch trinken. Die meiste Zeit lag ich auf dem Rücken, über zwei Plätze im Jumbo ausgestreckt. Auch zu Hause fühlte ich mich noch sehr elend und blieb zwei Wochen lang im Bett, bis ich mich stark genug fühlte, wieder an die Arbeit zu gehen. Während meiner Krankheit erhielt ich etliche gutgemeinte, wenn auch nicht erbetene Diagnosen, die von Jet-Lag sprachen. Ich wehrte mich nach Kräften dagegen, aber eigentlich waren sie gar nicht so falsch. Denn wenn ich jetzt daran zurückdenke, würde ich meine Krankheit als eine Art spirituellen Jet-Lag bezeichnen. Die Krankheit rüttelte mich wach für den beginnenden großen Umbruch in meinem Leben, und sie zeigte mir sehr deutlich, was mir bevorstand, sollte ich in mein altes Leben zurückfallen. In den Wochen nach meiner Heimkehr und Genesung ergriff ein schmerzhaftes Verlangen Besitz von mir, wie ich es noch nie erlebt hatte. Und es gab offenbar nichts, womit es zu befriedigen war. Plötzlich wurde es sehr schwierig, auch nur meiner Arbeit nachzugehen. Ich trat jeden Tag in tiefer Niedergeschlagenheit an. Ich sprach sehr wenig und hielt Abstand von allen Leuten. Außerhalb der Arbeitszeit verkroch ich mich. Das Verlangen nagte und nagte, und immer wieder durchlebte ich meine Reise. Mehrere

Wochen verbrachte ich in diesem Zustand, dann faßte ich den Entschluß, meine Familie zu besuchen, vor allem meine Mutter, die ich seit Monaten nicht gesehen hatte. Als ich mit ihr in der Küche saß, erzählte ich ihr die Geschichte meines rastlosen inneren Suchens.

Sie sagte darauf nur: «Vertrau auf Gott, Er weiß, was du zu tun hast.»

Die Schrift an der Wand, sie hatte sich über die Jahre hingezogen, und das stille Sehnen, das während meiner Reise in mir erwacht war, wurde immer stärker. Mit erneuerter Entschlossenheit, diese unerkannte Sehnsucht zu erfüllen, machte ich mich daran, mein Leben wieder Gott zuzuwenden.

In der Zeit dieser Wendung zogen die Monate sich wie ein endloser Zug hin, jeder Tag ein zuckelnder Güterwagen, in dem ich auf der Suche nach einem Sinn für das, was ich gelebt hatte, auf und ab tigerte. Ich fand keine Antwort, wartete auf den rechten Augenblick, und mir ging auf, daß ich vielleicht jahrelang suchen würde.

Dann stand ich einmal in dem Gebäude, in dem ich arbeitete, mit jemandem auf dem Gang, als ein Mann, den ich nicht kannte, vorbeiging. Ich stellte mich meinem Gesprächspartner gerade vor, und der Vorbeigehende hörte wohl meinen Namen. Er blieb wie angewurzelt stehen und sagte im Tonfall einer beiläufigen Feststellung, gerade laut genug, daß ich ihn verstehen konnte: «Das ist kein amerikanischer Name.»

Teils überrascht, teils belustigt, aber gleich wieder gefaßt, fragte ich: «Wie ist denn Ihr Name?»

«Salah», erwiderte er lächelnd.

Jetzt verstand ich und wäre beinahe in Lachen ausgebrochen, als wir fast unisono unsere *Salaams* (Friedensgrüße) austauschten.

Durch diesen Mann, Salah, kam ich zur Muslimgemeinschaft meiner neuen Heimatstadt. Ich sah die Begegnung mit ihm vor dem Hintergrund meines sich wandelnden Lebens und fühlte mich gedrängt, etwas zu unternehmen, was meiner erneuerten Entschlossenheit entsprach. Ich war nun schon fast ein Jahr in der Stadt, ohne auch nur einem einzigen Muslim begegnet zu sein. Dem Wink folgend, kam ich in eine große, aber noch im Aufbau befindliche Gemeinschaft von

Muslimen. Es gab da viel zu tun, und schneller, als ich gedacht hätte, führte meine kleine Initiative zu einem Leben voller Aktivität.

Das war eine Zeit vieler Veränderungen und Lernschritte. Viele der Dinge, die ich damals in der Moschee gelernt hatte, traten wieder zutage. Wo ich konnte, wandte ich sie zum Wohl der anderen nutzbringend an. Aber in dieser ganzen Geschäftigkeit blieb diese Sehnsucht doch bestehen. Ich stahl mich weg in die Stille, sooft ich konnte, um mir über mein Leben klar zu werden und zu mir selbst den Kontakt zu halten. Ich bat meinen Gott, mir die Vergangenheit zu vergeben und mir die Richtung in die Zukunft zu weisen.

Die neue Gemeinschaft, der ich nun angehörte, bedurfte dringend der Führung. Bisher trugen einige wenige, die sehr ernsthaft arbeiteten, das Ganze. Dann hörte ich, ein hochqualifizierter und tief religiöser Mann sei kürzlich dazugestoßen. Manche machten sich schon Hoffnungen, er werde die neue Kraft sein, die der Gemeinschaft Halt geben könnte. Einer der aktiveren und besser informierten Brüder hatte mir davon erzählt. Außerdem hatte er mir eine einfache Visitenkarte gezeigt, die den Namen des Mannes und eine Ortsangabe – und darin auch das Wort «Sufi» – enthielt. Vielleicht war hier der Anfang eines neuen Zyklus. Ich machte mir tausend hoffnungsvolle Gedanken und legte sie wieder beiseite. Es war wohl klüger, geduldig zu sein und abzuwarten, was sich da entwickeln würde.

Im Fastenmonat Ramadan erhielt ich dann eines Abends kurz nach dem Sonnenuntergangsgebet einen Anruf. Der Bruder, der mir von dem neuen religiösen Führer erzählt hatte, lud mich zu einem Vorstellungstreffen ein. Die Verabredung war eine Stunde vor der großen Versammlung der Gemeinschaft zum *Iftar*, dem Fastenbrechen. Als ich am Treffpunkt ankam, war niemand aus der Gruppe da. Ich suchte nach dem Bruder, der mich angerufen hatte, fand ihn aber nicht. Als er schließlich doch kam, war der verabredete Zeitpunkt längst vorbei, und inzwischen kamen allmählich all die anderen, die an der Versammlung teilnehmen wollten. Ich nahm die Dinge an, wie sie waren, und dachte: «Das Lob ist Gottes, *alhamdulillah!*» Ich war so geduldig, daß es sogar mich selbst überraschte. Und während ich in Gedanken an das ungetroffene Treffen dastand, kam jemand auf mich zu und bat mich, nach draußen zu gehen und beim Hereintragen der Lebensmittel zu helfen.

Auf dem Rückweg zum Gebäude sah ich ganz kurz einen Mann, der eben eintrat. Irgend etwas Besonderes war an ihm, das mir das Gefühl gab, er sei der Mann, den ich hätte kennenlernen sollen. Als ich den Versammlungsraum betrat, waren da schon viele Leute emsig beschäftigt. In einem Teil des Raums bemerkte ich sofort den Mann, den ich gesehen hatte. Er trug schlichte weiße Kleidung, Sandalen und einen völlig schmucklosen hellbraunen Spitzhut. Um die Schultern trug er einen langen schwarzen, capeartigen Umhang. Er saß in einem kleinen Kreis von Leuten, die sich um ihn versammelt hatten und jeder seiner Bewegungen folgten. Es war deutlich zu sehen, daß sie alle auf ihn und nicht auf die Versammlung ausgerichtet waren. In der Erscheinung dieses Mannes lag etwas von Schönheit und geistigem Adel, und er war von einer persönlichen Ausstrahlung, wie ich sie bei keinem Menschen mehr erlebt hatte, seit Sister Majeed gestorben war. Ich spürte eine große Tiefe und eine große Liebe in ihm. Die Ausgewogenheit seiner Bewegungen und das Geheimnisvolle in seinem Auftreten erzeugten in mir ein Gefühl von Harmonie und zugleich Beklommenheit. Für die Gruppe, die sich um ihn geschart hatte, war er zweifellos präsent, aber für die übrigen schien er geradezu verborgen zu sein. Als er mich ansah, war es, als wäre niemand da außer ihm und mir. Etwas in seinem Blick drang mir direkt ins Herz und zog mich in seine Richtung. Ich wußte: Er war mein Shaikh. Er stand auf, als ich mich ihm mit dem Friedensgruß näherte, und erwiderte still den Gruß. Dann stand ich vor ihm, fast atemlos, und streckte ihm die Hand hin. «Ich bin Muhyiddin», sagte ich.

Er nahm meine Hand nicht, sondern legte seine an meinen Bart, ergriff ihn und sagte: «Ich weiß, wer Sie sind.» Dann nannte er mir seinen Namen.

Er sah mir in die Augen, und tausend Tage sausten vorbei. Er küßte mich auf beide Wangen, und da war plötzlich wie ein Blitz die Stimme des Fremden, den ich auf meiner Reise getroffen hatte, wieder da. So urplötzlich trat dieser unvergleichliche Mensch in mein Leben. Ich war überwältigt und konnte kaum fassen, was da geschah. Nicht wissend, was ich nun tun sollte, setzte ich mich neben ihn, schweigend wie die anderen in der Runde, und machte mir dann im Raum zu schaffen.

Später am Abend sprach er vor der ganzen Versammlung über Ramadan und Fasten. Viele Lehren aus dem Koran und den Überlieferungen kamen in seinen Ausführungen vor. Sie waren erhellend, treffend und von einer zwingenden Kraft. Danach wurde für das ausgefallene Treffen ein neuer Zeitpunkt festgesetzt. Alles schien sich an diesem Abend zusammenzufügen. Diese Versammlung war nur der Anfang vieler neuer Dinge, die mich erwarteten. So manches sollte ich in den kommenden Jahren kennenlernen, worüber ich bis dahin nur in Büchern gelesen hatte. Neun Jahre nachdem ich in jene einfache Moschee geraten war und in das weise alte Gesicht von Sister Majeed geblickt hatte, schaute ich nun also in die wissenden, liebevollen Augen meines Shaikh. Ich sah in ihm das Licht von Sister Majeed und allen anderen früheren Lehrern widergespiegelt.

Bevor der Shaikh an diesem Abend fortging, fragte er mich, ob ich ihn am kommenden Sonntag chauffieren könne. Er würde dann mit mir zu dem neu angesetzten Treffen fahren. Ich sagte ja, obwohl mein Wagen gerade in der Werkstatt war. Um dieser Sache willen, auf die ich so endlos gewartet hatte, würde ich schon irgendwie ein Auto auftreiben.

Die Gnade Gottes hatte mich zu meinem Shaikh gebracht, und ich empfand sein Kommen dankbar als einen großen Segen. Die wahrhaft Gott Zugehörigen sind selten wie der Phönix, und die Welt ist voller falscher Lehrer. Man braucht aber Hilfe auf dem Weg zu Gott, denn das Ego kann sich nicht ganz aus eigener Kraft auflösen, die Ichbezogenheit stirbt nicht von selbst. Mir wurde im stillen klar, daß ich auch in all den vergangenen Jahren bis hin zur Gegenwart geführt gewesen war – und die Zeichen des Augenblicks waren überdeutlich. Im Herzen wußte ich, daß der Shaikh echt war, und ich betete darum, mit seiner Hilfe Gott und mir selbst näher zu kommen.

1. Die Nadel

An einem Sonntagnachmittag war ich zum erstenmal mit meinem Shaikh allein. Es war ein klarer, sonniger Herbsttag im Fastenmonat Ramadan. Wir waren uns erst ein paar Tage zuvor das erstemal begegnet, und ich ging noch wie auf Wolken. Er hatte mir als Treffpunkt eine bestimmte Uhr in einem kleinen Einkaufszentrum genannt. Nach mehreren unvorhergesehenen Verzögerungen kam ich ein paar Minuten zu spät. An der Uhr und auch in der Umgebung war niemand.

«Na bitte, du hast es verpatzt», dachte ich mir. «Warum bist du auch nicht einen anderen Weg gefahren? Wer bist du denn, daß du *ihn* warten lassen dürftest?» Ich war voller Zweifel und wußte nicht, was ich nun tun sollte.

Nachdem ich etwa zehn Minuten gewartet hatte, entschloß ich mich zu dem Versuch, ihn telefonisch zu erreichen. Da ich seine Nummer nicht hatte, mußte ich erst jemand anderen anrufen. Irgendwie, ich war selbst überrascht, bekam ich die Nummer und wählte sie. Nach mehrmaligem Läuten nahm er ab und entbot mir mit leiser, ruhiger Stimme den Friedensgruß. Im selben Augenblick trat ein Mann an die Telefonbox heran, in der ich stand. Er war urplötzlich aufgetaucht, und ich schreckte auf und sah ihn an. Ich erkannte ihn sofort als jemanden, den der Shaikh geschickt haben mußte. Sein Gesicht war mir bekannt, und später erinnerte ich mich, ihn an jenem Versammlungs-abend in der Umgebung des Shaikh gesehen zu haben.

Er trug die spitze Wollkappe der Derwische. Sein warmher-ziges Gesicht strahlte Ernst und Freundlichkeit aus. Es war ein seltsamer Augenblick, so zwischen diesem Gesicht auf der einen Seite und der Stimme des Shaikh im Hörer auf der anderen.

«Ich bin da, um Sie zum Shaikh zu bringen», sagte der Derwisch. «Wir können von hier aus zu Fuß gehen.»

Und als ich dastand und den Gruß des Shaikh erwiderte in einem Telefonat, das ich voller Zweifel und übereilt begonnen hatte, erhielt ich meine erste Lektion über die Art des Umgangs, die man mit einem Shaikh hat. Er war ganz nah, als ich mich vollkommen von ihm abgeschnitten fühlte. Später entdeckte ich, daß er mich sogar hatte sehen können, als ich ankam, denn die Uhr war von seinem Wohnungsfenster aus zu sehen.

Als ich mit dem Derwisch losging, bemerkte ich einen anderen Mann, der ganz in der Nähe mit einer Sammelbüchse stand. Er war schon zuvor auf mich zugetreten, als ich zum Telefon stürzte. Ich wußte, daß ich ihn jetzt nicht mehr übersehen konnte. Ich gab ihm ein paar Münzen und sagte: «Gott segne Sie.» Auch der nette Derwisch förderte etwas aus seinen Taschen zutage. Der Mann lächelte uns beide an, und wir gingen weiter. Oft habe ich mich noch gefragt, wer dieser Mann wohl war, der dort stand und für die Bedürftigen um Almosen bat. Irgendwie schien er in den Gang der sich entfaltenden Ereignisse hineinzugehören. Sooft ich mich später an diesen Tag erinnerte, fiel mir dieser Mann wieder ein. Er stand wohl für etwas, das ich damals noch unmöglich begreifen konnte; aber ein wenig verstand ich, als ich später in einer Quelle las, der Prophet Muhammad, Friede sei mit ihm, habe einmal gesagt: «O Gott, gewähre mir ein Leben als armer Mann, laß mich sterben als armer Mann und laß mich auferstehen in der Gemeinschaft der Armen.» Der um Almosen bittende Mann war ein klares Zeichen für mich, den Sucher, der fast an ihm vorbeigegangen wäre. Er war ein Symbol des ersten Schrittes auf der Suche nach wahrem und höchstem Reichtum, der nur dem Armen zuteil wird.

Wer erkannt hat, daß Armut besser ist als Geld, der ist kein begüterter Mann, mag er auch ein König sein; und wer nicht an die Armut glaubt, der ist ein begüterter Mann, wie arm er auch sein mag.

Aus der Autobiographie eines Derwisch

Ein paar Minuten später waren wir in der Wohnung des Shaikh. Die Wohnung eines Shaikh hatte ich mir immer auf einsamem Gipfel oder in einer Höhle vorgestellt, und es überraschte mich etwas, daß es eine ganz normale, schlicht und praktisch eingerichtete Wohnung war: Fenster, Topfpflanzen, ein Schwarzweißfernseher, ein einfacher Teppich, ein Sofa, ein Kühlschrank – eine anheimelnde Atmosphäre von Schlichtheit und Stille, eine Zuflucht für den Geist. Er entbot uns den Friedensgruß, als wir ins Zimmer traten und in dem kleinen Kreis der schon anwesenden Schüler auf dem Boden Platz nahmen. Er hatte gerade etwas dargelegt, und die Schüler beschäftigten sich mit einer metaphorisch formulierten Frage über die Einheit des Schöpfers und Seine Beziehung zu Seiner Schöpfung. Er legte auch mir die Frage vor, und ich gab eine simple Antwort, die schon seit Tagen in mir bereitzuliegen und nur auf die Frage zu warten schien.

«*Alhamdulillah* (Preis sei Gott)», sagte er. «Wie kommt es, daß Sie eine Frage beantworten, die keiner meiner *Murids* (Schüler) beantworten konnte?»

Ich wußte es wirklich nicht. Mir war nur so, als würde Gott meinem inneren Sehnen eine äußere Erfahrung gegenüberstellen, die meine Hoffnungen bestätigte. Hier gab Er mir ganz einfach die Antwort, um mich näher an Seinen Weg heranzuführen. Er lenkte meine Schritte auf meinen Shaikh zu, der so nah und so sichtbar war – und den ich ohne Gottes Hilfe doch nicht gefunden hätte.

Die Unterweisung war damit beendet, und ich lernte die übrigen Anwesenden kennen. Wir verließen die Wohnung alle zusammen. Draußen verabschiedete sich der Shaikh von den anderen Schülern und ging dann mit mir zum Wagen. Wir fuhren zum Haus eines Muslim, der Gastgeber war für dieses Treffen, zu dem Mitglieder der Gemeinschaft geladen waren und der Shaikh in seiner Eigenschaft als Imam oder religiöser Führer. An diesem Tag sah ich, wie er mit den mehr nach außen gerichteten Belangen des islamischen Lebens umging und administrative Dinge handhabe. Er war von stets freundlichem Auftreten und legte größten Wert auf das Beispiel des Propheten (*Sunnah*) und das Gottesgesetzt (*Shari'a*). In all diesen Dingen äußerte er sich knapp, treffend und wirkungsvoll, verschwendete weder Zeit noch Worte. Zugleich war er jedoch von endloser Geduld und stets bereit, sich Sorgen und Fragen zu widmen. Ich lernte auch die Anfangsgründe des Dienstes am Shaikh durch die Erledigung kleiner alltäglicher Verrichtungen. Während des Treffens behielt ich für ihn die Zeit im Auge und gab dem Gastgeber Bescheid, als es Zeit wurde aufzubrechen.

An diesem Tag hatte ich bei der Hin- und Rückfahrt natürlich auch das Vergnügen seiner persönlichen Gesellschaft. Ich fragte ihn, was wir wohl zusammen im Leben zu erledigen hätten. Ich wußte, daß es mir bestimmt war, ihm zu begegnen, und er hatte gewußt, daß ich kommen würde. Was er mir sagte, kann ich nicht wiedergeben, aber von Anfang an wußte ich, was ich als sein *Murid* (Schüler) zu tun hatte. Ich muß allerdings sagen, daß Wissen und Tun oder Wissen und Sein häufig meilenweit auseinanderliegen. Al Ghazali hat dies sehr deutlich gemacht mit dem Hinweis, daß eine Aussage über den Geschmack des Weins und der Geschmack des Weins selbst zwei vollkommen verschiedene Dinge sind.

Ich fuhr den Shaikh zu seiner Wohnung zurück, und wir blieben noch für einen Augenblick im Wagen sitzen, während er seine Gedanken zu Ende führte. Er griff in meinen Bart und sprach ein stilles Gebet. Er stieg aus und beugte sich herunter, um zum Fenster hereinzuschauen. Er verabschiedete sich mit dem Friedensgruß, richtete sich auf und ging. Für mein Empfinden dauerte es sehr lange, bis ich ihn wiedersah. Wochen waren wie Monate.

Die Tage des Ramadan vergingen langsam, und später erfuhr ich, daß der Shaikh ins *Itikaf* gegangen war, eine Klausur während der letzten zehn Tage des Fastens, die der Kontemplation und dem Gebet gewidmet ist. In dieser Zeit überfiel mich eine brennende Sehnsucht danach, ihn wiederzusehen. Er fehlte mir, aber es war mehr als das: Die Empfindung sagte mir etwas über mein Verlangen nach meinem wahren Herrn, nach dem Erhabenen Gott.

Ich schrieb einen Brief an den Shaikh und berichtete ihm, was ich fühlte. Eigentlich schrieb ich diesen Brief eher für mich selbst als für ihn; das Schreiben machte mir etwas deutlicher, wo ich mit mir selbst und mit meinen Gefühlen stand.

Nicht lange nach unserer ersten Begegnung hatte er mich zu einer Reise mit ihm und einigen anderen Derwischen in eine andere Stadt eingeladen. Ich wäre sehr gern mitgefahren, aber aus irgendwelchen Gründen richtete Allah meine Lebensumstände so ein, daß ich nicht konnte. Auch um diese Erfahrung hatte sich ein ganzer Strauß von Gefühlen gebildet, mit denen ich mich herumschlug in dieser Zeit, in der ich ihn nicht sehen konnte. In den letzten Tagen des Ramadan erhielt ich endlich eine Postkarte von ihm. Er sandte Grüße zum *Eid-ul Fitr*, dem Fest, das auf den Fastenmonat folgt.

Zum *Eid* sah ich ihn dann wieder, als er vor der gesamten Gemeinschaft einen Lehrvortrag (*Khutba*) hielt. Wie gut das war, ihn zu sehen! Er war voller Licht, sein Vortrag überaus lebhaft und anregend. Er sprach von der Vergänglichkeit des Lebens, von der Wirklichkeit und Nähe der *Akhirat*, des Lebens nach diesem. Seine Vorträge waren stets farbig und plastisch, voller Beispiele, Geschichten und Metaphern. Eine der Geschichten, die er an diesem Tag erzählte, machte mir schlagend deutlich, wovon die Rede war. Es war die Geschichte von einem hochmütigen und reichen König, der auf seiner Stute rücksichtslos durch die Straßen jagte. Einmal ging ein alter Derwisch in einem Kapuzenmantel direkt auf das Pferd zu, als der König dahergeprescht kam. Jähzornig in seinem Hochmut, weil jemand es wagte, ihm in den Weg zu treten, zog der König das Schwert.

«Wer bist du, daß du dich mir nahst?» schrie er den Derwisch an. Der Derwisch hob langsam den Kopf, und der König, das Schwert noch erhoben, sah dem Tod ins Gesicht. Es war Azra'il, der Todesengel, der die Seele des Königs holen kam.

«Laß mir noch ein wenig Zeit, ein paar Minuten, um noch einige Dinge abzuschließen», bat der König.

Der Engel blickte ihm ins Gesicht, ohne ein Wort zu sagen, und schüttelte langsam den Kopf. Keine Zeit mehr. Wenn der König die Erde wieder berührte, würde kein Atem mehr in ihm sein.

Wir sind wie dieser König, viele von uns. Wir glauben, wir selbst seien die Kraft und die Macht, und erkennen nicht, wer wirklich unser Herr ist. Wir stürmen sorglos durch dieses

Leben, greifen nach allem, was wir haben wollen, und arbeiten nur in der Hoffnung, daß alles verdiente Geld uns dazu verhelfen wird, mehr zu besitzen. Wir vergessen unseren eigenen Tod und die Wahrheit des Lebens, das nach diesem kommt.

An diesem Tag ging ich auf den Shaikh zu und entbot ihm den Friedensgruß. Auch er grüßte mich herzlich, aber wir sprachen nicht miteinander. Er verwies mich an seine Derwische. Nach dem Fest des Eid-ul Fitr kam wieder eine Zeit, in der ich ihn nicht sah und alle Kontakte nur über seine Derwische liefen. Sie waren sehr freundlich und mitfühlend, und je mehr Zeit ich mit ihnen verbrachte, desto mehr fühlte ich mich zu ihnen hingezogen. Durch diese Brüder wurde ich in die *Hadrah* eingeführt, in den Kreis der Schüler (Murids und Derwische) um den Shaikh. Wie es ist, in diesem Kreis zu sein, läßt sich mit Worten kaum sagen. Die Jahre des Hoffens hatten nun an die Schwelle zum eigentlichen Anfang geführt. Mehr kann ich über diese Zusammenkunft nicht sagen – außer, daß es den Weg des Suchers zu Gott wirklich gibt, das Er gnädig ist und die Schritte seiner Geschöpfe so lenkt, daß sie wirkliche Führung finden.

Nachdem ich ein- oder zweimal ganz in der Nähe des Shaikh war, wäre ich am liebsten immer bei ihm gewesen. Aber jeder andere Schüler und alle, die es werden wollten, empfanden genauso. So suchten wir Halt aneinander in dieser gemeinsamen Hoffnung, denn der Shaikh war ein sehr beschäftigter Mann. Er war mal hier und mal da, reiste viel, und man wußte selten, wann er wo sein würde. In der Zeit, in der ich ihn kennenlernte, war er häufig auf Reisen.

Einmal, als er gerade wieder unterwegs war, traf ich mich mit seinen Schülern. Wir waren nur eine kleine Gruppe und verbrachten diesen Tag miteinander in der heimlichen Hoffnung, er werde kommen. Er hatte seinen Schülern Aufgaben gestellt, und dazu gehörte auch das Schreiben von Aufsätzen über *Hajj*, die große Pilgerreise. Sie waren damit den größten Teil des Tages beschäftigt, aber mir blieb Zeit im Überfluß. Es war eigentlich eine sehr sanfte Einführung in den Gang der Dinge in der Umgebung des Shaikh, doch das begriff ich damals nicht. Am späteren Nachmittag wurde ich ungeduldig, langweilte mich und beschloß endlich zu gehen. Ich verabschiedete mich und stieg in mein Auto ein.

Etwa zwei Meilen war ich gefahren, als eine deutliche innere Stimme sagte: «Kehr um.»

Ich fuhr zurück, wurde begrüßt und erzählte von dieser inneren Stimme. Einer der Schüler lächelte wissend. Dieses Umkehren war eine Wende. Sie wandte mich einer Reihe von Lernerfahrungen zu, die persönlicher, intensiver und für die spirituelle Entwicklung förderlicher waren als alles, was ich je in meinem Leben erfahren hatte.

Am Abend, bei der Rückkehr von seiner Reise, machte der Shaikh bei uns halt. Ganz in Weiß gekleidet, kam er wie eine plötzliche Windbö herein. Er hatte eine alte Stereo-Musiktruhe mitgebracht, die er uns ins Haus tragen und oben in dem Raum, der als Moschee diente, aufstellen ließ. Er ermahnte uns, nur ja vorsichtig zu sein. Wir setzten die Truhe ab und schlossen sie an. Dann sollten wir das Gerät einschalten und die Platte spielen, die schon auf dem Teller lag. Zwei Schüler versuchten es vergeblich, jedesmal rutschte der Tonabnehmer über die ganze Platte. Dann bat er mich, und irgendwie schaffte ich es.

«*Alhamdulillah*!» dröhnte die Stimme des Shaikh, der jetzt auf uns zukam. Dann sprach er mich direkt an: «Sie haben die *Baraka* empfangen, die Segenskraft, lassen Sie mich Ihre Hand küssen. Wie haben Sie das gemacht?»

«Ich habe einfach die Nadel umgedreht.»

«Viele haben sich heute daran versucht», sagte er, «aber keiner außer Ihnen hat es geschafft, *alhamdulillah*!» Dann bat er um eine andere Platte, die wir hörten, während er sprach.

Er ließ einige der Aufsätze vorlesen, die er aufgegeben hatte. Da ich keinen solchen Auftrag erhalten hatte, hörte ich nur zu. Zwischendurch fielen manchmal Bemerkungen über die Musiktruhe. Ein Schüler wurde gebeten, ein paar kleine Reparaturen auszuführen, während wir übrigen überlegten, ob die Blende um die Senderskala, die sich gelockert hatte, so bleiben oder ganz entfernt werden sollte. Wir kamen überein, daß der Apparat ohne diese Blende genauso schön aussah und sie nicht brauchte.

Als wir später zum Abendessen die Moschee verließen, sagte der Shaikh zu mir: «Und Sie besorgen die Nadel.»

Alle Anwesenden, ich auch, waren der Meinung gewesen, der Plattenspieler brauche eine neue Nadel. Das stellte ich mir als eine sehr leichte Aufgabe vor. Als ich die alte Nadel abnehmen wollte, sagte er: «Ich möchte, daß Sie auch ohne die alte Nadel eine neue finden.»

Im Schallplattengeschäft stieß ich auf ein unglaubliches Sortiment von Tonabnehmernadeln. Für diesen besonderen Gerätetyp gab es etliche Nadeln, die äußerlich kaum zu unterscheiden waren. Eine Nadel hatte ich schon ins Auge gefaßt, aber ich kaufte sie nicht. Als der Verkäufer zu verstehen gab, daß man ohne die alte Nadel oder wenigstens die Nummer keine neue Nadel kaufen kann, wurde ich schon ärgerlich, weil ich offenbar diese leichte Aufgabe nicht bewältigen konnte. Ich ging aus dem Laden. Später erzählte ich dem Shaikh, ich sei im Laden gewesen und hätte dort vor einer Unmenge von Nadeln gestanden.

«Ja, ich weiß», sagte er auf die für ihn so typische Weise. «Eben das sollten Sie sehen: Daß es viele Nadeln gibt und nur eine die richtige ist.»

Das erleichterte mich. Ich dachte, nun hätte ich eine Einsicht gewonnen und sei der Lösung der Aufgabe schon ganz nahe. Ich fragte, ob ich denn jetzt die alte Nadel haben könne, und er war einverstanden. Ich nahm die alte Nadel heraus, und er inspizierte sie; er lächelte, sprach ein paar Worte, die ich nicht verstand, und gab sie mir zurück. Ich steckte sie sicherheitshalber in meine Brieftasche und verabschiedete mich bald.

Wieder im Schallplattenladen und wieder vor der Vitrine mit Tonabnehmernadeln, zückte ich meine Brieftasche – aber die Nadel war weg.

«*Astaghfirullah* – möge Gott mir vergeben», knurrte ich. Ich überlegte, wo ich die Nadel verloren haben könnte. Das einzige Mal, wo ich meine Brieftasche in der Hand gehabt hatte, war am Vortag in einem kleinen Geschäft gewesen. Ich rief dort an; niemand nahm ab. Ich sah mir nochmals die Nadel an, die mir als erste ins Auge gefallen war, nahm aber eine andere, bezahlte und ging.

Auf der Straße begann sich ein kleiner nagender Zweifel bemerkbar zu machen, aber ich war erleichtert, wenigstens etwas getan zu haben. Zumindest würde ich dem Shaikh nicht mit leeren Händen gegenübertreten müssen. Unterwegs begegnete mir ein alter Mann, den ich grüßte, und kurz darauf stieg mir ein wunderbarer Duft in die Nase. Ich fühlte die Gegenwart des Shaikh. Ich lächelte, lobte Gott und ging weiter.

Als ich ihn dann später sah, fragte er gleich: «Wo ist meine Nadel?»

Ich lächelte und zog sie aus der Tasche. Als ich mir am Plattenspieler zu schaffen machte, sagte er: «Pech für Sie, wenn es nicht die richtige ist.» Sie war es nicht. Der Shaikh sagte mir noch vielerlei über die Nadel. An dies erinnere ich mich: «Die Nadel ist Ihr Glaube, Sie haben ihn verloren.» – «Sie müssen gegen die *Nafs* (niedere Seele, Ego) ankämpfen.» – «Ihre Logik wird die Arbeit nicht tun.» – «Es ist nicht der Plattenspieler, es ist die Platte.» – «Verwirrung ist die Schwester des Mißtrauens.»

Irgendwann an diesem Abend, mitten in meine Ratlosigkeit hinein, fragte er mich, ob ich den Weg gehen und ein Murid werden wolle. Ich antwortete auf beide Fragen: «Ja, *Insha' Allah* (so Gott will)», und meinte es ganz aufrichtig. Er bot an, mir die Nadelaufgabe zu erlassen, aber ich bat ihn, sie zu Ende bringen zu dürfen. Er war einverstanden und sagte, ich müsse ohne Nadel, ohne Nummer und ohne Tonabnehmer zurechtkommen.

Wahrlich, ihr werdet von einem Zustand in den anderen versetzt.*

Koran 84.19

Die Nadel ging mir Tag und Nacht nicht aus dem Sinn. Ich sann und sann. Ich las. Ich versuchte mich an alles zu erinnern, was der Shaikh gesagt hatte. Ich dachte, wie es um mich stehen würde, wenn ich erst so bei Gott bleiben könnte wie meine Gedanken jetzt bei dieser Nadel blieben. Ich vergegenwärtigte mir den ganzen Ablauf noch einmal: meine

---

* Koranzitate nach den Übersetzungen von Rudi Paret, Stuttgart u. a. (Kohlhammer) ⁵1989, und Max Henning, Stuttgart (Reclam) 1960.

Empfindungen von Ärger, Belustigung, Verwirrung, Hoffnung, Mißtrauen, meine Ängste und Eingebungen. Bruchstücke hatte ich genug, aber nicht das Gefühl, daß sich so etwas wie Klarheit einstellen wollte. Nichts bildete sich deutlich heraus.

Als ich den Shaikh das nächstemal sah, erkundigte er sich nach meinen Fortschritten, und ich sagte, es gebe wenig zu berichten. Ich teilte ihm einige meiner Überlegungen mit, fügte aber hinzu, daß ich noch zu keiner Schlußfolgerung gelangt sei. Noch einmal betonte er, die Nadel sei mein Glaube. Er sagte auch, er habe mir das Erlassen dieser Pflicht angeboten, damit ich ganz zu meiner eigenen Initiative finden könne. Vor allem müsse ich wissen, daß ich die Aufgabe nicht für ihn ausführte, daß es dabei aber durchaus um etwas ging, dessen tiefer spiritueller Sinn mir noch aufgehen würde. Seine Worte gaben mir viel zu denken, und eben das tat ich, als ich wieder allein war. Ich dachte nach und grübelte – und grübelte immer mehr und konnte kein Ende finden.

Sei nun geduldig in Erwartung der Entscheidung deines Herrn! Und sei nicht wie der mit dem Fisch, als er, beengt, (zu Gott) rief!

Koran 68,48

Am nächsten Tag ging mir die Nadel immer noch im Kopf herum. Während ich meinen Beschäftigungen nachging, dachte ich immer wieder an sie. Ich fuhr zu einem Krankenhaus, wo ich einen Freund besuchen wollte, und während ich noch nach der Straße suchte, wo es sein sollte, fiel mir in der Ferne ein großes Gebäude auf. Irgend etwas sagte mir: «Das ist es. Da mußt du hin.» Aber ich hörte nicht auf die Stimme, sondern fuhr zu der Adresse, die ich im Kopf hatte. An der Rezeption wurde mir dann gesagt, mein Freund sei in eben jenem Gebäude, das ich vorhin gesehen hatte. Während ich dorthin fuhr, fiel es mir wie Schuppen von den Augen. Alles war völlig klar. Es ging darum, Glauben und Vertrauen zu finden.

Die Lektion von *Yaqin* (unerschütterliche Gewißheit, Vertrauen) ist eine der allerwichtigsten. Durch Gottes Gnade begriff ich. Der Shaikh hatte mich ohne Nadel und sonstige Anhaltspunkte auf die Suche nach der Nadel geschickt, damit ich lernen konnte, daß es auf Glauben und das Aufgeben aller Berechnungen ankommt. Das ist unerläßlich für die Gotteserkenntnis, denn auf dem Weg muß der Schüler frei von Zweifeln auf sein Ziel zugehen. Ähnliches meint wohl auch Al Ghazali, wenn er davon spricht, im Dunkeln einen Pfeil auf ein Ziel abzuschießen.

Die Nafs, das Ego, das bekämpft werden muß, zeigte sich in meiner Verärgerung, als ich vor der Theke mit den Tonabnehmernadeln stand. Der Prophet Muhammad, der Friede und Segen Gottes sei mit ihm, sprach vom *Jihad al Akbar*, und als man ihn fragte, was das sei, sagte er, es sei der Krieg gegen die Nafs, das Ringen mit dem eigenen Ich. Der Pfad ist ein Weg der Ichlosigkeit, und Verärgerung hat dort keinen Platz, läßt uns aus dem Rhythmus fallen und verhindert unser Vorankommen. Ein sufisches Sprichwort besagt: Wenn die Einstellung richtig ist, fällt alles an seinen Platz. Mein Zweifel und mein Ärger hatten also den Erfolg verhindert.

Meine Verwirrung war ein Zeichen meines Mißtrauens, meines Zweifelns an mir selbst. Außerdem hatte ich nicht ganz erfaßt, daß ich mich dieser Aufgabe nicht zur Freude des Shaikh unterzog, sondern zur Freude Gottes durch den Dienst an meinem Shaikh. Hier ist fein zu unterscheiden zwischen: dem eigenen Ich zum Gefallen, Gott zum Gefallen und anderen zum Gefallen. Ein Derwisch-Sprichwort lautet: «Ein rechter Schritt ist ein Schritt in wahrer Selbstvergessenheit, weder aus einer Laune heraus noch mit Richtigkeit im Sinn.» Die Lektion besteht also darin, Gott so gegenwärtig zu haben, daß man göttliche Gebote und Verbote ohne einen Augenblick der Besinnung befolgt. Wer den Erhabenen Gott liebt, der erfüllt ohne alles Zögern Seine Gebote und flieht augenblicklich, was Er verbietet. Man lernt, im gegenwärtigen Augenblick zu leben, ohne Zukunft. Dann wird der Geist zu einem Spiegel des Friedens der Gotteserkenntnis.

Der Shaikh hatte zu mir gesagt: «Es ist nicht der Plattenspieler, es ist die Platte.» Nun wird es deutlich: Der Glaube ist die Nadel, die Platte der Weg. Wenn man keinen guten und starken Glauben hat, gleitet man vom Weg ab, wie eine abgenutzte Nadel über die Platte rutscht. So oft hatte ich ihn seine Schüler fragen hören: «Warum fangt ihr nicht an zu leben?» Und in dieser Frage liegt eine Lehre, denn wer das Reich des Glaubens noch nicht erreicht hat, ist eigentlich nicht lebendig.

Das Wort des Shaikh muß zunächst vernommen werden, doch das genügt nicht. Der Mensch in seiner Gesamtheit muß davon angesprochen sein und nicht bloß der Verstand oder der Wille. Das Wort muß in vollem Ernst auf das Leben des Schülers angewendet werden. Glaubensstärke, das ist es, was man auf dem Pfad braucht. Geradewegs draufzu. *Hasbi Allah* – Gott genügt.

> Dies ist wahr und gewiß.
>
> *Koran* 56,95

Und so stand ich denn ein drittes Mal vor der Auslage von Tonabnehmernadeln. Jetzt verlangte ich die Nadel, die mir gleich beim erstenmal ins Auge gefallen war. Der Verkäufer fragte: «Und Sie sind sicher, daß es diese ist?»

Noch einmal hob der Zweifel kaum merklich den Kopf, aber mein Fuß war jetzt sicher und zertrat ihn. Ich sagte: «Ja, die ist es, *Insha'Allah.*»

Ich gab die zuvor gekaufte Nadel zurück, nahm die neue und ging.

Ich rief den Shaikh an und sagte ihm, die Aufgabe sei gelöst. Er sagte, ich solle zu ihm kommen, und ich stürmte sofort los, voll überschäumender Freude. Ich brachte diese Geschichte mit, die sich noch fortspann, als ich jetzt vor ihn hintrat. Er begrüßte mich still mit dem Segen Gottes und berührte mein Gesicht behutsam, liebevoll und betend. Der Duft, der mir vor Tagen in die Nase gestiegen war, war an seiner Hand. Da ich noch nicht zu Abend gegessen hatte, tischte er mir großzügig auf. Wir unterhielten uns, während ich aß und schon übervoll war von Gefühlen und mir immer neue Einsichten dämmerten. Er hörte zu und fragte, ob es mir schmecke. Als ich fertig war, verließ er das Zimmer und kam mit einer Schallplatte zurück, die er vorsichtig auflegte. Dann nahm er auf der anderen Seite des Zimmers Platz.

«Kommen Sie, lesen Sie Ihre Geschichte vor», sagte er.

Während ich vor ihm saß und vorlas, schwoll das Gefühl immer weiter in mir. Und dann war mir plötzlich so, als stünde ich eher an einem Anfang als an einem Ende.

Dann kam der Augenblick, wo er leise sagte: «Wo ist Ihre Nadel? Mal sehen, wie sie es tut.»

Ich legte schweigend die Hand aufs Herz und fühlte dort die Nadel in der Brusttasche. Während ich zur Musiktruhe hinüberging, blieb der Shaikh rezitierend sitzen. Und was sang er da? Eine *Qasida*, ein mystisches Gedicht zum Lobpreis Gottes. Ich hörte nicht viel davon. Seine Stimme war stetig, aber weit weg – und ich zwischen Furcht und Hoffnung zerrissen.

Der Augenblick war da. Ich sprach das *Bismillah* (im Namen Gottes) und begann. Ich führte die Nadel in die Öffnung des Tonabnehmers ein. Einen Augenblick lang schien sie sich verklemmen zu wollen, rastete dann aber mit einem lauten Klick ein. Ich werde diesen Laut nie vergessen, denn er war die Läuterung meines Glaubens. Meine Seele trat in eine neue Sphäre ein, und mein Geist stieg himmelwärts.

Die Schallplatte begann mit dem Lobpreis Gottes, dem Segenswunsch für Seinen Propheten und dem *Al Asma Husna*, der Rezitation der Namen Gottes. Ich saß bei meinem Shaikh, und mein Herz schwoll, bis es größer als das Zimmer war. Ich fühlte mich in Gottes Gnade und Gunst. Was von der Platte kam, war die Musik meines eigenen Herzens. Melodische Laute von unbeschreiblicher Süße und Schlichtheit. Klänge, die soviel schöner waren als alle Stereophonie oder Quadrophonie. Der Schlag meines Herzens schwang in diesen Augenblicken im ganzen Universum. Es gab keine Worte.

An diesem Abend zog die Nadel durch ihre Rille. Ich erreichte den Einklang mit mir selbst und wurde von meinem Shaikh durch eine Tür geführt, hinter der ich in ein Meer fiel – ein Meer vieler Töne und doch nur eines einzigen süßen Klanges. Mehr läßt sich hier nicht sagen, außer daß

alles Lob Ihm gebührt: *Alhamdulillah. Alhamdulillah. Alham-
dulilla.*

Darum preise den Namen deines gewaltigen Herrn!

Koran 56,96

2. Der Abfluß

Nachdem ich nun auf den Pfad gelangt war, schien alles in meinem Leben bestens zu laufen. Ich hatte die von meinem Shaikh gestellte Aufgabe bewältigt und lebte ganz im Hochgefühl dieses Erfolges. Ich hatte jetzt auch mehr Kontakt zu meinem Shaikh, und er war wirklich ein Segen. Es war sehr tröstlich, ihn in meinem Leben zu wissen, der mich so klug leitete und mir half, meine Zweifel aufzulösen. Dafür gebührt Gott allein der Dank, der mich, Seinen suchenden Diener, vermöge Seiner Gnade und Barmherzigkeit durch eine geheime Tür auf den Pfad der Liebe und Lenkung führte.

Die Zeit dieses Hochgefühls war sehr süß – und sehr kurz. Als dieser wohlige Zustand, der mich ganz erfüllte, seinen Höhepunkt erreichte, geschah etwas. Mit staunenswerter Schnelligkeit wurde alles schwierig, sowohl im äußeren als auch im spirituellen Leben. Etwas Zähes und Schweres ballte sich über mir zusammen wie schwarzer Rauch, der mein Bewußtsein erfüllte und meine Lebensgeister erstickte.

Ich stand am Küchenfenster, schaute in den Himmel und dachte über diese so plötzliche Veränderung nach. Eine unerklärliche Traurigkeit und Schwermut ergriff mich. Ein Kloß bildete sich im Hals, als mir eines von Shakespeares Sonetten durch den Sinn ging:

> *When in disgrace with Fortune and men's eyes,*
> *I all alone beweep my outcast state,*
> *And trouble deaf heaven with my bootless cries,*
> *And look upon myself, and curse my fate,*
> *Whishing me like to one more rich in hope,*
> *Featured like him, like him with friends possessed,*

Desiring this man's art and that man's scope,
With what I most enjoy contented least;
Yet in these thoughts myself almost despising,
Haply I think on thee, and then my state,
Like to the lark at break of day arising
From sullen earth, sings hymns at heaven's gate;
   For thy sweet love remember'd such wealth brings
   That then I scorn to change my state with kings.

Wann, von der Welt Aug' und vom Glück verschmäht,
Einsam ich jammr' um mein verworfen Teil,
Zum tauben Himmel schrei unnütz Gebet,
Und mich betracht und fluche meinem Heil,
Wünsch andern gleich mich, so im Hoffen keck,
So wohlgestalt, umringt von Freunden so,
Begehre dieses Kunst und jenes Zweck;
Des ich zumeist genieß, am mindsten froh:
In *den* Gedanken, mich verachtend ganz,
Sieh, denk ich dein: mein Leben, wie empor
Die Lerche steigt beim ersten Tagesglanz
Vom düstern Grund, jauchzt laut am Himmelstor.
   Der Lieb' Erinnrung macht mich reich und groß,
   Dann zu verschmähn den Tausch mit Königslos.*

Aber im Herzen wußte ich, daß Gott nicht wirklich taub ist. Er, der Ameisen laufen hört, hört gewiß auch mein Herz brechen. Worüber hatte ich überhaupt traurig zu sein? Hatte Er mich nicht auf den Pfad gebracht? Und ist das nicht an sich schon ein Wunder, das den Verstand übersteigt und der Beschreibung spottet?

Tränen stiegen mir in die Augen und ließen alles verschwimmen. Mein Blick fiel zurück in das Spülbecken vor mir. Wasser stand darin. Fast so plötzlich, wie alles in meinem Leben zum Stillstand gekommen und der Fluß der Dinge ins Stocken geraten war, verstopften nun auch die Abflüsse. Und dabei hatte ich sie gerade erst vor ein paar Wochen

* Nr. 29. Übersetzt von Karl Lachmann, 1820.

säubern lassen. Ich hatte dem Vermieter Bescheid gesagt, und er kam wie immer schnell. Bald hatte er das Problem bereinigt, und die Abflüsse funktionierten eine Zeitlang sehr gut, besser sogar als je zuvor, seit ich in dieser Wohnung lebte. Aber dann waren sie plötzlich wieder zu. Alles, was mit Wasser zu tun hatte, wurde sehr schwierig. Diese Verstopfung hatte etwas so Definitives, daß es mich schauderte. Ich verstand das nicht. Ich starrte in den überschwemmten Ausguß und ging die Ereignisse der jüngsten Vergangenheit durch.

> Da öffneten wir die Tore des Himmels, daß das Wasser strömte, und ließen auf der Erde Quellen hervorsprudeln. Und das Wasser vereinigte sich aufgrund einer Entscheidung, die getroffen worden war.
>
> *Koran* 54,11.12

Mein relativ zuverlässiges und dienstbereites Auto verweigerte sich plötzlich auch. Eine Reparatur nach der anderen, von den Scheibenwischern zu den Bremsen und schließlich zum Motor – der ja eigentlich das Herz eines Autos ist. Zweimal in drei Monaten war das Auto zu größeren Reparaturen in der Werkstatt. Und jedesmal dauerte es mindestens einen Monat. Immer wieder verzögerten alle möglichen unvorhergesehenen Schwierigkeiten die Arbeit. Als ich den Wagen das erstemal wiederbekam, nach sechs Wochen, fragte ich den Shaikh, ob er wisse, was da los sei. Er erzählte mir zur Antwort eine Geschichte über einen großen Shaikh, der von den Toten auferstand, um die Lebenden zu ermahnen, sich nicht mit Wortklaubereien über Unbedeutendes aufzuhalten.

> Oder meint ihr, daß ihr ins Paradies eingehen werdet, noch ehe Ähnliches über euch gekommen ist wie über diejenigen, die vor euch dahingegangen sind?
>
> *Koran* 2,214

Nicht lange nachdem ich mein Auto zurückbekommen hatte, mußte ich eine längere Fahrt antreten. Ich sprach mit dem Shaikh darüber, und er ermahnte mich, auf der Rückfahrt vorsichtig zu sein. Alles verlief gut, und auf der Heimfahrt war ich schon dabei, mir zurechtzulegen, wie diese Reise abschließend zu bewerten sei, als plötzlich gelbe Lichter am Armaturenbrett aufleuchteten. Dann kamen rote. Der Motor gab ein ächzendes Heulen von sich, und der Wagen rollte am Straßenrand aus und tat keinen Mucks mehr. Ich wurde in eine kleine Stadt abgeschleppt, wo der Wagen das Wochenende in einer Garage verbrachte und ich bei einem Freund und dessen Familie blieb. Wieder war ich für einen vollen Monat ohne mein Auto, doch diesmal machte Gott in Seiner Barmherzigkeit, daß der Händler mir wenigstens einen Leihwagen gab.

In den folgenden Wochen wurde mein Arbeitsprogramm so dicht wie der Stoßverkehr, durch den ich mich quälte. Ich zählte mein *Zikr* (Gottesgedenken) nach den Autos, die vor mir in endloser Schlange standen. Die weltlichen Dinge nahmen einen großen Teil meiner Zeit in Anspruch. Meine Kollegen und andere fand ich häufig ungewöhnlich ungeduldig und anmaßend. Was aber, von diesen Dingen abgesehen, alles so schwer erträglich machte, war der Umstand, daß ich meinen Shaikh kaum sah. Er ging wie immer seiner Arbeit nach, hielt aber außerdem einmal in der Woche einen Vortrag, und natürlich an einem Abend, an dem ich nicht hingehen konnte. Immer wenn der Shaikh zum *Jumah* kam, dem Gebetstreffen an jedem Freitag, lud er mich zu den Vorträgen ein. Nie war ich frei. An solch einem Jumah-Nachmittag war es, daß ich zum erstenmal, seit der Vermieter die Verstopfung behoben hatte, wieder vor dem nicht ablaufenden Spülwasser stand. Das Herz sank mir und sank immer weiter. Ich hatte das Gefühl, alles sei mir verschlossen und unerreichbar – mein Auto, die Vorträge, der Shaikh. Es war eine schwere Zeit.

Den Shaikh sah ich in dieser ganzen Zeit nur einmal, und da war er sehr still und wirkte müde. Ich wußte von anderen, daß er sehr beschäftigt gewesen war, noch beschäftigter als sonst. An diesem Tag saßen wir zusammen im Vorraum seiner Wohnung. Wir sprachen nicht viel. Er zeichnete etwas auf einen kleinen Notizblock, den ich ihm gereicht hatte. Wie ich ihn sah an diesem Tag, empfand ich eine tiefe Zuneigung zu ihm. Ich empfand sein Menschsein deutlicher als je zuvor. Ohne Zweifel ist er ein Mann Gottes, aber an diesem Tag wurde mir eine sehr einfache Tatsache sehr deutlich: daß auch ein Shaikh seine Prüfungen hat.

Not und Ungemach hat sie erfaßt, und sie sind erschüttert worden, so daß der Gesandte und diejenigen, die mit ihm gläubig waren, schließlich sagten: «Wann wird die Hilfe Gottes kommen?» Aber Gottes Hilfe ist ja nahe.

Koran 2,214

Auf dem Block war eine kleine Kartenskizze für den Weg zum Haus eines Schülers, dem wir eine Tonbandcassette bringen mußten. Dann waren noch fünf Dinge aufgeschrieben, die ich nicht vergessen sollte: Selbstbeherrschung, Wachheit, Hoffnung, Vertrauen und *'Amal*, das der Shaikh mit «harte Arbeit» übersetzte. Es wurde eine lange Fahrt. Irgendwo verfehlten wir eine Abbiegung und kamen nicht zu dem gesuchten Haus. Der Shaikh sagte, wir sollten kehrtmachen. «Es ist Allahs *Hikmat*, Gottes Weisheit», sagte er.

Es war ganz sicher weise, denn wir hatten kaum noch Benzin, und weit und breit war keine Tankstelle zu sehen. Außerdem waren wir längst an der Straße vorbeigefahren, in der der Schüler wohnte.

Die Wahrheit (kommt) von deinem Herrn. Darum sollst du nicht zweifeln.

Koran 3,60

Viel geschah an diesem Tag auf dieser Fahrt. Es war ein wunderbarer Tag, der schönste in diesem Herbst. Wir lachten zusammen, und unser Lachen war ein Hoch auf den illusorischen Charakter des Lebens. Es gab kaum Gespräche, aber viel sprechendes Schweigen. Als wir fast wieder bei seiner Wohnung angekommen waren, fragte er, ob ich diese Fahrt als Zeitverschwendung empfunden hätte.

«Aber ganz und gar nicht», erwiderte ich.

«*Alhamdulillah*, für mich ist sie auch sehr nutzbringend gewesen», sagte er.

An diesem Tag lehrte er mich sehr viel ohne Worte. Ich

41

erfaßte mit dem Herzen etwas, das bis dahin nur mein Verstand und nur aus Büchern wußte. Es hat mit dem Entstehen eines Gleichklangs zwischen Shaikh und Murid zu tun. Vorbedingung für diese Verbundenheit sind *Iman* und *Yaqin*. Iman ist der Glaube, Yaqin die innere Gewißheit und das Vertrauen des Schülers gegenüber seinem Shaikh. Der Geist des Shaikh spiegelt sich im Murid wie Licht in einem Auge. Und wie ein Spiegel zeigt nun der Murid in allem, was er denkt, sagt und tut, seinen Shaikh. Die Lehre, die ich an diesem Tag mit solcher Klarheit erhielt, wurde nicht in Worten vermittelt. Inayat Khan hat das treffend formuliert: «Man bekommt diese Lehre nur, indem man ertastet, ergreift und erfühlt, was der Meister zu vermitteln hat.» Und jetzt, während die Worte meines Meisters sich in mir entfalten, geht mir noch eine weitere Lehre auf. Er sagte häufig: «Halten Sie alle Türen offen.»

Schon vor euch haben Leute danach gefragt. Aber dann glaubten sie doch nicht daran.

Koran 5,102

Wieder in der Wohnung des Shaikh, saßen wir eine Weile schweigend zusammen. Wir hörten uns eine Cassette mit seiner eigenen Koranrezitation an. Bald danach brach ich auf. Wie immer wurde ich mit Gebeten auf den Weg geschickt. Es fiel uns an diesem Tag besonders schwer, uns zu trennen. Der Shaikh wußte, was ich empfand. Nachdem ich die Tür geschlossen hatte, öffnete er sie wieder und trat heraus. Wir sahen einander an. Die Hand auf dem Herzen, verbeugte er sich und trat langsam zurück in die Wohnung.

Ich hörte ihn die Tür schließen, als ich wegging. Am Ende des Korridors blieb ich stehen und schaute sie an. Ich wäre so gern zurückgegangen, aber ich konnte nicht. Schon begann die Unterweisung durch die Liste, die ich in der Hand hielt. Der erste Punkt war Selbstbeherrschung. Als ich mich zum Gehen wandte, nahm meine Nase wieder den vertrauten Duft auf. Ich wußte, daß hier wieder ein wichtiger Zyklus endete und begann.

Inayat Khan hat einmal gesagt: «Die Freundschaft, die in

Allah und in der Wahrheit zwischen Lehrer und Schüler geknüpft wird, ist für immer, und nichts in der Welt kann sie brechen.» An jenem Tag begann ich den Sinn dieser Worte zu erfassen. Und so Gott will, werde ich noch mehr erfassen. Als ich den Shaikh verließ, dachte ich nach über manche Dinge, die er gesagt hatte. Ich wußte, daß die Zeit der Prüfung für mich kommen würde. Eigentlich hatte sie schon begonnen. Wenn der Gleichklang, der aus dem Vertrauen auf Gott erwächst, sich zwischen Lehrer und Schüler bildet, dann kommt die Prüfung. Diese Prüfung, die von den Sufi-Meistern «das Ideal auf dem Pfad zu Gott» genannt wird, ist ein Opfer. Wenn man einwilligt, diesen Pfad zu gehen, ist nichts mehr, auch das eigene Leben nicht, zu wertvoll, um geopfert zu werden.

Die Freunde Gottes brauchen keine Angst zu haben, und sie werden nicht traurig sein.

Koran 10,62

Eine lange Zeit verging, bis ich den Shaikh wiedersah. Meine Versuche, ihn anzurufen, blieben erfolglos. Ich konnte ihn zu keiner Tageszeit erreichen. Tatsächlich wußte ich tief in mir, daß ich ihn nicht erreichen würde – ich spüre immer, wann er zu erreichen ist, aber in diesem Fall hörte ich nicht darauf. Den nächsten Punkt auf meiner Liste – wache Aufmerksamkeit – bereits vergessend, fiel ich in die Zwanghaftigkeit menschlicher Gewohnheiten zurück. Es ist der Kampf mit der *Nafs lawwama*, dem «sich selbst tadelnden Ego». Und im äußeren Leben schien ebenfalls alles zu klemmen. Mein Wagen war noch in der Werkstatt, die Arbeit hielt mich in Atem, immer noch konnte ich nicht zu den Vorträgen gehen, und die Gebetszeiten einzuhalten, war ein ständiger Kampf. Nun waren zu allem Überfluß auch noch die Abflüsse verstopft, in der Küche ebenso wie im Bad. Während ich da in der Küche stand und das Wasser im Ausguß anschaute, wurde mir klar, wie lange der Abfluß schon verstopft war.

In dieser Zeit erreichte ich auch endlich per Telefon den Shaikh, erfuhr aber nur, daß er nicht sprechen konnte. Sein Shaikh hatte ihm ein Schweigegebot auferlegt, und er verwies mich an einen anderen Schüler. Er empfahl Geduld und legte mit Worten des Friedens den Hörer auf. So war es in dieser Zeit um meine Installation bestellt. Erst später wurde mir ganz klar, was ich damals nur ahnte: Es gibt eine Art von Abflußverstopfung, für die Geduld der einzige Klempner ist.

«Was braucht der Vermieter denn bloß so lange», dachte ich, als ich da in der Küche stand und mein widriges Geschick bejammerte. Ich durchsuchte mein Gehirn nach möglichen Gründen: «Sonst reagiert er doch immer so schnell. Warum rührt er sich diesmal nicht? Hab ich irgendwas gesagt? Oder getan? Vielleicht mit der Miete im Rückstand? Hat er meinetwegen irgendwelche Extrakosten?»

Tausend Möglichkeiten gingen mir durch den Kopf. Da mir aber nichts einfiel, ging ich schließlich mit unguten Gefühlen zu ihm. Höflich, aber unumwunden fragte ich, weshalb ich warten müsse und ob ich irgend etwas falsch gemacht hätte. In seiner freundlichen Art beugte er sich vor und sagte mit sanfter Stimme: «Nein, nichts dergleichen. Ich habe Sie nicht vergessen, ich hatte nur sehr viel zu tun.»

Beschämt und traurig ging ich in meine Wohnung zurück. Das Opfer, das ich durch einen vorübergehenden Verzicht auf Abflüsse zu erbringen hatte, war eigentlich so klein. Wie gedankenlos waren meine Sorge und meine Beschwerde gewesen! Und mit Gott, meinem allerhöchsten Herrn, war es das gleiche. Worüber hatte ich mich zu beklagen? Seine Gaben, Seine Majestät, Seine Großzügigkeit sind überall manifest. Der Shaikh hatte mir einmal das Wichtigste gesagt, was ein Mensch erfahren und wissen kann. Es war: «Es ist nichts zwischen Ihnen und Gott.» Nichts verstellt uns den Blick – nur dieses eingebildete Ich. So kam es, daß ich von meinem Vermieter etwas lernte, obwohl er selbst nichts davon wußte. Gott benutzte ihn, und mit seinen so einfachen Worten öffnete er sehr viel in mir. Außerdem begann ich durch die Gnade Gottes zu erkennen, daß jeder Ort ein Ort des Lernens sein muß. Man kann praktisch überall zu mehr Selbsterkenntnis und Gotteserkenntnis kommen – sogar am Spülbecken in der Küche.

Euch ist vorgeschrieben zu kämpfen, obwohl es euch zuwider ist. Aber vielleicht ist euch etwas zuwider, während es gut für euch ist, und vielleicht liebt ihr etwas, während es schlecht für euch ist. Gott weiß Bescheid, ihr aber nicht.

Koran 2,216

Ein weiterer Vortrag des Shaikh stand bevor. Ich wußte, daß ich dorthin mußte. Ich beeilte mich, dachte unterwegs, daß ich den Vortrag wohl verpassen würde, denn es war schon spät – aber ich war nicht wegen des Vortrags in Eile. Ich würde ihn gern hören, so Gott wollte, aber in Eile war ich, um meinen Shaikh zu sehen, und sei es nur für einen Augenblick. Ich näherte mich dem Gebäude im Laufschritt. Da, vor der Tür, stand der Shaikh und sprach mit einem Mann. Zweierlei fiel mir auf den ersten Blick auf. Der Mann stand sehr nah beim Shaikh, und obwohl er ihm direkt ins Ohr sprach, war er ihm sehr fern. Das wußte ich einfach. Das zweite war die Kleidung des Shaikh, die an ihm sehr ungewöhnlich war. Er trug einen westlichen Anzug und dazu eine *Ahmediyya*, den mit einem Turban umwundenen Fes. Wie er da stand, war er für mich der Inbegriff eines Menschen zwischen zwei Welten – in der Welt, doch nicht von der Welt.

Ich ging auf den Shaikh zu, blieb dann aber stehen, bis er mich heranwinkte. Dann stand ich vor ihm und schaute ihm ins Gesicht. Es war ein Gesicht voll überströmender Güte, aber auch müde und gequält. Er berührte mein Gesicht, berührte meinen Bart, wie immer mit einem Gebet. Ich stand da mit gebeugtem Kopf und hielt ihn am Arm. Einen kurzen Blick warf ich dem anderen Mann zu, den ich unterbrochen hatte. Irgend etwas geschah mit ihm in diesem stillen Augenblick. Ich sah in seinen Augen, daß *er* berührt war von der Hand, die mich berührte. Die Stimme des Shaikh versetzte uns anderswohin.

«Gehen Sie hinein», sagte er. «Gehen sie nach unten zu den anderen.»

Ich betrat das Gebäude. Ich hörte noch, wie der Shaikh den Mann bat, ihn nach Hause zu fahren. Von drinnen sah ich sie weggehen, dann ging ich los, meine Anweisungen auszuführen.

Am Fahrstuhl mußte ich lange warten. Ich hörte unten Stimmen, aber der Aufzug bewegte sich nicht. Nach einer Weile kam er dann, und die Tür ging auf. Drinnen war eine orientalische Familie, niemand von unseren Leuten. Für einen Moment stand ich etwas verdutzt da. Der Aufzug war vollgestopft mit schweren Kisten und Paketen, dazwischen die Leute. Zuerst kam ein kleines Kind heraus und tappte unsicher umher. Die Mutter nahm es dann an die Hand, während ein älterer Sohn und der Vater sich ans Ausladen machten. Auf dem Weg zur Treppe fragte ich mich, wer diese Leute wohl sein mochten.

An der Treppe wurde ich von einem Freund begrüßt, den ich hergeschickt hatte, damit er den Shaikh einmal hörte. Er berichtete, der Shaikh habe in seinem Vortrag vor allem von Liebe (*'Ashq*) und Schmerz gesprochen. Und er habe eine Geschichte erzählt von einem, der einen langen und beschwerlichen Weg auf sich nahm, um die Geliebte zu sehen, dann aber abgewiesen wurde. Obwohl ich nicht unter den Zuhörern gewesen war, verstand ich diese Geschichte sofort. Es war die Geschichte von Liebe und Schmerz – eine Lehre über den Glauben.

Der Liebende tut alles für denjenigen, den er liebt – er dient ihm, ist freundlich zu ihm, hilft ihm und bringt Opfer für ihn. Ein liebender Mensch hat Verständnis für die Stimmungen und Launen dessen, den er liebt, und erträgt sie in stiller Ergebenheit. Die Tugenden der Toleranz und Versöhnlichkeit, der Barmherzigkeit und des Mitfühlens reifen nur in einem zur Liebe erwachten Herzen.

Inayat Khan sagt dazu: «Der Mensch lernt von seiner Geburt an die Worte ‹Ich bin›, und nur die Liebe lehrt ihn zu sagen: ‹Du bist, nicht ich.› Denn keine Seele kann lieben, solange sie ihr eigenes Dasein behauptet.» Eben das ist auch im ersten Teil der *Kalima* ausgesprochen, der selbst wiederum aus zwei Teilen besteht. Der erste ist *La ilaha*, die Erklärung der absoluten Nichtexistenz aller anderen Götter; der zweite ist *ill' Allah*, die absolute Affirmation Gottes, der Quell aller Liebe ist und die Liebe selbst. Ein Sprichwort lautet: «Nur der Liebende weiß.» Es ist vielleicht schwer zu akzeptieren, aber es ist wahr: Einer, der nicht geliebt hat, weiß eigentlich nichts. Nur die Liebe – reine Liebe, frei von Eifersucht, Voreingenommenheit und Haß – erhebt den Menschen zur Unsterblichkeit.

Die Liebe hat einen zweiten Aspekt, und das ist der Schmerz. «Viele sprechen von Liebe», sagt wiederum Inayat Khan, «aber wenige bestehen diese Prüfung und ertragen den Schmerz.» Und wiederum in einem Sprichwort heißt es, daß «Liebe, die keinen Schmerz hat, nicht Liebe ist». Auch das ist wahr, denn das menschliche Herz wird erst durch den Schmerz lebendig. Deshalb ist man nicht wirklich lebendig, solange man nicht mit vollem Einsatz von Geist, Körper und Herz lebt.

Bald kamen auch die übrigen Schüler die Treppe herauf. Manche wirkten bekümmert und verwirrt. Sie grüßten mich, und ich lächelte ihnen zu. Einer schaute mir in die Augen und sagte: «Wir können es dir nicht erklären.» Sie brachen schnell auf bis auf zwei Freunde, die jetzt neben mir standen. Auch sie verabschiedete ich und ging zu meinem Wagen.

Muhammad ist der Gesandte Gottes. Und diejenigen, die mit ihm sind, sind den Ungläubigen gegenüber heftig, unter sich aber mitfühlend.

Koran 48,29

Auf dem Heimweg wurde ich von plötzlichen Einsichten nur so überflutet. Die Familie im Fahrstuhl fiel mir ein. Jetzt wußte ich, wer sie waren. Sie waren wir! Der Aufzug war vollgestopft mit Kram, in dem sie hilflos steckten – das erinnerte mich an den verstopften Abfluß. Sie waren aus einem fremden Land – wie Gottes Wege dem Herzen fremd sind, das ohne Liebe ist. Und wie wir schleppten sie an dem, was am wenigsten gebraucht wird, und trugen kaum von dem, was am nötigsten ist: Iman, Vertrauen und Liebe. Sie waren die Verkörperung dessen, was der Shaikh am Abend vorgetragen hatte. Das Kind stand für diejenigen unter uns, die zwar unsicher umherstolpern, aber empfänglich sind und fähig zu lieben. Die Mutter vertrat den Shaikh, der uns, die Kinder, auf das Geheiß des Göttlichen Vaters bei der Hand nahm und führte. Jetzt war das alles sonnenklar. Ich kam voller Hoffnung zu Hause an – ein weiterer Punkt der Liste hatte sich mir erschlossen. Ich setzte mich an meinen Schreibplatz, und die Geschichte floß wie von selbst.

Eine Woche später, am Freitag vor dem *Eid-al-Adha*-Fest, reinigte der Vermieter die Abflüsse. Ich schaute ins Waschbecken und dachte an den Shaikh. Er war nicht beim Jumah, dem Freitagsgebet, gewesen. Den ganzen Tag über dachte ich an ihn. Mein Herz wußte ihn am Beginn einer neuen Aufstiegsphase. Ich spürte, daß er wohlauf war. Das Lob gebührt allein seinem Herrn, deinem Herrn, meinem Herrn. *Alhamdulillah!*

Und folge dem, was dir eingegeben wird! Und sei geduldig, bis Gott entscheidet! Er kann am besten entscheiden.

Koran 10,109

Zwei Tage später erfuhr ich von einem anderen Schüler, daß der Shaikh die Stadt an diesem Freitagabend zusammen mit zwei Schülern verlassen hatte. Sie hatten den Auftrag, eine Kunstgalerie zu besuchen, die ein sehr eindrucksvolles Gemälde vom Opfer des Propheten Abraham, Friede sei mit ihm, beherbergte. Insgeheim war ich ein wenig enttäuscht, daß ich nicht dabei war. Allein mit diesem kleinen Wunsch, saß ich auf dem Heimweg im Auto und rang mit mir in der Stille des verdämmernden Tages.

Wenn aber einer geduldig ist und vergibt, das ist eine gute Art, Entschlossenheit zu zeigen.

Koran 42,43

An diesem Abend läutete das Telefon. Zu meiner Überraschung waren es die beiden Schüler, auf dem Rückweg von der Galerie. Sie waren sehr müde, und da sie auf der Heimfahrt durch die Gegend kamen, in der ich wohnte, baten sie mich, bei mir übernachten zu dürfen. Ich hatte so viel an sie gedacht, daß es mir nun wie Allahs Fügung erschien, daß sie zu mir kamen. Bald standen sie vor meiner Tür, und ich empfing sie mit den Friedensgrüßen. Sie waren zum erstenmal in meiner Wohnung. Ich freute mich und wollte es ihnen so behaglich wie möglich machen. Ich bot ihnen an, was ich zu essen und zu trinken da hatte. Einer der beiden nahm ein Glas Wasser an, der andere nichts. Das Sprichwort sagt: «Zwei Herrscher können nicht in ein und demselben Land leben, aber vierzig Derwische können in einem Raum zusammenleben.» Das ging mir durch den Kopf, während ich sie versorgte. Ich wußte, daß sie nicht viel brauchten, aber auf diesem Pfad haben der Ansässige und der Reisende beide ihre Pflichten, und dazu gehören Fürsorglichkeit und Rücksicht.

Spät in der Nacht läutete das Telefon noch einmal. Ich warf einen zweifelnden Blick auf den Apparat, unentschlossen, ob ich abnehmen sollte. Ich meldete mich mit Salaams und erhielt Salaams zurück, gesprochen von der Frau eines meiner beiden Gäste. Da ich ein Schüler war, erklärte sie kurz, worum es ging, obgleich sie wohl wußte, daß es nicht nötig war. Der Shaikh war gekommen und befand sich mit einigen anderen Schülern bei ihr. Meine beiden Gäste sprachen ebenfalls am Telefon. Sie beschrieben das Gemälde, Sie sprachen mit dem Shaikh.

Hellwach geworden, saßen wir dann in der Küche. Der Anruf hatte uns auf ganz neue Weise einander nähergebracht. Der Shaikh hatte sich in unseren Schlaf hineingestreckt und uns wirklich wach gemacht. Ich teilte den beiden Reisenden meine Gedanken und Empfindungen mit. Ich erzählte, wie ich mich ausgeschlossen gefühlt hatte, als ich von der Reise erfuhr. Einer von ihnen sagte: «Manchmal sieht es so aus, als gäbe es ein Innen und ein Außen, aber auf dem Pfad wissen wir, daß die Wahrheit nur Eine ist. Innen oder Außen haben also eigentlich wenig Bedeutung.»

Diese Worte waren sehr freundlich gesagt – und richtig. Auch hier gebührt Gott das Lob. Er, Sein sei die Herrlichkeit, benutzte meine Bruderschüler, um mich noch deutlicher sehen zu machen, daß *wir eins sind* auf dem Pfad, welche scheinbaren Unterschiede auch immer bestehen mögen. Jeder Schüler hat seine ganz bestimmte Arbeit zu tun. Jeder nimmt seinen ganz besonderen Platz auf dem Pfad ein. Allah ist stets zugegen. Der Shaikh weiß, was not tut. Er kennt das Herz jedes seiner Murids. Die Liste belehrte mich weiterhin. Jetzt galt es, die Lektion «Vertrauen» zu lernen.

Diejenigen, die glauben, und deren Herz im Gedenken
Gottes Ruhe findet – im Gedenken Gottes findet ja das
Herz Ruhe –, diejenigen, die glauben und tun, was recht
ist, sind selig zu preisen.

Koran 13, 28.29

Am Morgen rief ich zum Gebet. Unmittelbar nach Anbruch
der Morgendämmerung sprachen wir die Morgengebete und
die Grüße zum *Eid*-Fest. Anschließend hörten wir noch Ko-
ranrezitationen und fuhren dann los zur Eid-Versammlung.
Nach einer Weile kam der Shaikh, begleitet von einem weite-
ren Schüler. Er trug einen *Sikke*, den hohen Wollhut der Der-
wische, und ein langes schwarzes Derwischgewand. In seinen
Bewegungen lag verhaltene Autorität und Demut. Er be-
grüßte uns, manche, die er kannte, mit Namen.

Der Shaikh eröffnete die Versammlung mit einem kurzen
Gebet (*Du'a*) und einer Koranrezitation. Im Laufe des Vor-
mittags hielt er drei Vorträge. Der erste war eine Derwisch-
Ansprache an die Eid-Versammlung, aufrüttelnde Worte über
die Gottesliebe und die Notwendigkeit, die Herzensqualitä-
ten im muslimischen Leben heranzubilden. Der nächste Vor-
trag, nach dem Eid-Gebet, war speziell auf den Anlaß ausge-
richtet. Er sprach darüber, was Eid ist, aber auch über den
Glauben und Gehorsam des Propheten Abraham, Friede sei
mit ihm. Der Vortrag enthielt eine eindringliche Mahnung,
das erlaubte Handeln und den Tag, an dem das Leben enden
wird, nicht zu vergessen. Später saß der Shaikh eine Zeitlang
mit einer kleinen Gruppe von Schülern in einer Ecke der
Moschee. Durch alles, was er an diesem Tag sagte, zog sich
ein roter Faden: Glaube, Liebe, Opfer und Schmerz.

Im dritten Vortrag sprach er wieder von Abrahams Glau-
ben und von seiner hohen Stellung unter den Propheten. Er
ließ auch das Vertrauen und die Liebe von Abrahams Sohn
nicht unerwähnt. Unter Tränen rief er uns dieses Geschehen
vor Augen. Er sprach die Worte des Sohnes an seinen Vater –
«Binde mich sorgsam» –, der den Vater nicht im Todeskampf
versehentlich schlagen wollte. Dann kam der Shaikh auf die
Geschichte des Liebenden zurück, der sich durch den Sturm
kämpft, um die Geliebte zu sehen, und abgewiesen wird. Er

fragte uns mehrmals eindringlich, was *wir* tun würden. Er forderte uns sogar auf, über diese Frage zu meditieren und uns darauf einzustellen, am Abend in der Tekiya beim Eid-Mahl zu antworten.

«Iman (Glaube), Liebe, Opfer und Schmerz. Es ist besser, *Haram*, die verbotenen und unmoralischen Dinge, zu lieben, als überhaupt keine Liebe im Herzen zu haben... Das Wissen, das Gott uns nicht mitgegeben hat, ist das Wissen um Schmerz ohne Leiden... 'Ashq (Liebe), wo ist Ihre 'Ashq? Halten Sie alle Türen offen... Das Gewicht von Himmel und Erde und allem dazwischen ist leichter als Liebe... Vergessen Sie nicht das Opfer des Herzens... Was werden Sie tun, wenn der Todesengel Ihren Namen liest?... Wann werden Sie anfangen zu leben? Freuen Sie sich...»

Bei allem, was der Shaikh über Liebe und Liebende, über Liebe und Schmerz sagte, ging es um die LIEBE. Letzten Endes ist da nichts anderes als LIEBE.

Liebende haben einen Kummer, den kein Mittel lindert,
weder schlafen noch reisen noch essen –
nur der Anblick des Geliebten.
«Begegne dem Freund, und deine Krankheit wird enden.»

Maulana Rumi

Am Nachmittag, als der Shaikh nicht zugegen war, wurden zum Gedenken des Propheten Abraham, Friede sei mit ihm, drei Ziegen geopfert. Während ich da stand, erkannte ich deutlich, weshalb er von Gott so geliebt wurde. Vor allem sah ich jetzt das Ausmaß seiner Bereitschaft, sich Gott zu unterwerfen. Hat man einmal verstanden, wie kostbar das Leben ist, so wird es schwierig, ein Leben zu nehmen. Aber der Prophet Abraham, Friede sei mit ihm, war sogar bereit, das Leben seines eigenen Sohns preiszugeben.

Bei dieser Opferung wurde mir klar, wie wir durch den Willen und das Gebot Gottes das Niedere für das Höhere aufopfern. Es gab hier so viele Parallelen zum Leben. Jede dieser Ziegen war schön und jede anders. Und alle wurden sie geopfert. Das war wieder einmal eine Lehre über den illusorischen Charakter des Lebens. Es mochten weibliche oder männliche Tiere sein, jedes von besonderer Eigenart und Schönheit – all das zählte nicht. Wie es jedem von uns ergehen wird, lagen sie still und regungslos da. Sie hatten den ihnen bestimmten Augenblick erreicht. Worte, die der Shaikh am Vormittag gesprochen hatte, gingen mir durch den Sinn: «Es werden keine Unterschiede gemacht im *Qabur*, im Grab. Der Reiche und der Arme, der Kapitalist und der Kommunist, der Gläubige und der Ungläubige – jeder wird Muslim sein: Gott unterworfen.»

Weitere Wunder offenbarten sich, als die Tiere abgezogen und zerlegt wurden. Ich sah eine neue Seite von Gottes Schöpfung und empfand seine wahre Großzügigkeit. Sogar den Regen hatte Gott bei der Opferung unterbrochen, und alles war still. Gegen Ende der Zeremonie, als ich mich gerade bückte, um einem Schüler zu helfen, zog wiederum ein Duft an meiner Nase vorbei. Erneut war also ein Zyklus abgeschlossen. Im Herzen wußte ich, daß mein Shaikh dagewesen war.

Später kam er dann wieder, und wir nahmen Platz zum Abendessen. Er sagte, er wisse, daß Gott unser Opfer angenommen habe. Ich dachte an den Duft zurück. Wir aßen an diesem Tag in stiller Heiterkeit. Es war ein gesegnetes Mahl. Jeder Bissen wurde in Demut und Achtung verzehrt. Und wieder gebührt alles Lob Gott, dem Herrn und Erhalter aller Welten.

Wir haben dir die Fülle gegeben. Bete darum zu deinem Herrn und opfere! Dein Hasser ist es, der gestutzt ist.

Koran 108, 1–3

Nach dem Essen versammelten wir uns in der Moschee der Tekiya. Wie angekündigt, befragte uns der Shaikh über die Geschichte des Liebenden, über die wir meditieren sollten. Bleiben oder gehen, das war die Frage. Manche sagten bleiben, andere sagten gehen. Meine Antwort war die gleiche wie die, welche ich im Herzen gefühlt hatte, als ich vor fast zwei Wochen oben an der Treppe gestanden hatte. Der Shaikh spitzte die Frage immer weiter zu, und schließlich lautete sie: «Wer ist bereit, sein Leben für Gott zu opfern?»

Viele hoben die Hand. Mir fiel dabei wieder ein Vers von Maulana Rumi ein: «Wenige bei der Zählung, viele beim Sturmangriff.» Wir wissen, daß auf diesem Pfad nur wenige die Prüfung bestehen. Wir beten, daß Gott sich derer erbarmen möge, die Ihn suchen. Mögen wir unter denen sein, die Sein Antlitz sehen.

Sehr spät, gegen Ende der Versammlung, las der Shaikh Fariduddin Attars Geschichte von Shaikh San'an. In dieser Geschichte ist ein kostbarer Stein, aber nicht viele fanden ihn an diesem Abend. Der Shaikh brach seine Lesung ab und legte uns ans Herz, tolerant miteinander zu sein. Mir war es, als setzte er damit dieselbe Unterweisung auf andere Art fort. Viele Schüler sehen nicht, wieviel zu lernen ist durch Aufmerksamkeit im Umgang mit anderen, insbesondere mit anderen Murids. Auch das ist der Ort für die Lektion von Liebe und Toleranz, von Opfer, Entwicklung und Verwirklichung. Wir sind häufig so angestrengt auf den Shaikh ausgerichtet, daß wir ihn gar nicht sehen. Wir kleben so an seinen Lippen, daß wir gar nicht aufnehmen, worum es geht. Für mich geht es um Liebe. Und als Neuling auf diesem Weg, so scheint mir, lerne ich vor allem, wahrhaft zu lieben.

An diesem Abend fuhr ich den Shaikh nach Hause. Unterwegs setzten wir einen anderen Schüler ab und fuhren allein weiter. Gesprochen wurde wenig. Durch manche der Straßen waren wir auch bei unserer letzten gemeinsamen Fahrt gekommen. Ich setzte ihn vor seiner Wohnung ab und schaute ihm nach, als er zur Tür ging. Mein Leben seit der Zeit, als ich ihn kennenlernte, zog an mir vorbei. Am besten paßten darauf die Worte, die er nach unserer letzten Fahrt gesprochen hatte: «Sie war sehr nutzbringend.» Er schloß die Tür auf, verbeugte sich zum Wagen hin und verschwand im Haus.

Soweit also die Geschichte von den Abflüssen. Von den «Abflüssen» des Pfades, auf dem es Strecken des Fließens und des Verstopftseins gibt. Der Wasserhahn steht für den Quell, für Allah. Aus dem Quell strömt das Wasser, die Liebe und Güte Gottes. Der Abfluß schließlich mündet zurück in den Ozean, den Ursprung. An diesem Ursprung sind der Ozean und der Tropfen Eins. Das Fließen ist die Barmherzigkeit Gottes. Das Verstopftsein ist *Fitna*, die Heimsuchungen und

Prüfungen des Lebens. Beide aber sind von Allah. Um die Abflüsse passieren zu können, braucht man diese Dinge: Iman (Glaube), Yaqin (Gewißheit), Selbstbeherrschung, wache Aufmerksamkeit, Hoffnung, Vertrauen und 'Amal – fortgesetzte harte Arbeit. Und ganz besonders braucht man Liebe. Dann ist noch zu bedenken, daß es, wie meine Geschichte zeigte, eine Art von Abflußverstopfung gibt, für die Geduld (*Sabr*) der einzige Klempner ist. Möge Gott uns gnädig sein.

Du Mensch! Du strebst mit all deinem Bemühen deinem Herrn zu, und so wirst du Ihm begegnen.

Koran 84,6

3. *Hinter den Abflüssen*

Am Abend des Eid-ul-Adha-Festes hatte ich dem Shaikh erzählt, meine «Geschichte von den Abflüssen» mache Fortschritte. Mit seiner Anregung, sie abzuschließen, begann eine Zeit, in der ich Tag und Nacht schrieb. Als ich schließlich fertig war, wollte ich, daß er die Geschichte sofort in die Hand bekam. Ich rief ihn an. Er nahm sofort ab und entbot mir den Friedensgruß: «*Assalaamu alaikum.*»

«*Wa alaikum salaam*», erwiderte ich.

«Ich muß Ihnen mitteilen», sagte er sanft, aber bestimmt, «daß ich nur donnerstags mit Ihnen sprechen kann – verstehen Sie das?»

«Ja», sagte ich. Ich wußte, daß er wirklich sehr beschäftigt war. Er hatte in der Welt zu arbeiten, genau wie ich, aber seine Arbeit beanspruchte ihn noch stärker als meine mich. Natürlich wollte ich mich nicht aufdrängen, hätte ihn aber doch zu gern gesehen und mochte nicht gern warten. Er hängte ein, ohne noch ein Wort zu sagen, und überließ mich dem Summen im Hörer. Ich gab mir Mühe, diese Botschaft aufzunehmen und anzunehmen und geduldig zu sein. Es waren ja nur noch ein paar Tage bis zum Donnerstag.

Donnerstag vormittag rief ich ihn wieder an. Nach den Grüßen fragte er mich, wie ich meine Zeit so allein verbringe, und ich erzählte ihm von meinem Beruf, meiner Schreibarbeit und den täglichen Kleinigkeiten.

«Worauf wollen Sie wirklich hinaus im Leben?» fragte er ganz ruhig.

«*Fana' billah*, ganz in Gott versunken zu sein», platzte ich sofort mit meiner Sehnsucht nach dem Absoluten heraus.

«Na ja», sagte er, «das ist vielleicht ein bißchen viel für heute.»

Wir sprachen dann noch über einige Dinge in meinem Leben und über den Gang meiner spirituellen Entwicklung. Schließlich konnte ich doch noch anbringen, daß ich meine Geschichte fertig hatte und ihn gern sehen würde.

«Heute vormittag geht es nicht», sagte er, «aber vielleicht heute abend, *inshallah.*»

Dummerweise waren meine Donnerstagabende zu jener Zeit regelmäßig belegt. Er sagte, vielleicht sei es nach meinen Terminen noch möglich, aber ich solle vorher anrufen. An diesem Abend war ich früher als erwartet fertig und stürzte gleich ans Telefon. Einer seiner Schüler meldete sich bei ihm und sagte, ich solle die Geschichte einem anderen Schüler mitgeben, der sie dem Shaikh bringen würde. Weiter wurde nichts gesagt außer den Salaams, und wieder stand ich sprachlos und tödlich verletzt da und lauschte dem Summton im Hörer.

O Narr! Ist denn die Tür geschlossen?

Hazreti Rabi'a

Der Vogel

Ich war auf dem Weg zum Jumah, dem Freitagsgebet. Während der Fahrt gingen mir die Ereignisse der Woche durch den Kopf, und ich bog auf eine schmale Straße ab, die ich immer als Abkürzung fahre. Ein gutes Stück vor mir fuhr ein anderes Auto, und ich sah, wie ein Vogel gegen dieses Auto prallte und dann hilflos flatternd auf der Straße liegenblieb. Da ich ohnehin schon sehr spät dran war, konnte ich mich nicht entschließen anzuhalten und fuhr vorbei. Aber kaum war ich vorbei, da wußte ich, daß ich umkehren mußte. Ich wendete den Wagen und fuhr wieder den Hügel hinauf. Der Vogel war noch da. Ich stellte den Wagen ab und ging auf das verletzte Tier zu. Ein anderer Vogel war dazugekommen und saß neben seinem kranken Freund, flog dann aber auf einen Baum, als ich näherkam. Es war alles so sonderbar, und ich stand für einen Moment vor dem Vogel und versuchte mir klarzumachen, was all das bedeutete, was in diesem Augenblick geschah. Diese Sekunden waren vollkommen still, abgesehen vom Flüstern des Windes und dem Bellen eines Hundes, der zuschaute. Auch der Vogel auf dem Baum schaute zu. Der Hund bellte immer lauter und schien sagen zu wollen: «Was stehst du da herum? Nimm den Vogel von der Straße, und fertig!»

Ich nahm den verletzten Vogel auf und setzte ihn am Fuß eines Baumes in weiches Laub. Jetzt war mir zwar wohler, aber meine Ratlosigkeit blieb.

Der Vortrag (*Khutba*) ging eben zu Ende, als ich eintrat. Ich fragte mich, ob ich meine eigene Belehrung wohl aus dem Vorfall mit dem Vogel zu ziehen hatte. Gab es da eine Verbindung? Irgendwie erschien mir an diesem Tag alles miteinander verbunden. Ich wälzte all die Einzelheiten in mir hin und her. Vieles stieg wieder in mir hoch, meine vergeblichen Bemühungen, den Shaikh zu besuchen, die Telefonate, meine Gefühle, als all das nicht klappen wollte – und der Vogel.

Hat es für den Menschen nicht einmal einen Zeitabschnitt gegeben, in dem er nichts Nennenswertes war?

Koran 76,1

Am Samstag begegnete ich meinem Vermieter. «Was machen Ihre Abflüsse?» fragte er.

Diese simple und ohne allen Hintersinn gestellte Frage schreckte mich urplötzlich auf. Vielleicht setzten sich meine Abflüsse schon wieder zu. Würde ich abermals den Klempner brauchen? Ich wußte, daß eigentlich viel Arbeit zu tun war, während ich wartete, und irgend etwas schien in der Luft zu liegen.

Ein paar Tage später begann das Erlebnis mit dem Vogel allmählich klarer zu werden. Ich nahm Fariduddin 'Attars *Vogelgespräche* zur Hand, deren Lektüre der Shaikh ohnehin jedem Schüler ans Herz legte. Ich kam an die Stelle, wo der zweite Vogel spricht und sich über die Beschwernisse des Weges zum Simurgh beklagt. Von den vielen Dingen, die er zur Antwort bekam, als er da in seiner «Verdrossenheit» und

«Herzensenge» stand, beeindruckten mich vor allem die Worte des Wiedehopfs: «Es ist besser, dein Leben auf der Suche zu verlieren, als elendiglich zu schmachten.» Der verletzte Vogel auf der Straße war in Wirklichkeit ich. Meine Belehrung war also einfach die: Auf dem Pfad der spirituellen Suche zu sterben ist besser, als auf der Straße weltlichen Strebens zu sterben. Der Weg muß uns in einen Tod führen, wie Shaikh 'Attar ihn auch in seinen *Vogelgesprächen* beschreibt: «Solange wir uns selbst nicht gestorben sind und solange wir noch an jemandem oder etwas haften, können wir nicht frei sein. Der Weg des Geistes ist nicht für solche, die ganz ins äußere Leben verwickelt sind.»

Als ich mit der Niederschrift des Abfluß-Abenteuers fertig war, dachte ich, daß damit auch diese Lektion abgeschlossen sei. Doch in Wirklichkeit begann sie gerade erst. Meine Schwierigkeiten, wenn der Shaikh sich mir entzog, brachten all die alten Gefühle wieder hoch, von denen ich geglaubt hatte, sie seien durch frühere Erlebnisse dieser Art aufgearbeitet. Am nächsten Donnerstag versuchte ich wieder, ihn anzurufen, doch es war besetzt. Ich versuchte es mehrmals, bekam aber nicht mehr zu hören als das Besetztzeichen oder das Freizeichen – und das war ungeheuer lehrreich. So alleingelassen mit meinen Gefühlen, blieb ich ganz mir selbst ausgeliefert. Jeder Versuch, ihn zu erreichen, wurde mir zu einer Belehrung darüber, ob ich in der Lage war, ihn zu erreichen.

In dieser Zeit des Ringens fuhr ich einmal an einem sehr kalten Tag zur Arbeit, als es gerade zu schneien begann. Etwa die halbe Strecke hatte ich schon geschafft, ein paar Meilen lagen noch vor mir. Vor einer Kreuzung, an der ich links abbiegen mußte, schaltete ich den Blinker ein und gleich auch noch den Scheibenwischer, da das Schneetreiben immer dichter wurde. Es funktionierte nur der rechte Wischer, aber ich war schon halb auf der Kreuzung und mußte weiter. Mitten auf der Kreuzung war eine sehr glatte Stelle, wo der Wagen wegrutschte und sich einmal um seine Achse drehte. Als er endlich stand, schaute ich in die entgegengesetzte Richtung. Verblüfft und wie gelähmt saß ich da und sah die Autos auf mich zukommen. Zum Glück fuhren sie zu beiden Seiten an mir vorbei, und es passierte nichts. Ich fuhr in eine nahegelegene Werkstatt, um den Wischer reparieren zu lassen. Der Mann sah sich die Sache nicht einmal an, sondern sagte gleich, das ginge jetzt nicht. Bei der nächsten Werkstatt war es das gleiche. Da hörte ich endlich die Botschaft: «Keine Gefahr mehr, aber fahr nach Hause.»

Ich tat es sofort, und als ich ankam, hatte sich der erste leichte Schneefall zu einem regelrechten Schneesturm ausgewachsen. Wieder in Sicherheit, auf der Heizung sitzend, dankte ich Gott und vergegenwärtigte mir die Ereignisse des Tages. Die bloße Tatsache, daß der Sturm eingesetzt hatte, löste schon etliche Gedanken aus. Bei den letzten zwei oder drei Lehrvorträgen des Shaikh waren immer Geschichten vorgekommen, in denen es um Stürme ging. Im Wetterbericht war ein weiterer Schneesturm für den kommenden Donnerstag angekündigt worden. Ich sann über die Geschichte des Liebenden nach, der sich durch den Sturm schlug, warmgehalten allein von der Hoffnung, die Geliebte zu sehen. Und dabei entwickelte sich die Begebenheit mit dem verletzten Vogel langsam zu einer Lehre von immer größerer Tiefe. Die *Vogelgespräche* erzählen eigentlich von den Beschwernissen der Pilgerschaft, und wenn darin eine Lehre lag, so war es diese: Ich konnte mich, wenn ich diesen Weg zum Allerhöchsten Gott fortsetzte, noch auf viele stürmische Tage gefaßt machen.

Wieder kam der Donnerstag, und wieder mühte ich mich in ziemlicher Verzweiflung, den Shaikh zu erreichen. Es war besetzt, und dabei blieb es. Ein weiterer Donnerstag verging ohne ein Wort von ihm; auch von dem angekündigten Sturm war nichts zu sehen. Dieser Tag, an dem die ganze Stadt sich auf ein Unwetter vorbereitet hatte, wurde sogar der Tag des großen «Nicht-Blizzard» – der Ruhe vor dem Sturm. Am nächsten Tag war der Shaikh nicht beim Freitagsgebet. Ich hielt an seiner Stelle den Vortrag und kehrte nach Hause zurück. Dann stand ich am Fenster und blickte auf die verschneite Straße und mußte mir eingestehen, daß meine Abflüsse wieder mal verstopft waren. Die Waschbeckenabflüsse waren in Ordnung, aber die Abflüsse des Pfades nicht. Da akzeptierte ich endlich, daß die Verbindung zum Shaikh noch eine Weile unterbrochen sein würde. Ich ließ die Botschaft wirklich ein und machte mich bereit für die nächste Phase des Ringens.

Am darauffolgenden Donnerstag sprach ich mit dem Shaikh. Wie von ungefähr kam das Gespräch auf Stürme, worauf er sagte: «Stürme sind für uns der sicherste Ort. Nur der Feigling fürchtet sich, denn wirklicher Friede ist nur im Sturm. Die zu Hause im geheizten Wohnzimmer vor dem Fernseher sitzen – *die* sind in Gefahr. Der häusliche Friede ist eine Vorspiegelung des Teufels – ein Zuhause, in dem wir niemals *wirklich* zu Hause sind.»

Nach kurzem Gespräch ließ er mich mit dieser Aussage allein, und sie gab mir in der Tat einiges zu denken. In dieser Nacht brach der Sturm los, und er sollte etliche Tage dauern. Am Freitag erhielt ich einen Anruf von einem der Derwische und seiner Frau, die mich und meine Frau zum Abendessen einluden. Der Shaikh würde dasein. Der Schneesturm tobte immer noch, aber wir nahmen natürlich an und machten uns schnellstens fertig. Als wir losfuhren, war der Wind noch relativ stetig, aber es wurde unterwegs immer böiger. Im Radio hatte es geheißen, die Straßen, die wir fahren mußten, seien unpassierbar, aber es stellte sich heraus, zumindest zu Beginn der Fahrt, daß sie besser als alle anderen geräumt waren. Dann aber gerieten wir offenbar ins Zentrum des Sturms. Man sah praktisch nichts mehr. Meine Frau mußte sich aus dem Seitenfenster lehnen, um den Fahrbahnrand im Auge zu behalten, doch auch sie konnte kaum etwas sehen, da der Wind ihr den Schnee ins Gesicht trieb. So krochen wir voran in der Hoffnung, die Hauptstraße zu erreichen, die ein paar Hundert Meter vor uns liegen mußte. Kurz davor wurde die Sicht noch schlechter, und wir hielten an, um abzuwarten.

Ganz schwach hörte ich eine Stimme: «Hilfe! Hilfe! Hier bin ich, Hilfe!»

Ich drehte mein Fenster herunter und sah hinaus. Wieder kam die Stimme: «Hier bin ich – hier drüben! Können Sie mir helfen? Mein Wagen ist total festgefahren.»

Als ich genauer hinsah, erkannte ich den Umriß eines schneebedeckten Autos. Der Motor lief, und der Fahrer rief durch das spaltbreit geöffnete Fenster zu mir herüber. Ich stieg aus und stapfte gegen den Wind zu ihm hinüber. Ich versuchte zu schieben, aber es ging nicht. Meine Frau setzte sich ans Steuer, und der Mann und ich schoben, aber es half alles nichts. Der Sturm tobte, und wir froren bald dermaßen, daß wir unmöglich länger im Freien bleiben konnten. Wir schlugen ihm vor, den Wagen stehenzulassen und mit uns zu kommen. In unserem Wagen erzählte er uns, daß er die Hoffnung, daß irgend jemand kommen würde, schon fast aufgegeben hatte. Er hatte sich in eine Decke gewickelt und beschlossen, einfach das Ende des Schneesturms abzuwarten. Er erzählte von seiner Familie, vor allem von seiner kleinen Tochter, die am nächsten Tag operiert werden sollte. Unterwegs kamen wir an einem weiteren Opfer des Schneesturms vorbei. Es war eine ältere Dame, die ihren Wagen abgewürgt hatte und nun nicht wieder in Gang brachte. Ich sagte ihr, ich würde wiederkommen und ihr helfen. Dann brachte ich den Fremden und meine Frau erst einmal zu unseren Freunden. Den Wagen der alten Dame brachte ich zum Glück schnell wieder in Gang, und so war ich selbst auch bald in der warmen Wohnung.

Im Wohnzimmer traf ich den Shaikh mit dem Derwisch, dem fremden Mann und einigen Schülern an, die sich um ihn geschart hatten. Er trug den Kapuzenmantel und den Hut der Derwische und saß in würdevoller Schlichtheit da. Wie gut, ihn zu sehen! Ich entbot meine Salaams, und er erwiderte sie und winkte mich heran. Ein unhörbares Gebet sprechend, berührte er mit der alten Güte und Freundlichkeit meinen Bart. Ich setzte mich zu den anderen und tauchte in die Atmosphäre ein. Nur einen Augenblick später, so schien es mir, wurde zum Essen gerufen, und wir gingen alle nach nebenan. Als wir uns auf die Kissen am Boden gesetzt hatten, wurde ein einfaches Reispilaf mit Lamm aufgetragen. Alle fühlten sich sehr behaglich, nur der Fremde, Richard hieß er, saß in etwas betretenem Schweigen auf einem Stapel Kissen. Es lag gewiß nichts Negatives in der Luft und absonderliche Geheimpraktiken wurden auch nicht geübt, aber wir waren ihm offenbar doch nicht ganz geheuer. Der Shaikh spürte es und fragte ihn in aufmunterndem Tonfall, ob er sich wohlfühle.

«Besser als auf einer Schneewehe zu hocken», erwiderte

Richard ernst, und der Shaikh lachte ein warmes, herzliches Lachen. Wir übrigen stimmten ein, und für einen Augenblick gab es nichts Trennendes mehr.

Richard taute ein wenig auf und stellte später sogar eine Frage: «Was für eine Gruppe ist das hier?»

«Wir sind einfach Freunde», sagte der Shaikh.

Er hatte eine entwaffnete Art des Umgangs mit allen, die er traf. Er war so natürlich und warmherzig und besaß einen erstaunlichen Humor. Er plauderte mit Richard. Zu seltsam, wie dieser Mensch, so ohne es zu wissen, in diesen Kreis geraten ist, dachte ich. Viele suchen und finden nicht, und das Gesuchte ist doch immer so nah.

Richard telefonierte ein paarmal, bestellte einen Abschleppwagen und wurde von unserem Gastgeber zu seinem Wagen zurückgefahren. Wir versammelten uns unterdessen wieder in dem Raum, in dem wir zuerst gesessen hatten.

Der Shaikh sprach mich gleich sehr lebhaft an, während wir wieder im Kreis Platz nahmen: «Ich habe Ihre Schrift gelesen. Welch ein Wunder, daß gerade dieses Sonett von Shakespeare darin vorkommt. Können Sie es auswendig?»

Ich nickte und begann: «*When in disgrace with Fortune and men's eyes...*», und der Shaikh und ich wechselten uns mehrmals ab. Gegen Ende vergaß ich drei der wichtigsten Zeilen:

> *Haply I think on thee, and then my state,*
> *Like to the lark at the break of day arising*
> *From sullen earth, sings hymns at heaven's gate.*

Irgendwann fragte der Shaikh den Derwisch, ob er ein Buch habe, in dem das Sonett stehen könnte. Etliche Bücher wurden gebracht, doch das Sonett fand sich nicht. Dann fragte der Shaikh mich, ob ich meine Geschichte über den Abfluß bei mir hätte. Ich bejahte, und er bat mich, sie vorzulesen. Bald kam ich an die Stelle, wo ich ein paar Zeilen aus dem Sonett zitiert hatte, und der Shaikh bat mich, sie zweimal vorzulesen. Dann sagte er, dieses Sonett sei eines seiner Lieblingsgedichte, und durch das Lesen dieser Zeilen in meiner Geschichte sei bei ihm etwas sehr Wichtiges ausgelöst worden. Dann rezitierte er langsam und mit viel Gefühl die letzten Zeilen, die ihn am meisten berührten und die für uns die Lehre waren:

> *. . . and then my state,*
> *Like to the lark at the break of day arising*
> *From sullen earth, sings hymns at heaven's gate;*
> *For thy sweet love remember'd such wealth brings*
> *That then I scorn to change my state with kings.*

Er schwieg einen Moment mit geschlossenen Augen und sagte dann, Shakespeare habe uns etwas Wichtiges zu sagen.

Zu mir sagte er: «Es gibt ein kleines grünes Buch mit dem Titel *Thy Sweet Love Remembered.* Versuchen Sie es aufzutreiben.»

Dann ließ er mich weiterlesen. Ich las die ganze Geschichte vor. Ich bin sicher, daß ich nicht ganz begriffen habe, was ich dabei lernen sollte. Als ich damals die Geschichte von der Nadel abgeschlossen hatte, schickte er mich zu mehreren Schülern, um sie vorzulesen. Heute zweifle ich nicht daran, daß jede Anweisung, die er mir je gegeben hat, ihren Sinn hatte. In meinen Schriften damals kamen Dinge vor, die, wie er wußte, für andere von Bedeutung waren, während ich selbst keine Ahnung davon hatte. Deutlich wurde mir allerdings, daß ich künftig immer mehr schreiben und anderen vorlesen würde.

Als ich fertig war mit der Geschichte, sprach der Shaikh. Von den vielen Dingen, über die er sprach, sind mir seine Ausführungen über Nimrod und den Propheten Abraham, Friede sei mit ihm, noch deutlich gegenwärtig. Nimrod war die Personifizierung der Gottesfeindschaft. In seiner Verblendung und seinem Hochmut verfolgte er Hazreti Abraham, Friede sei mit ihm, den Gott selbst Khalilullah nannte – Freund Gottes. Nimrod befahl, den Propheten Abraham ins Feuer zu werfen, doch auf Gottes Geheiß wurde das Feuer kühl für ihn. Nimrod war es auch, der den Turm zu Babel errichtete, und auch in dieser direkten Konfrontation mit dem Allmächtigen Gott unterlag er. Schließlich zog er in den offenen Krieg gegen den Propheten Abraham, Friede sei mit ihm, doch Gott teilte sein Heer und schlug es mit Schwärmen von

63

Stechmücken. Nur eine einzige dieser Mücken kam Nimrod in die Nase, und daran starb er schließlich.

Diese Darstellung verband er mit der Geschichte von einer Frau, die von Gott abgefallen war. Im Grunde vermittelte der Shaikh uns hier, daß Gott, gepriesen sei Er, jederzeit in der Lage ist, Seine kleinste Kreatur das Größte lehren zu lassen. Die Geschichte zeigte außerdem, daß Gott der Allmächtige Herr über all die ist, die in ihrem Hochmut Herren zu sein versuchen. Unerschütterliches Gottvertrauen, auch wenn man ins Feuer geworfen wird, war die Essenz dieser Lehre. Wie man überlebt, darum ging es letztlich.

An diesem Abend fuhr ich den Shaikh nach Hause. Wir sprachen nur kurz miteinander, dann schwieg er, in Meditation versunken. Ich brachte ihn bis zur Tür, und er schaute mich an und sagte: «Halten Sie die Dinge im Gleichgewicht.» Er verabschiedete sich mit dem Friedensgruß und verschwand. Etwas an diesem Abend war sehr schön gewesen, und dieses unausgesprochene Gefühl blieb zwischen uns allen bestehen.

Erst viel später, nach fast zwei Jahren, kam der Shaikh einmal auf diesen Abend zu sprechen und auf das, was er für ihn bedeutete. «Das war für mich wie ein Stern in der Nacht», sagte er. Für mich war dieser Abend ein erster Eindruck von jener Liebe und Gemeinsamkeit in der Familie der *Fuqara* – derer, die arm sind, aber reich in Gott.

Es dauerte sehr lange, bis ich dem Shaikh wieder einmal allein begegnete. Wieder Wochen, in denen ich mich völlig abgeschnitten fühlte, in denen ich ihn weder sah noch irgendwelche Anrufe oder Instruktionen bekam. Alles verstummte, und ich verbrachte diese Tage wartend und über meine eigene Verfassung nachdenkend.

Beim Morgen und bei der Nacht, wenn sie still ist! Dein Herr hat dir nicht den Abschied gegeben und verabscheut dich nicht.

Koran 93, 1–3

In der ersten Zeit, nachdem ich meinem Shaikh begegnet war, hatte ich in den Zeiten, in denen ich ihn nicht sehen konnte, meist irgendeinen Auftrag. So war es auch jetzt; unter anderem hatte ich dieses kleine grüne Buch zu finden. Meine Nachforschungen führten mich zunächst in die Stadtbibliothek, wo ich den Katalog und das Gesamtverzeichnis der im Buchhandel erhältlichen Bücher befragte. Nirgendwo ein Hinweis. Ich sprach mit einem Bibliothekar und erzählte ihm, das Buch sei mir von einem Freund empfohlen worden. Er sah mich mit wissendem Lächeln an und sagte in bester Sherlock-Holmes-Manier: «Ah, von einem Freund. Hmmm, vielleicht können wir das Rätsel lösen, wenn Ihr Freund selber mal vorbeikommt.»

«Ganz bestimmt sogar», dachte ich, bedankte mich und ging. Und plötzlich sah ich, daß ich doch nicht so von meinem Shaikh abgeschnitten war, wie ich dachte. Über das scheinbare Schweigen hinweg war er doch irgendwie gegenwärtig und brachte mich auf stille und kalkulierte Weise auf Trab, wie nur ein Shaikh es kann.

Der nächste Schritt führte mich in einen Buchladen, wo ich mich nach *Thy Sweet Love Remembered* erkundigte. Die Verkäuferin, eine sehr nette junge Frau, kannte das Buch auch nicht, aber da ich das Titelregister aller lieferbaren Bücher bereits in der Bibliothek durchgesehen hatte, riet sie mir, auch den Autorenkatalog noch zu befragen. Ich schlug also unter Shakespeare nach, und das war wie ein *déjà vu* – Seite um Seite um Seite voller Shakespeare-Titel – das gleiche Gefühl wie damals vor der Vitrine mit Tonabnehmernadeln. Ich suchte alles durch, erfolglos, mußte aber doch insgeheim lächeln: Da stand ich – immer noch ein Schüler bei den ersten Schritten auf dem Pfad.

In diese Versonnenheit hinein sagte die Verkäuferin: «Ich habe noch eine Idee. Wir können den Titel über den Antiquariats-Suchdienst laufen lassen. Vielleicht finden wir jemanden, der das Buch hat und bereit ist, es zu verkaufen.» Sie half mir mit der Suchanzeige, und dann verließ ich still den Laden.

Die nächsten Tage lebte ich wie in einer Rauchwolke. Alles war stumpfe Routine. Zur Arbeit zu gehen kostete Überwindung, der graue Himmel und die Eintönigkeit der Tage trieben mich an den Rand einer Depression. Einmal flimmerte mir beim Aufwachen zum *Salatul Fajr*, dem Morgengebet, der Fernseher ins Gesicht. Seltsamerweise lief zu dieser frühen Stunde eine Kindersendung, in der ein als Roboter verkleideter Junge auftrat, der immer wieder sang:

> Ich bin ein mechanisches Kind,
> wie mechanische Spielzeuge sind.
> Ich tu, was man sagt, und warum, frag ich nie,
> ich hab nie gelebt, und drum sterb ich auch nie...

Treffender hätte man die augenblickliche Lage kaum charakterisieren können. Ich wurde förmlich aus meiner dumpfen, schweren Schläfrigkeit gerissen. Auf dem Weg ins Bad schüttelte ich schmunzelnd den Kopf über diese seltsame Eröffnung des Tages. Die Zeile: «Ich hab nie gelebt, und drum sterb ich auch nie», ging mir nicht aus dem Kopf. Für einen, der auf dem Pfad Gottes geht, gilt es, das vollkommen Mechanische seines Lebens zu erkennen und dann zu sterben, damit er leben kann. Das ist das Sterben vor dem Tod, damit man in Gott lebendig werden kann.

Es kamen noch etliche Tage dieses Zwischenzustands und Wartens, bis dann an einem Samstagmorgen das Telefon läutete. Ich nahm ab und hörte die lebhafte und so ermunternde Stimme meines Shaikh: «*Salaamu alaikum.*»

«*Wa alaikum salaam*», erwiderte ich, etwas überrascht, daß er mich anrief. «Wie geht es Ihnen?»

«*Alhamdulillah*», sagte er und kam sofort zur Sache. «Bruder, Ihre Zeit ist gekommen. Sie haben die Geduldsprobe bestanden. Sie haben sich sehr wacker geschlagen, und mein Shaikh und ich sind sehr froh und zufrieden. Wann kann ich Sie sehen?»

Am nächsten Morgen fuhr ich zur Wohnung des Shaikh. Während der Fahrt vergegenwärtigte ich mir meinen inneren Zustand, denn inzwischen war mir eine interessante, wenn auch nicht immer klar zu erkennende Beziehung aufgefallen: Von meiner inneren Verfassung hing es ab, ob ich mich schwer oder leicht tat in der Gegenwart das Shaikh. Die Tür des Hauses, in dem er wohnte, hatte einen elektrischen Türöffner. Manchmal war diese Außentür offen, die Wohnungstür aber geschlossen. Vor der Tür warten zu müssen, war eine Grundlektion, die mir die absurde, aber in dieser Gesellschaft übliche Erwartung vergegenwärtigte, jede Tür werde sich öffnen, ganz gleich in welchem Bewußtseinszustand man sich beim Anklopfen befindet. Der Shaikh hatte wahrlich keine besonderen Bezeugungen von Ehrerbietung nötig. Die gebührende Achtung und Aufmerksamkeit war vielmehr etwas, das dem Schüler zugutekam: Einfach nur vor seiner Tür zu stehen und abzuwarten, bis sie sich öffnete, das lehrte mich manches über mich selbst.

Diesmal öffnete er schnell und hieß mich mit der gewohnten Wärme und seinem Segen willkommen. Er bot mir ein Kissen ihm gegenüber auf dem Boden an. Er erzählte mir die Geschichte einer alten Frau, die sehr arm und sehr krank war. Sie hatte sich seiner einmal gütig angenommen und ihre wenigen Habseligkeiten mit ihm geteilt. Von dieser Geschichte, die er mit tiefem Gefühl erzählte, sind mir noch die letzten Worte in Erinnerung: «Sie gab alles, was sie hatte, und ich auch.» Er spürte wohl ein leises Zweifeln bei mir und sagte mit verblüffender Direktheit: «Sie sind auf dem Pfad, aber erst am Anfang.» Ich sprach von meinem Mangel an Gewißheit und sagte, ich hätte das Gefühl, ich verdiente all das gar nicht, was mir zukam. Er antwortete ganz ruhig und nüchtern: «Niemand kann sich im Grunde die Baraka (Segenskraft) Gottes verdienen.»

An diesem Tag wurde ich durch eine weitere Tür geführt. Über diese Tür kann ich nur sagen, daß alles Lob und aller Dank Allah gebühren. Die Geschichte der alten Frau ist jedoch eine Anweisung an den Sucher: Setze alles an die Suche, wenn du gesucht sein möchtest.

Deine Augen werden nicht immer geschlossen sein; suche die Tür.

Shaikh 'Attar

Am späteren Vormittag fuhr ich den Shaikh zu einem Derwisch. Es war ein frischer, stiller Tag, der schon eine Ahnung von Frühling enthielt. Wir fuhren über Land, und die tiefe Bruderliebe und Güte, die in den Worten des Shaikh mitschwang, traf mich im Innersten.

«Sie können mir alles sagen, was Sie bekümmert; es gibt nichts, womit Sie nicht zu mir kommen können. Und wenn Sie mit Blut an den Händen kämen, ich würde Sie einlassen und aufnehmen.»

Nach kurzem Schweigen kam er auf einige Gedanken zu der Geschichte von den Abflüssen zu sprechen: «Ihre Geschichte handelt von der wirklichen Probe der Geduld, und Sie dürfen nie vergessen, wie leicht sich Verstopfungen bilden. Und hören Sie: Es gibt eine Art von Verstopfung, die tödlich sein kann. Wenn die Röhren einmal gründlich gesäubert sind und Sie dann auch nur allererste Anzeichen von erneuter Verstopfung bemerken, müssen Sie sehr vorsichtig sein. Achten Sie auf Fett und Haare, die in den Abfluß geraten . . . es gibt da einen Punkt, von dem an nichts mehr zu retten ist – wie dieser Zeitpunkt im Herbst, wenn das Kommen des Winters zur Gewißheit wird. Es ist wie das Schwimmen in den Stromschnellen vor dem Wasserfall: Es gibt einen Punkt, von dem an es nicht mehr möglich ist, eines der beiden Ufer zu erreichen.»

Er erzählte die Geschichte einer jungen Frau, die einfach ihren Wünschen und Begierden nachgab und nichts gegen die fortschreitende Verstopfung tat, bis es zu spät war. Es war die Geschichte all derer, die um die Gefahr des Verstopfens wissen und doch einfach drauflosleben. Ohne an die Folgen zu denken, saugen sie aus der Welt (*Dunya*) heraus, soviel sie bekommen können – wie einer, der einfach allen Unrat durch den Abfluß laufen läßt und sich nicht weiter darum kümmert.

Die Geschichte enthielt eine deutliche Warnung. Schon oft hatte der Shaikh gesagt: «Man bekommt, was man haben will. Man kann sogar tun, was man will, aber erst dann, wenn man nichts mehr will.» Es ist eine Warnung vor der Falle des hemmungslosen Habenwollens. Es gibt Punkte im Leben, wo alle Fesseln gesprengt scheinen und man das Gefühl hat, man sei frei, sich alles zu verschaffen, was man will. Die Wirklichkeit des Suchers jedoch erstreckt sich nicht nur auf dieses Dunya-Leben, sondern auch auf das Leben danach (*Akhirat*). Jenseits dieses Dunya-Lebens gibt es kein Umkehren mehr, und was sich jetzt in den Röhren festsetzt, bestimmt mit, in welchem Zustand wir uns auf der anderen Seite des Lebens befinden werden.

Ganz praktisch gesehen, schien der Shaikh darauf hinweisen zu wollen, daß man ein Augenmaß dafür entwickeln muß, wann geduldiges Abwarten angebracht ist und wann entschlossenes Handeln. Die Lehre der Geduld hatte ich erhalten, und jetzt zeigte er mir, daß es einen Punkt gibt, von dem an mehr verlangt ist als geduldiges Abwarten. Der eigentliche Auftrag des Suchers besteht darin, sich allen Situationen des Lebens in Bewußtheit zu nähern.

Nachdem ich mich an diesem Tag vom Shaikh verabschiedet hatte, vergingen fast sechs Wochen, bis ich ihm wieder einmal allein begegnete. Das Dunya-Leben regierte wieder mit all seinen weltlichen Ansprüchen, und was ich bisher gelernt hatte, wurde auf die Probe gestellt. Immer wieder gab es Perioden, in denen alles schwierig war, Tag für Tag. Einmal wachte ich in dieser Zeit mit dem Bild eines Segelschiffs vor dem inneren Auge auf. Ich tappte ins Bad zur morgendlichen Waschung und schaltete, einem Impuls folgend, das Radio auf dem Fensterbrett ein. Es wurde gerade ein Song gespielt, der von einem Schiff auf einem Zaubermeer erzählte, von einem fernen Land der Wirklichkeit, zu dem die Sehnsucht hinstrebt, aber doch in dem Gefühl der Heimkehr – und diese Reise geschieht heute.

Das war für mich – in diesem Augenblick in Raum und Zeit gesendet als die Botschaft, Mut und Hoffnung zu fassen. Die Reise findet immer eben jetzt statt. Heute. Und die Reise ist nicht leicht. Der Pfad des Murid ist, wie der Shaikh sagte, ein Weg, «der ständig neue Herausforderungen bringt: Wann man wartet, und wann man etwas in Bewegung setzt. Wie man zuhört, und wie man dient.»

Später an diesem Tag suchte ich den Buchladen auf, in dem ich mich nach dem kleinen grünen Buch erkundigt hatte. Ich rechnete nicht mit erfreulichen Neuigkeiten, aber die Verkäuferin begrüßte mich lächelnd, als ich hereinkam, und sagte: «Heute ist Ihr Buch angekommen: *Thy Sweet Love Remembered.*»

4. *Die Pflanze*

Kurz nachdem ich meinem Shaikh zum erstenmal begegnet war, im Spätherbst, kam ich einmal am Schaufenster eines Blumengeschäfts vorbei. Ich war für den Abend mit ihm verabredet, und schon am Morgen war ich mit dem Wunsch aufgewacht, ihm etwas mitzubringen. Während ich den üblichen Geschäften des Tages nachging, überlegte ich, was ich ihm schenken könnte. Nun fiel mein Blick also in dieses Schaufenster und auf eine kleine rankende Pflanze, die ich wunderschön fand. In ihrer kleinen weißen Pflanzschale und mit den kräftigen grünen Blättchen hatte sie etwas so Zartes und Interessantes, daß ich gleich wußte: das ist es, ein ideales Geschenk. Der Shaikh lächelte gerührt, als ich ihm die Pflanze brachte; er dankte Gott und zeigte mir seine Freude über diese kleine Aufmerksamkeit.

Den ganzen Winter über war von der Pflanze nicht die Rede, bis der Shaikh mich eines Abends nach seinem Koranvortrag zu sich rief. Als ich vor ihm stand, blickte er mir ruhig ins Gesicht und sagte: «Ihre Pflanze stirbt, wann können Sie mal kommen?»

Ein tiefes Entsetzen überkam mich. Ich wollte mich sofort darum kümmern, aber es ging an diesem Abend nicht, weil sich noch etliche andere Schüler in seiner Wohnung versammelt hatten. Zum Glück konnte ich aber dabeisein und die Pflanze, die der Shaikh inzwischen umgepflanzt hatte, wenigstens sehen. Sie war schon fast ganz verwelkt, kaum noch zu erkennen. Mein Herz sank und sank immer tiefer, während ich überlegte, was dies nun wohl für meinen eigenen inneren Zustand bedeuten mochte.

«Sie sind der *Sahib* der Pflanze, auch wenn Sie sie mir

geschenkt haben», sagte der Shaikh während des allgemeinen Aufbruchs zu mir. Das hieß also, daß ich der eigentliche Besitzer und Freund der Pflanze blieb. Und das galt auch für all die anderen Schüler, deren Pflanzen neben meiner auf der Fensterbank standen. Wir waren schon auf der Schwelle, als der Shaikh noch eine Geschichte erzählte, die Geschichte von einem Bären und einem Mann, die Gefährten waren:

Einmal sah der Mann den Bären so von der Seite an und sagte: «Soll ich dir mal was sagen?»

«Was denn?» fragte der Bär.

«Du stinkst», sagte der Mann mit niederschmetternder Direktheit.

«Dagegen weiß ich was», sagte der Bär mit unheimlich ruhiger Stimme. «Nimm diese Axt hier und schlag sie mir auf den Kopf.»

«Das kann ich nicht», sagte der Mann, der sich jetzt ein wenig zu schämen begann und nervös wurde.

«Du mußt, oder ich töte dich», sagte der Bär, und der Blick in seinen Augen verriet, daß er es ernst meinte.

Voller Angst und kaum eines Gedankens mächtig, aber doch in dem Wissen, daß er sich entscheiden mußte, nahm der Mann die Axt und führte einen gewaltigen Schlag auf den Kopf des Bären. Schwer verletzt, aber noch stehend, sagte der Bär mit Tränen in den Augen: «Ich treffe dich hier in einem Jahr wieder.»

Und tatsächlich, ein Jahr darauf trafen der Mann und der Bär sich dort wieder. Überglücklich, den Bären wohlauf zu sehen, untersuchte der Mann dessen Kopf und rief aufgeregt: «Es ist geheilt, es ist geheilt!»

Der Bär sah ihn an und sagte: «Ja, mein Kopf ist geheilt. Aber deine Worte, die tun immer noch weh.»

«Worte gehen immer irgendwohin», sagte der Shaikh, «sie verflüchtigen sich nicht einfach. Auch Gedanken verflüchtigen sich nicht unbedingt.» Zu mir sagte er: «Ihre Gedanken schlagen sich an dieser Pflanze nieder. Gut, daß es eine Pflanze ist und nicht Ihre Frau oder Ihre Schwester.» Zur Gruppe gewandt, entbot er seinen Friedensgruß und schloß die Tür.

Ich kam an diesem Abend in ziemlicher Verwirrung nach Hause. Tief bestürzt von dieser Sache mit der Pflanze, konnte ich an nichts anderes mehr denken. Am Wochenende nahm ich in einer anderen Stadt an einer Konferenz teil, und selbst da wurde ich von diesen Gefühlen verfolgt, bis ich mich schließlich entschloß, den Shaikh anzurufen. Das Gespräch brachte zwar keine Lösung, aber es war doch trostreich zu wissen, daß ich ihn erreichen konnte und nach meiner Rückkehr besuchen durfte. Am Dienstagabend sah ich die Pflanze wieder in der Wohnung des Shaikh. Er fragte, wie ich ihren Zustand einschätzte und was meiner Meinung nach getan werden müsse. Wir verließen die Wohnung und gingen zusammen durch die nächtliche Stille. Auf diesem Spaziergang sprachen wir über viele Dinge. Was die Pflanze anging, sagte er, sei meine jetzige Verwirrung der nicht unähnlich, die mich angesichts des Nadel-Dilemmas befallen hatte. Er versicherte mir, daß es keinen Grund gebe, bekümmert zu sein. Dann erzählte er von seinen eigenen inneren Kämpfen als Murid, und wie er sogar versucht gewesen war, sich vom Pfad abzuwenden.

Bevor wir uns trennten, lächelte er und sagte: «Schlafen Sie darüber. Alle Schritte sind abgemessen, und die Antwort wird kommen, wenn die Zeit reif ist.»

Nach einigen weiteren Tagen des Grübelns rief ich den Shaikh abermals an, und er sprach ausführlich mit mir. Ich begriff im Grunde nicht, worum es für mich in dieser besonderen Lektion mit der Pflanze ging, und fragte ganz direkt, was das alles zu bedeuten habe im Hinblick auf meine persönliche und spirituelle Verfassung. «Der Weg der direkten Frage ist nicht unser Weg», sagte er. «Unser Weg ist der Weg der Botschaften, die zwischen den Zeilen gelesen werden müssen.»

Er beschrieb am Beispiel Tennysons und des Japaners Kobo, wie verschieden die Beziehungen von Dichtern zu einer Blume sein können. Tennyson ging in seinem Beispiel spazieren, und als er eine Blume sah, pflückte er sie, um ihren Duft und ihre Schönheit erleben zu können. Kobo jedoch, als er eine Blume auf der Wiese stehen sah, rührte sie nicht an. Er sah sie, und das genügte.

Der Shaikh empfahl mir außerdem, das Gedicht «The Last Rose of Summer» von Sir Thomas More zu lesen, das er kurz vor seiner Hinrichtung geschrieben hatte. Die Pflanze, sagte er, sei ein Abbild der Dunya, also dieser gegenwärtigen illusorischen Welt.

«Das ist eine schwierige Aufgabe», sagte er. «Die Sache mit der Pflanze ist nichts für Schwache.»

Die nächsten Tage dachte ich über das Beispiel mit den beiden Dichtern nach. Immer wieder ging ich das Gespräch mit dem Shaikh durch. Nach etwa einer Woche meinte ich zu einer Einsicht gelangt zu sein. Aufgeregt erzählte ich dem Shaikh am Telefon davon; er mahnte mich, mir Gewißheit zu verschaffen. «Nehmen Sie sich etwas Zeit», sagte er, «vergegenwärtigen Sie sich Ihr Leben, und kommen Sie dann zu mir.»

Ein paar Stunden später fuhr ich zu ihm. Bei mir hatte ich etliche Seiten mit Notizen über meine Versuche, das Rätsel mit der Pflanze zu lösen. Es fehlte mir aber immer noch an Klarheit über den eigentlichen Kern dieser Lehre, und diese Zweifel machten mich ziemlich nervös. Ich übte *Zikr* (Gottesgedenken), während ich auf die Wohnungstür zuging. Der Shaikh begrüßte mich mit herzlichen Salaams und bat mich herein. Wir saßen eine Weile schweigend zusammen, dann setzte er mir ein einfaches Mahl vor, das er zubereitet hatte, und bat mich, meine Aufzeichnungen vorzulesen. Ich hatte auch Mores Gedicht mitgebracht und las es anschließend vor. Der Shaikh fragte mich, was ich denn nun aufgrund der Belehrung durch die Pflanze und durch Mores Gedicht begriffen hätte. Ich dachte damals, die eigentliche Lehre habe mit der Natur des Anhaftens zu tun. Ich hatte über das Gefühl des Verlustes nachgedacht, das in mir aufgewallt war, als der Shaikh mir erzählt hatte, die Pflanze sei im Absterben begriffen.

Diese Erfahrung schien mir auf den grundlegenden Kampf des Suchers gegen das auf Dunya ausgerichtete Dasein hinzudeuten. Dunya, diese Welt, ist wie eine Pflanze, die Blüten der Stofflichkeit hervorbringt – Auto, Kleider, Haus, Geld, Ansehen, Idee und Besitz. Was der Shaikh meinte, als er sagte, die Pflanze sei ein Abbild der Dunya, war nun klar: Dunya blüht und stirbt ab wie eine Pflanze. Die «von der Dunya» sind, leben in ihr, ziehen ihr ganzes Glück aus Dunya-Blüten, klammern sich an sie und leben ihr Leben, als würden ihre Dunya-Blüten niemals sterben. Der Shaikh hatte mir gesagt, er sei froh, daß die Pflanze nicht meine Frau oder Schwester sei, weil ich auf die Nachricht so reagiert hätte, als sei es mir völlig unverständlich, daß die Pflanze sterben könnte, ja sogar tatsächlich abstarb. Hätte ich meine Frau oder Schwester für so unsterblich gehalten wie die Pflanze, um wieviel schmerzhafter wäre dann das Loslassen von ihnen, die ich doch noch viel mehr liebte als diese kleine Pflanze, an der ich unwissentlich so sehr hing.

O Schweigen, unschätzbarer Segensquell, du breitest dich über die Torheiten der Toren und bist dem Weisen Inspiration.

Persisches Sprichwort

Als ich mit dem Vorlesen fertig war, sah der Shaikh mich an und sagte: «Das Rätsel der Pflanze muß gelöst werden, *bevor* die Geschichte geschrieben wird.» Ich empfand einen Stich im Herzen und wünschte, ich hätte nicht gesprochen. Irgendwo in der Tiefe wußte ich, daß er recht hatte, aber seine Worte taten trotzdem sehr weh. Ich wollte diese Pflanzen-Lektion endlich abhaken können. Ich wollte glauben können, ich hätte die Antwort gefunden. Der Shaikh ging ans Fenster, holte die Pflanze und stellte sie vor mich hin. In mir entstand ein wilder Aufruhr.

«Sehen wir uns diese Pflanze doch mal an», sagte der Shaikh. «Sie war mal ein Gefäß des Wunderbaren (*Mu'jiza*), denn sie war grün und hat mitten im Winter wunderschöne Blüten gebildet. Jetzt ist Frühling, und sie stirbt ab. Ich habe mir große Mühe mit ihr gegeben. Ich habe ihr einen größeren Topf gegeben, damit sie Platz zum Wachsen hat. Ich habe sie gedüngt und gegossen. Ich habe darauf geachtet, daß sie keinen Frost und genügend Licht bekommt, und jetzt welkt sie, und der Haupttrieb ist trocken. Wenn man die Blüten anschaut, weiß man, daß das Ende nahe ist. Interessanterweise gibt es neue grüne Keime. Der Haupttrieb ist trocken, aber ein Same, in die richtige Erde gebracht, geht auf. Was ist der Same, der kein Leben bringt? Was machen wir mit dieser Pflanze? Sie müssen sich auf die Ebene dieser Pflanze begeben. Was hat es für einen Sinn, eine Million Dollar in die Niagarafälle zu werfen und dann ein Leben lang darüber zu jammern? Sollen wir sie verbrennen? Können *Sie* sie verbrennen?»

Ich schwieg, zutiefst getroffen und völlig gebannt seinen Worten lauschend.

«Nur Gott kann Leben ins Feuer legen. Was sollen wir tun?» fragte er wieder.

Ich wußte es nicht. Urplötzlich griff er nach der Pflanze und holte sie aus ihrem Topf.

«Man muß an die Wurzel gehen. Manchmal gibt es nichts anderes mehr, was man noch tun könnte. Kommen Sie mit.»

Wir gingen ans Waschbecken und lösten unter Wasser die Erde aus dem Wurzelwerk. Da war sofort zu sehen, daß die Pflanze in einem sehr schlechten Zustand war. Da wurden die Dinge langsam klar, als ich jetzt erkannte, wie leicht man das Offensichtliche übersieht.

«Wenn Sie die Pflanze umtopfen, lassen Sie ein bißchen von der alten Erde dran», sagte der Shaikh, «und passen Sie auf, daß die Wurzeln nicht brechen. Sie müssen wissen, daß zuviel Wasser und zu nahrhafte Erde die Pflanze töten. Sowohl *'Ashq* als auch *'Ibadat* sind notwendig. 'Ibadat, Dienst oder Gottesdienst, ist die Nahrung der Wurzeln. 'Ashq, Liebe, ist Luft und Sonne. Eine Mutter sorgt mit Liebe für ihr Kind, aber Liebe allein genügt nicht. Das Kind muß ernährt werden.»

Die bei deinem Herrn sind, sind nicht zu hochmütig, Ihm zu dienen. Sie preisen Ihn und werfen sich vor Ihm nieder.

Koran 7,206

An diesem Abend, an dem der Shaikh mir die Augen für die welkende Pflanze öffnete, berührte er einmal ihre Wurzeln und sagte: «Die sind wie die zweiundsiebzig Sekten des Islam.» Er sprach damit die prophetischen Traditionen an, in denen es hieß, in der Endzeit werde sich der Islam in zweiundsiebzig Sekten verzweigen, und nur eine von ihnen werde dem rechten Weg folgen. Als ich später darüber nachdachte, wurde mir dieser Vergleich noch deutlicher. Den falschen Sekten fehlt es wie den verdorrenden Wurzeln an der richtigen Nahrung und Versorgung. Sie stehen noch in Verbindung mit dem, was wahr ist, doch irgendwo in ihrer Entwicklung schleicht sich eine Überbetonung bestimmter Glaubensinhalte auf Kosten anderer ein, und es entsteht Einseitigkeit. Überleben kann letztlich nur die eine Blüte, die in der Sunnah wurzelt, dem Beispiel des Propheten, Friede sei mit ihm.

Mores Gedicht, das ich dem Shaikh vorgelesen hatte, war ein sehr wichtiger Bestandteil der Pflanzen-Unterweisung. Er hatte es mir vorher schon einmal während eines Telefonats vorgetragen. Als ich es ihm in seiner Wohnung vorlas, sprach er die Verse mit:

'Tis the last rose of summer,
left blooming alone;
All her lovely companions
Are faded and gone;
No flower of her kindred,
No rosebud is nigh,
To reflect back her blushes,
Or give sigh for sigh!

I'll not leave thee, thou lone one!
To pine on the stem;
Since the lovely are sleeping,
Go, sleep thou with them.
Thus kindly I scatter
Thy leaves o'er the bed,
Where thy mates of the garden
Lie scentless and dead.

So soon may I follow,
When friendships decay,
And from Love's shining circle
The gems drop away!

When true hearts lie whithered,
And fond ones are flown,
Oh! who would inhabit
This bleak world alone?

Des Sommers letzte Rose
steht blühend allein,
alle lieben Gefährten,
verwelkt und vergangen;
keine Blüte ihrer Art,
keine Knospe ist nah,
um ihr Erröten
oder Seufzen zu erwidern.

Ich werde dich, du Einsame,
nicht schmachten lassen am Stiel;
die anderen Schönen schlafen,
und so schlaf du mit ihnen.
Liebevoll verstreue ich
deine Blätter über den Grund,
wo deine Gefährten des Gartens
schon duftlos liegen und tot.

So bald könnte ich folgen,
wenn Freundschaften verderben
und vom Diadem der Liebe
die Steine abfallen.
Wenn treue Herzen verdorrt
und liebende enteilt sind –
wer möchte dann allein noch leben
in dieser öden Welt?

Tatsächlich hatte ich damals noch wenig von der Beziehung
dieses Gedichts zu der Pflanze erfaßt. Viel später, als ich an
die Worte des Shaikh zurückdachte, begannen die Dinge sich
zusammenzufügen.

An jenem Abend legte der Shaikh die Pflanze in eine kleine
Papiertüte und gab mir auch noch ein wenig Blumenerde

mit. Bevor ich ging, sagte er zum Abschluß unseres Gesprächs über Mores Gedicht: «Versetzen Sie sich in Mores Lage, und denken Sie daran, daß nur noch wenige Rosen da sind. Denken Sie auch an die Worte des Propheten, Friede sei mit ihm: ‹Suche die Gesellschaft der Guten.› Und was Mores Gedicht angeht, müssen Sie wissen, daß es der Wind ist, dessen Hände die Blätter verstreuen.»

Ganz zum Schluß gab er mir noch ein paar Vorsichtsmaßregeln für meine weltlichen Belange. Er versicherte mich seiner Unterstützung in allen Entwicklungen meines Lebens und sagte mit einem Lächeln: «Folgen Sie Ihrem Herzen, es wird Ihnen niemals *Haram* (das Verbotene oder Falsche) einflüstern. Was Sie für Gott tun, sollte stets an erster Stelle stehen. Denken Sie daran, daß Sie mit Gott alles und ohne Ihn nichts sind. Ohne Ihn sind Sie weniger als der Staub der Erde.»

Bevor er mich mit den Worten «Gehen Sie im Frieden Gottes» verabschiedete, zitierte er mir die folgenden Zeilen aus der *Sura Iqraa*:

Iqra bismi Rabbika, alladhi khalaqq
khalaqal insana min 'alaqq
Iqra wa rabbukal adramul-ladhi
'Allamabil qalam.

Trage vor im Namen deines Herrn,
der erschaffen hat,
den Menschen aus einem Embryo erschaffen hat!
Trag vor! Dein höchst edelmütiger Herr ist es ja,
der den Gebrauch des Schreibrohrs gelehrt hat.

Koran 96, 1–4

Eine Woche später bestand das Rätsel der Pflanze immer noch, und die Lehre, die darin lag, entzog sich mir. Ich hatte so viele der abgestorbenen Blätter entfernt, wie möglich war, und die Pflanze in einem kleinen Topf ans Licht gestellt. Etliche Tage später war noch keine Veränderung zu bemerken. Mit einem anderen Schüler des Shaikh untersuchte ich die Pflanze Zweig für Zweig. Die meisten waren tot oder faulten, und so untersuchte ich erneut die Wurzeln. Auch hier waren viele vertrocknet oder verfault. Ein kleines Stengelchen rettete ich, das noch eine Spur von Leben in sich zu haben schien. Es schien aufzuatmen, als ich es von der sterbenden Pflanze löste. Ich setzte es in ein Gefäß mit Wasser und wartete. Ich sah den anderen Schüler an, seufzte und murmelte: «Möchte bloß wissen, wo meine Geschichte herkommen soll.»

Er sagte: «Die Geschichte passiert gerade. Wir erleben mit, wie sie geschrieben wird.»

Bald darauf sah ich den Shaikh: «Wir sind noch nicht fertig», sagte er. «Wie geht es der Pflanze? Wie ist es mit dem *Sujud* (Niederwerfung)?» Lächelnd fügte er hinzu: «Wissen Sie, wie das mit der Sense und dem Weizen ist? Der Tod schärft die Sense, und der Weizen mach Sujud – er verneigt sich bis zur Erde.» Mit diesen Worten ließ er mich stehen.

Aber lobpreise deinen Herrn und wirf dich nieder! Und diene deinem Herrn, bis zu dir kommt, was allen gewiß ist.

Koran 15, 98.99

Eines Abends sammelte ich die vertrockneten Blätter und Stengel der Pflanze, mit Ausnahme des letzten Stengelchens, das sich allerdings auch in recht fragwürdigem Zustand befand, in einen großen Kochtopf und ging damit hinters Haus. Draußen fiel ein sanfter Frühlingsregen. Ich stand unter dem Dachvorsprung, zündete das dürre Laub im Topf an und schaute zu. Unendlich viel hat das Feuer zu lehren. Der Shaikh hatte einmal gesagt, Shaikh Tussi sei von seinem eigenen Feuer verzehrt worden. Er zitierte ihn mit den Worten: «Ich schmolz wie eine Kerze und wie Eis, und nichts blieb zurück.» Dann fuhr er selbst fort: «Wenn Sie da sind, wo Shaikh Tussi ist, sind Sie außerhalb Ihrer selbst und schauen sich an, und dann löst sich Ihnen dieses Rätsel, die Frage, was Sie selbst sind.»

Diese Gedanken wurden durch aufgeregte Rufe meiner Nachbarin unterbrochen. Der Rauch war wohl in den Hausflur gedrungen, und meine Nachbarin, besorgt um Hab und Gut, forschte nach seinem Ursprung. In meinem Kochtopf war schon fast alles zu Asche verbrannt. Als ich meiner Nachbarin in Gesicht blickte, die nun außer Atem und sichtlich befremdet von meiner Veranstaltung neben mir stand, war mir plötzlich alles viel klarer. Es ging um das Abtöten der Begierde nach den Dingen dieser Dunya-Welt, um vollkommenes Loslassen. Man kann nur ansammeln, wenn man vollkommen losgelöst und unabhängig ist. «Ansammeln» meint hier das Voranschreiten auf dem spirituellen Pfad in dem Sinne, daß man der Welt nur wirklich froh sein kann, wenn man von ihren Ablenkungen und Verlockungen unabhängig ist. Erst wenn der Bann von Dunya gebrochen ist, kommt das Leben zu seiner ganzen Fülle, denn dann sieht man die Welt als das, was sie wirklich ist. Die Zeichen des Anhaftens sind deutlich sichtbar für den Shaikh, doch häufig zu subtil für den Murid. Erst durch den Umgang mit einem Shaikh kommt der Schüler überhaupt dazu, Verhaftungen an sich zu bemerken, von deren Existenz er gar nicht gewußt hatte.

Von dieser Subtilität war auch die Rede, als der Shaikh einmal über Dunya und das Ablassen von ihr sprach: «Ich sehe das Bittere auf einer Wimper», sagte er, «also seien Sie ehrlich mit sich selbst. Am Tag des Gerichts sind da nur noch Sie und Gott; und möge Er, Sein sei die Herrlichkeit, unsere Fehler von unseren Herzen nehmen.» Auch diese Worte sprechen von dem, was er «das innere Großreinemachen» nannte, denn selbst der kleinste Wunsch nach irgend etwas außer Gott ist eine innere Verunreinigung. Verunreinigung oder Unreinheit ist eigentlich nur ein anderer Ausdruck für Vielgötterei; die Einheit zeigt sich erst, wenn alle Begierde und alle Vielheit verschwunden sind. Shaikh Sharfuddin hat es so gesagt: «Wirklicher Monotheismus erscheint erst dann, wenn die *Wurzel* des Polytheismus abgetötet wurde.» Um in die Einheit einzugehen, muß man zuerst dieser Anforderung genügen. Jeder Augenblick muß ganz aus Gott, durch Gott und für Gott sein. Da darf es kein Anhaften, kein Begehren, keinen Zorn, keinen Stolz, keine Freude über Lob und kein Mißvergnügen über Tadel mehr geben. Einheit ist definiert als das Stadium, in dem Dunya, die Dinge dieser Welt, vollkommen fallengelassen wurden; oder, wie der Shaikh sagte, der Zustand, «in dem du von Ihm durchdrungen bist und Er von dir».

Auch die Pflanze, vor Frost geschützt in gedüngter Erde stehend, ist wieder diese gleiche Dunya-Lehre, denn Dunya ist ja der Ort, an dem der Mensch gegen den Winter abgeschirmt in einem Haus lebt und sich sicher fühlt. Wie eine wohlversorgte Zimmerpflanze lebt er in seinem Luxus und richtet sich so behaglich ein in dieser Geborgenheit, daß er den unausweichlichen Tod vergißt. Aber alles jetzt Vorhandene schwindet schon und wird verfliegen wie der Wind.

«So ist das in der Dunya, wenn man sich alles verschafft hat, was Glück verspricht», sagte der Shaikh. «Über ein Weilchen wird alles wieder weggenommen.»

Der Shaikh hatte mir gesagt, die Pflanze sei mein Denken und meine innere Verfassung. In mir wollte etwas von der Dunya-Pflanze weiterblühen. Auf subtile und vielleicht unbewußte Weise nährte ich einen Teil von ihr immer noch und wollte, daß er weiterlebte. Auf dem Pfad zu Gott muß aber auch die letzte Spur von Dunya sterben. Eigentlich ist dies die erste, die Grundlehre, denn die wahren Meister aller Zeiten haben immer nur vom Loslassen gesprochen. Und es war ja auch die erste und letzte, die diamantene Lehre von Sister Majeed, möge Gott ihre Seele erheben: «Sie müssen loslassen, um losgehen zu können.» Die Wahrheit dieser Worte, damals nur geahnt, trat jetzt völlig klar zutage. Man muß seinen Griff lösen, um gehen zu können; man muß sterben, um leben zu können. Alles bewegt sich in Zyklen wie die Pflanze, und auf die Blütezeit folgt die Zeit des Welkens. Und so ist es auch mit den großen Kulturen, deren Blütezeit bereits den Niedergang ankündigt. Das ist das große Problem der «Verneiner des Glaubens», jener Dunya-Menschen, die vor der Wirklichkeit des Vergehens die Augen verschließen. Sie halten diese Welt für mehr, als sie ist, und wenn die Dunya-Blüten welken, sind sie entsetzt und können nicht glauben, daß wahrhaftig das Ende kommt.

Der Shaikh hatte mich auf die Probe gestellt mit der Frage, was aus der Pflanze nun werden solle. Als wir sie anschauten in ihrer ganzen Erschöpfung, sagte er: «Seien Sie die Pflanze, gehen Sie auf ihre Ebene.» Was hier gemeint ist, kommt in einem Derwisch-Spruch zum Ausdruck: «Der Tod stirbt, und das Leben lebt.» Die Pflanze möchte leben. Wenn ich die Pflanze werde, erkenne ich sie; wie man ihr aber helfen kann zu leben und was zu tun ist, wenn sie stirbt, ist schwer zu sagen. Was kann man tun? Was muß getan werden? Was lernte ich da vom Shaikh? Einfach dies: Man muß an die Wurzel gehen. Leben wollen, aber nicht wissen, wie man lebt, das ist das Dilemma der meisten Menschen auf dieser Erde.

In der Geschichte von den beiden Dichtern ging es um zwei verschiedene Grundhaltungen gegenüber dem Leben. Der Shaikh hatte gesagt: «Gottes Zeichen sind überall im Universum. Lernen Sie, wie Ghazali sagt, ‹aus indirekter Naturbeobachtung›.» Tennyson hatte die Blume pflücken müssen, um ihr Geheimnis zu verstehen. Seine Methode hat etwas Abschließendes, und sie führt zu einer analytischen und hochmütigen Haltung. Der japanische Dichter andererseits rührt nicht an die Mysterien Gottes. Seine Methode hat etwas Öffnendes, und die Tatsache, daß er *sieht*, trägt ihn, denn sein bloßes Sehen erschließt ihm die Welt.

Mores Gedicht führt dies noch weiter. Er war wie die letzte Rose, und sein letztes Verlangen hatte er schon preisgegeben. Er wußte um die Unwirklichkeit und Flüchtigkeit der Dunya-Blüte. Ihm allein gab die Reinheit der Absicht und die Gotteserkenntnis das Recht, die Blume zu pflücken und ihre Blütenblätter vom Wind verstreuen zu lassen.

Zum eigentlichen Kern dessen, was ich durch die Pflanze lernen sollte, hatte der Shaikh gesagt: «Zuviel Wasser und zu nahrhafte Erde töten die Pflanze», und: «Sowohl ’Ashq (Liebe) als auch ’Ibadat (Dienst, Gottesdienst) sind notwendig.» Hier steht die Pflanze symbolisch für den Menschen. Der Duft der Blüte ist die Essenz der Pflanze, Symbol für die Seele, die Essenz des Menschen. Damit der Sucher wachsen und innerlich voranschreiten kann, müssen gewisse äußere Bedingungen erfüllt sein. Im ersten Teil seiner Aussage wies der Shaikh darauf hin, daß der Sucher einen Weg der Ausgewogenheit und Mäßigung durch die Dunya-Welt finden muß. Zuviel Dunya tötet und lenkt vom Ziel ab, wie auch Shaikh ’Attar zu diesem Thema sagt: «Liebe und Armut gehen zusammen.»

Der zweite Teil seiner Aussage meint, daß Liebe und Dienen für die Entwicklung des Suchers in gleicher Weise äußere Bedingungen sind wie Luft und Sonne für die Pflanze. Hier ist von Liebe jedoch eher als einem «Mittel» als von einem «Ziel in sich selbst» die Rede. Liebe ist in diesem Stadium eine notwendige Bedingung, ein Mittel, das zu «Liebe als Ziel in sich selbst» hinführt. Sagen wir einfach, daß eine bestimmte Art von gesunder Umwelt notwendig ist, damit der Sucher spirituelle Sonne und Luft erhalten kann. Ohne das kann es kein inneres spirituelles Voranschreiten geben.

Der Shaikh hatte darüber hinaus gesagt, daß Liebe nicht genügt. Hier sprach er von Liebe als Mittel, denn Liebe als Ziel in sich selbst ist der höchste Seinszustand und natürlich mehr als genug. Aber Liebe als Mittel oder Umfeld oder Atmosphäre, so notwendig sie ist, reicht nicht aus. Hat der Sucher einmal auf den Pfad gefunden, wie eine Pflanze zu Luft und Sonne gefunden hat, so wird die Ernährung durch Dienen und Hingabe an Gott (*'Ibadat*) ebenso wichtig, wenn nicht wichtiger. 'Ibadat wird für den Sucher auch zu dem Mittel, das ihn zur Göttlichen Liebe, zur Auslöschung im Feuer führt, und das ist Liebe als ein Ziel in sich selbst. Deshalb muß er Gelegenheiten zu diesem Dienen suchen, und nicht nur durch Gebet und Wohltätigkeit, sondern in allem, was er tut, so daß ihm jeder Atemzug und jede Handlung zu diesem Gottesdienst wird.

Deshalb hatte der Shaikh auch gesagt, diese Lehre sei nichts für die Schwachen. «Welcher Same bringt kein Leben hervor?» hatte er gefragt. Ein Same vor allem, der auf nacktem Fels liegt. So ist es bei Menschen mit verhärtetem Herzen. Durch das Mittel und durch Gottes Gnade wird das Ziel erreicht, und um diese Lehre verstehen zu können, muß das Herz offen sein.

«Suchen Sie die Gesellschaft der Guten, es sind nur noch wenige Rosen da», hatte der Shaikh gesagt. Jeder Sucher auf Gottes Pfad ist eine von diesen einsamen Rosen, und die Rosen der Vergangenheit sind die, die uns den Weg gezeigt haben. Wer Augen hat zu sehen, heißt es, der wird auch Führung und Anleitung finden. Aber der Sucher soll auch dies bedenken: Der wirklich Wissenden sind wenige, und der Wind verweht uns bald.

Nach einigen Wochen füllte ich die Asche der Pflanze in eine

Tüte, die ich dem Wind öffnete – und die Asche verflog wie Mores Blütenblätter. Und so blieb von dieser wunderschönen Pflanze, die mitten im Winter geblüht hatte, nicht mehr als ein einziger harter, hohler Stengel. Dieser Stengel, der einst so voller Leben gewesen war und Blätter getrieben hatte, stand nun für die ganze Belehrung, die mir durch die Pflanze zuteil geworden war – die Lehre von der Ablösung des Herzens nicht nur von den Dingen der Welt, sondern auch von allen Anschauungen darüber, wie die Dinge wirklich sind. Vor allem aber war es die Lehre vom Leben des Herzens, dem wir uns nur durch Liebe und Dienen nähern können.

So kam es, daß dieser kleine Stengel eine besondere Bedeutung für mich gewann. Und wie die Rohrflöte in Rumis Gedicht erzählt es meinem Herzen von seiner Gottesferne:

> Hör auf der Flöte Lied, wie es erzählt
> und wie es klagt, vom Trennungsschmerz gequält:
> «Seit man mich aus der Heimat Röhricht schnitt,
> weint alle Welt bei meiner Klage mit.»*
>
> Maulana Rumi

* Übersetzung Annemarie Schimmel.

5. Reisen

In der allerersten Zeit meiner Verbundenheit mit dem Shaikh nahmen die weltlichen Aktivitäten noch einen sehr großen Teil meines Lebens ein. Ich hatte zwar nicht mit direkt anrüchigen Dingen zu tun und war nicht zu unrechtem Handeln (*Haram*) gezwungen, aber vertrat doch viel Zeit mit Bemühungen, die irgendeiner «guten Sache» dienten und von denen ich annahm, sie stünden ganz im Zeichen meines Bestrebens, gottgefällig zu handeln. Fast zwei Jahre nach meiner Rückkehr aus Saudi Arabien ergaben sich weitere Gelegenheiten zu solchen Reisen, von denen mich eine nach Marokko, die andere wiederum nach Saudi Arabien führte.

Vor der ersten Reise telefonierte ich mit dem Shaikh. Da die Fahrt mich nach Fez führen würde, trug er mir auf, dort, wenn möglich, eine bestimmte Moschee zu besuchen und dort nach Muhammad Ibn al Habib zu fragen. Zusammen mit einem anderen Muslim brach ich eines schönen Freitagnachmittags auf. Unser Flugzeug landete am nächsten Morgen in Casablanca. Wir fuhren mit dem Bus in die Stadt und fanden heraus, daß wir bis zur Abfahrt des nächsten Busses nach Fez noch einige Stunden Zeit hatten. Wir kümmerten uns um unser Gepäck und gingen essen. Der alte, ziemlich mitgenommen aussehende Bus, mit dem wir fahren sollten, kam am späten Nachmittag. Wir stiegen ein und richteten uns in drangvoller Enge für die lange und langsame Fahrt ein.

Diese Fahrt war eigentlich ein Geschenk, wie ich bald feststellte. Ich war den Menschen hier sehr nahe, sah uralte marokkanische Gemäuer, bekam etwas von den schlichten Genüssen mit, die die Straßenstände boten, und hörte die Landessprachen, Französisch und Arabisch. Schon nach wenigen

Stunden fühlte ich mich hier zu Hause. Vor dem Einsteigen war ich ein wenig in Sorge um unser Gepäck gewesen, denn ich hatte es nicht unter den Sachen gesehen, die hoch und immer höher auf dem Bus getürmt wurden, bis er schließlich wie ein Packkamel aussah. Wir kamen am späten Abend wohlbehalten in Fez an, wo ich erst merkte, daß meine westlichen Vorstellungen von Organisation und Zuverlässigkeit mich die ganze Fahrt über bei der Sorge um das Gepäck gehalten hatte. Nun stellte sich zu meiner Überraschung und Belehrung heraus, daß es die ganze Zeit überhaupt nicht in Gefahr gewesen war; es war uns sogar vorausgeeilt und wartete wohlbehütet auf uns.

Wir fragten uns zu dem Hotel durch, in dem auch die Versammlung stattfinden sollte, zu der wir nach Fez gekommen waren. Es war ein Grandhotel, das jeden nur erdenklichen Luxus bot und dazu das Flair des Arabischen. Auf einem Hügel im neueren Teil der Stadt gelegen, bot es einen herrlichen Ausblick auf die würdevolle Altstadt und die Landschaft der Umgebung. Welten lagen zwischen dem Altstadtkern und den wuchernden neueren Stadtgebieten. Der Kontrast war so grell wie der zwischen dem Luxus meines Zimmers und der nach Wüste klingenden Beduinenmusik, die aus dem Radio neben meinem Bett ertönte. Ich trat auf den Balkon, um den Anblick der Stadt und des Landes im Mondlicht zu genießen. Die hellgrüne Kuppel einer großen Moschee war in der Ferne zu sehen, und wie ich später erfuhr, war es die Moschee, die ich aufsuchen sollte. Die in Wellen strömende Nachtwärme tat so gut und schien im Rhythmus mit der Musik aus dem Zimmer übereinzustimmen. Ich hatte einen langen Tag hinter mir und war müde. Ich sprach die Gebete und sank in die Kissen. Ich schaltete das Radio aus und schlief.

Am Morgen traf ich meinen Freund im Frühstücksraum. Er berichtete, für diesen Tag sei ein Treffen in der Universität vorgesehen, und wir könnten nach dem Frühstück mit dem Taxi dorthin fahren. Da wir uns in Fez nur einige Tage aufhalten würden, begann ich mir Sorgen zu machen, daß mein Freund und diese Zusammenkünfte mir vielleicht nicht genügend Zeit lassen würden, die Moschee aufzusuchen. Außerdem stellte ich sehr bald fest, daß ich die Moschee wahrscheinlich gar nicht ohne Hilfe finden würde. Die Altstadt war ein Gewirr kleiner Gäßchen, der reinste Irrgarten für Fremde wie mich.

Ich traf mich mit meinem Freund vor dem Hotel, und wir bestiegen ein Taxi. Die Universität fanden wir menschenleer, abgesehen von zwei Männern, die uns bestätigten, daß niemand da sei. Damit war mein Tag nun frei. Gott hatte es irgendwie ermöglicht. Ich bat Ihn, mir zu vergeben, denn ich zweifelte ständig, und Er zeigte mir ständig, daß es wirklich keinen Grund gab, an Ihm zu zweifeln. Ich kehrte mit meinem Freund zum Hotel zurück. Ganze Schwärme von Taxen und von Männern auf Motorrädern warteten vor dem Hotel auf Fahrgäste. Ich zog mich um und trat dann wieder vor das Hotel, um einen Weg in die Altstadt auszukundschaften. Ich fragte mehrere Taxifahrer, was sie für die Fahrt zur Moschee verlangten. Sie sagten, sie könnten mich nur bis an die Tore bringen, von da an müsse ich zu Fuß gehen. Der Preis, den sie nannten, versetzte mich in Erstaunen.

Ich kratzte mein bißchen Arabisch zusammen, um diesem Unrecht zu begegnen. «Nein, nein!» sagte ich. «Ihr Preis ist zu hoch, und außerdem ist das, was Sie tun, nicht Islam.»

«Muslim? Muslim?» erkundigte sich einer der Männer in halbwegs englisch klingendem Tonfall, als er von hinten auf mich zutrat.

«Ja, *insha' Allah*», sagte ich, «aber Allah weiß besser, wer wirklich Muslim ist.»

«Sie kommen auf Motorrad», sagte er. «Ich habe Freund am Medinator, gebe ihm Motorrad, und wir laufen zu Jami Masjid, inshallah, o.k.?»

«Wieviel?» fragte ich, immer noch etwas ärgerlich.

«Kein Geld, Bruder. Komm, wir gehen, ja?» Er sprach so freundlich, daß mein Ärger wie weggewischt war. Er warf seine Maschine an und deutete hinter sich.

Wir brausten los und waren schon bald am Stadttor. Und natürlich kannte er etliche Leute, die da am Tor herumlungerten wie die Männer vor dem Hotel. Er ließ sein

Motorrad bei einem von ihnen, und wir gingen zu Fuß durch die engen, schattigen Straßen, in denen Kinder spielten und Esel kleine Karren und Wagen zogen.

Es war gerade Zeit zum 'Asr, als wir die Masjid Sidi Ahmad erreichten, eine kleine Moschee, die auf unserem Weg lag. Wir sprachen hier die Gebete und gingen dann weiter. An mein Ziel gelangt, fand ich, daß die Moschee unglaublich schön war in ihrer Schlichtheit und mit ihren großen Bögen. Der Boden war mit sauberen Strohmatten ausgelegt, auf denen hier und da Gruppen von Männern saßen. Manche saßen auch allein mit der Gebetskette (*Tasbih*) für die Übung des Gottesgedenkens (*Zikr*) in der Hand oder den Koran lesend. Ich begann meine Suche damit, mir die Gesichter anzuschauen. Ich trat an mehrere der alten Männer heran, die für sich allein saßen und fragte mit meinem armseligen Arabisch, ob ihnen Sidi Muhammad Ibn al Habib bekannt sei. Der erste alte Mann, den ich so fragte, nickte bedächtig, sagte aber nichts. Andere schienen geradezu erschrocken zu sein über meine Frage. Die Zeit verstrich, und bald würde das *Salatul maghrib* beginnen, das Abendgebet. Der junge Mann, der mich hergebracht hatte, saß in einem kleinen Kreis von Jungen bei einem *Qari* (Koran-Rezitator) und einem alten Mann, der, wie ich später erfuhr, der Imam der Moschee war. Ich setzte mich ebenfalls in diesen Kreis. Als der Junge, der gerade las, fertig war, stellte mein junger Begleiter mich vor. Ich brachte mein bißchen Arabisch an, aber als das Gespräch dann seinen Lauf nahm, konnte ich bald nicht mehr folgen.

Der Imam forderte mich auf, aus dem Koran zu lesen. «*Iqraa!*» sagte er.

Ich bat meinen jungen Begleiter, dem Imam zu sagen, ich hätte eine wichtige Frage, doch er unterbrach mich.

«Lesen Sie Koran», sagte er wieder und sah mir direkt ins Gesicht.

Ich rezitierte die *Sura Fatiha* und den Anfang der *Suratul Baqara*. Der Imam wandte sich an die Gruppe und sagte etwas. Offenbar meinte er, die Jungen sollten diese Begegnung mit einem Muslim vom anderen Ende der Welt als Ansporn nehmen. Dann übergab er die Runde dem Qari, stand auf und ging. Bald ertönte der Aufruf zum Gebet, und ich reihte mich unter die übrigen Gläubigen ein.

Nach dem Gebet versuchte ich, zum Imam vorzudringen, doch das erwies sich in der Menge als sehr schwierig. Zum Glück kam der Qari vorbei, als ich da stand, und er führte mich und meinen Begleiter in eine stillere Ecke der Moschee, wo der Imam saß. Ich entbot meine Salaams und setzte mich vor ihn hin.

«Kennen Sie Sidi Muhammad Ibn al Habib?» fragte ich in größter Dringlichkeit und schaute ihm ins Gesicht.

«Lesen Sie», sagte er, als hätte er meine Frage nicht gehört.

Ich rezitierte aus der *Suratul Hashr*, einem Abschnitt des Koran. Als ich fertig war, sprach er auf Arabisch zu mir, und mein Begleiter half beim Übersetzen: «Der Mann, den Sie suchen, ist nicht in Fez», sagte er. «Er ist in Meknes.»

«Und kennen Sie ihn?» forschte ich weiter. «Können Sie mich zu ihm bringen?»

«O ja, ich kenne ihn», erwiderte er, und ein liebevoller Ausdruck überstrahlte sein Gesicht. Daß er in der Vergangenheit sprach, fiel mir nicht auf, als er fortfuhr: «Ich war fünfunddreißig Jahre lang sein Freund. Ich hoffe, ihm morgen wieder zu begegnen. Können Sie um fünf Uhr kommen?»

Ein plötzliches Gefühl von Hoffnungslosigkeit und Mißlingen überkam mich, und ich senkte den Blick und sagte, ich könne nicht kommen. Den ganzen Tag über waren Zusammenkünfte anberaumt, und es bestand keine Aussicht, daß sie abgesagt wurden oder ich fernbleiben konnte.

«Schreiben Sie Ihren Namen und Ihre Adresse hier in Fez auf», sagte er verständnisvoll. «Und haben Sie Vertrauen.»

Ich schrieb meinen Namen auf ein kleines gelbes Blatt von meinem Notizblock und gab es ihm. Ich stand auf. Einer der Jungen aus dem Kreis, der Sohn des Imam, begleitete uns hinaus bis in das Gedränge der engen Straße.

«Bitte kommen Sie morgen um fünf», sagte er. «Mein Vater, er weiß.»

Ich hörte diese von Eifer durchdrungenen Worte kaum noch, versank ganz in dieses Gefühl des Versagens und der Vergeblichkeit aller meiner Bemühungen. Hier sollte ich nun wohl sagen, daß Muhammad Ibn al Habib nicht mehr auf dieser Erde weilte, was ich damals aber noch nicht wußte. Dieser wunderbare und vollkommene Shaikh des Inneren Pfades (*Tasawwuf*) des Islam, der seinen Landsleuten, aber auch unter Derwischen und Suchern wohlbekannt war, hatte sich schon vor Jahren in die bessere Welt aufgemacht.

Ich faßte den Plan, früh am nächsten Morgen wieder zur Moschee zu gehen und meine Suche fortzusetzen. Irgend etwas drängte mich, den Anweisungen meines Shaikh nachzugehen und herauszufinden, wohin mich das führen würde. Der junge Mann, der mich begleitete und führte, war einverstanden, sich gegen Mittag wieder mit mir zu treffen. Er sagte, er werde zwischen zwölf und drei kommen. Ich stimmte zu, obwohl ich absehen konnte, daß das schwer einzurichten sein würde.

Am nächsten Morgen verschlief ich. Außerdem stellte ich als erstes fest, daß mein Zimmer unter Wasser stand, weil im Bad ein Rohrbruch war. Ich fragte mich, was das wohl alles zu bedeuten habe. Während ich da im Wasser stand, wurde ich das Gefühl nicht los, daß der Shaikh herzlich lachte über meine Lage. Mir fiel ein, wie ich einmal im Garten vor der Tekiya mit ihm gearbeitet hatte. Es war sehr naß, und der Shaikh trug Gummistiefel. Er patschte in eine besonders tiefe Pfütze und erzählte von dort aus eine Geschichte:

«Es waren einmal ein paar Entchen auf einem Teich», sagte er lächelnd, «die beklagten sich bei ihrer Lehrerin, daß sie nichts weiter lernten als ein bißchen ‹quack, quack›.

‹Ihr seid jetzt kleine Entlein›, sagte die Entenlehrerin, ‹aber ihr werdet auch mal groß werden. Einstweilen ist quack, quack völlig ausreichend.›

So ist das mit Ihnen auch», sagte der Shaikh mit seinem warmherzigen und ansteckenden Lachen. Ich verstand, wie sehr ich noch Entlein war, und konnte nicht anders, als in sein Lachen einzustimmen.

Da ich die Rezeption telefonisch nicht erreichen konnte, zog ich schnell irgendwelche Sachen über und stürmte nach unten, um die Überschwemmung zu melden. Dann ging ich ins Zimmer meines Freundes, um mir die Zähne zu putzen und mich ein bißchen zu waschen. Danach Frühstück. Der Hotelmanager gab mir ein neues Zimmer, das ich nach dem

Frühstück aufsuchte, um mir ein paar Notizen zu machen und in Ruhe über die Ereignisse nachzudenken. Irgendwie war beim Frühstück das Thema «Sufis» aufgekommen. Ein paar andere hatten sich zu uns an den Tisch gesetzt, und irgendwer fing an, mit einem negativen Beiklang, über Sufismus zu sprechen. Im Flugzeug hatte mein Freund mich in einem kleinen Buch lesen sehen, geschrieben von einem Mann, der einmal sein Schüler gewesen war; sehr zum Mißvergnügen seines Lehrers war er dann aber ein «unbelehrbarer Sufi» geworden, wie mein Freund es etwas abschätzig nannte.

«Ich hoffe sehr, daß du dich nicht auch von diesen Sufis verführen läßt», sagte er mahnend. «Was die tun, ist *Bida* (Neuerung) und auf jeden Fall unislamisch.»

Ich zählte eine Liste großer Muslime auf, die bekanntermaßen Sufis waren.

Er stutzte und erwiderte dann fast ärgerlich: «Muhammad, Friede sei mit ihm, ist unser Führer und unser einziger Shaikh, und damit hat es sich.»

Das stimmte natürlich, aber ihm war offenbar nicht bewußt, daß die Menschen des Tasawwuf, des Sufismus, das auch sagen. Irgend etwas in seinem Tonfall ließ mich jedenfalls erst einmal verstummen, und ich hatte das Thema seit unserem gemeinsamen Flug gemieden. Jetzt aber, in dieser Frühstücksrunde im Hotel, ließ ich den Namen Shaik al Akbars fallen.

«Shaikh al Akbar!» platzte er heraus und verschluckte sich fast an seinem Orangensaft. «*Astagfirullah*! Nur Allah ist *Akbar*! Nur Gott ist Groß!»

Ich traute meinen Ohren nicht. Gewiß würde kein Muslim auf die Idee kommen, Shaikh Ibn al 'Arabi mit Allah zu vergleichen, dem über alles Erhabenen, dem Unvergleichlichen. Nur: Von Shaikh al Akbar weiß jeder, daß er ein überragender Gottesmann war, und der Titel, den seine Zeitgenossen ihm gaben, war nichts mehr als ein Ausdruck dieser menschlichen Größe. Groß war er wirklich, und es ist kein Verstoß gegen den Glauben, solch einen dann auch «groß» zu nennen. Dieser edle Shaikh war im Gottesgesetz (*Shari'ah*) ebenso bewandert wie in der weltlichen Gesetzlichkeit (*Fiqh*) – und ganz und gar in die Gottesliebe versunken. Als Gelehrter und als einer der produktivsten Autoren des Islam, hat er allein fünfzehn Bände mit Kommentaren zum ersten Teil des Koran verfaßt. Seine übrigen Werke werden vorsichtig auf etwa achthundert geschätzt. Er war nicht nur ein wahrhaft Verwirklichter, sondern stammte auch von der Familie des Propheten ab. Möge Gott den Propheten mit Segen überhäufen und seine Familie und alle, die mit ihm sind, adeln.

Mir war regelrecht übel, als ich vom Tisch aufstand. Mir war gar nicht nach einem Tag mit lauter Zusammenkünften, einer Besichtigungstour, einem Zwanzig-Schwerter-Salut (auch das noch!) und dann Tee und Konferenz bis in die Nacht. Dann tauchte aber der junge Mann nicht wieder auf, der mich zur Moschee begleiten sollte, und so machte ich doch die Tour mit. Ich genoß die Sache, so gut ich es vermochte, aber es wurde zuviel geschwollen dahergeredet, und außerdem war ich sehr unkonzentriert. Wieder im Hotelzimmer, überlegte ich, was eigentlich passiert war. Ich ging alle Einzelheiten der Reise durch. Ich vergegenwärtigte mir jedes Gesicht, das ich in der Moschee gesehen hatte. Hätte ich lieber diesen da oder jenen dort ansprechen sollen? Auch dem Imam trat ich vor dem inneren Auge noch einmal gegenüber. Alles wirkte jetzt so fern. Bei dem Gedanken, heimkehren zu müssen, um dem Shaikh zu berichten, daß ich versagt hatte, stieg Verzweiflung in mir hoch.

«Was wird er wohl sagen?» dachte ich. «Heißt das, daß ich als Murid versagt habe? Bin ich überhaupt auf dem Pfad?»

Müde von all dem Grübeln, sprach ich meine Gebete und übte für kurze Zeit Zikr und schrieb diesen Tag ab.

Am nächsten Morgen verschlief ich erneut. Das schien sich regelrecht einnisten zu wollen. Wieder schwirrte der Kopf mir vor lauter Gedanken: «Wie soll ich bloß zur Moschee zurückkommen? Wie soll ich mich in diesem Labyrinth allein zurechtfinden?»

Immer noch in diesem zähen Nebel, ging ich hinunter zum Frühstück. Mein Freund, Toastbrot kauend, rezitierte mir den Stundenplan dieses Tages. Erstaunlicherweise war dieser Tag gar nicht so vollgestopft. Es war nur ein Treffen für den Spätnachmittag vorgesehen und danach eine weitere Tour aufs Land und in die Berge. Ich schlug mir den Gedanken aus dem Kopf, zur Moschee zurückzukehren; es erschien mir hoffnungslos, es auch nur zu versuchen.

Aus solch schweren Gedanken wurde ich aufgeschreckt durch die Stimme des Kellners, den ich nicht hatte näherkommen hören: «Sir, da sind Besucher für Sie.»

«Vielleicht der Mann, der eigentlich gestern kommen sollte», sagte mein Freund.

Wer konnte das sein? Ich stand auf. Daß überhaupt irgendwer nach mir fragte, war eigentlich kaum zu glauben. Ich ging in die Lobby, und mein Freund, der vor Neugier schier platzte, heftete sich an meine Fersen.

Der Kellner machte mich mit einer Kopfbewegung auf drei Männer aufmerksam. Man sah gleich, daß sie nicht von hier waren. Zwei von ihnen trugen marokkanische *Jallabiyas*, den traditionellen leichten Kapuzenumhang dieses Landes. Einer dieser beiden war ein älterer Mann von durchgeistigter, vornehmer Schönheit. Sein Bart war weiß, seine Augen von verblüffendem Blau. Der andere war viel jünger und offenbar ganz und gar auf den alten Mann ausgerichtet; als ich die Lobby betrat, hatte ich gesehen, daß er dem alten Mann gerade die Hand küssen wollte. Der dritte Mann war der jüngste. Er war europäisch gekleidet, Hose, Hemd und Stiefel, und ich schätzte ihn auf etwa neunzehn Jahre.

Mein Freund, der fließend Arabisch sprach, half beim Übersetzen: «Sie laden dich zu sich nach Hause ein», sagte er. «Und sie fragen, ob du der Mann bist, der sich in der Moschee nach ihrem Freund erkundigt hat.»

«Der bin ich», sagte ich.

Der alte Mann hatte sich hingesetzt. Ich bemerkte in seiner Hand den gelben Zettel, den ich am Vortag in der Moschee dem Imam gegeben hatte. Er ließ einen der beiden anderen fragen, wie ich zu dem Namen des Mannes gekommen sei, den ich suchte. Ich antwortete und mein Freund übersetzte, daß mein Lehrer in Amerika mir aufgetragen hatte, ihn aufzusuchen.

An dieser Stelle ließ Gott geschehen, daß etwas eintrat, worum mein Freund sich sofort kümmern mußte, so daß er nicht bleiben konnte, wenn er auch noch so gern gewollt

93

hätte. Ich setzte mich mit den drei Männern in eine stille Ecke des Raums. Ich saß dem alten Mann direkt gegenüber, der jetzt etwas sehr Bestimmtes ausstrahlte. Er stellte eine ganze Reihe von Fragen, die die beiden anderen übersetzten. Es ging immer noch um meine Nachforschungen in der Moschee, und ich erklärte abermals, daß mein Shaikh mich gesandt hatte. Sie fragten nach seinem Namen, und ich nannte ihn.

«Was für eine Art Muslim sind Sie?» wurde ich gefragt.

Ich rezitierte die Kalima: *«Ashadu an la ilaha ill' Allah wa ashadu anna Muhammad 'abduhu wa rasuluhu.»*

«La! Nicht Shaikhs», sagte der alte Mann mit großem Nachdruck. «Denken Sie daran, daß Tijani, Alawi, Ad-Darqawi – daß alle diese Männer nicht mehr waren als Muslime. Wir nennen solche *Ustedh,* Professor.»

Während des ganzen Gesprächs schaute ich dem alten Mann ins Gesicht. Er war jetzt fertig mit Fragen und sah für einen Moment weg. Der marokkanisch gekleidete der beiden jüngeren Männer erhob sich zum Gehen. Wieder versuchte er, dem alten Mann die Hand zu küssen, doch der entzog sie ihm.

Offenbar zufrieden mit meinen Antworten, sah der alte Mann mich wieder an, und jetzt mit freundlicher Miene. Der jüngste sprach nun zum erstenmal, und zwar in klar verständlichem Englisch. «Sie kommen bitte mit uns», sagte er. «Sie sind bei uns eingeladen.»

«Ja», sagte ich ohne Zögern, «sehr gern. Gehen wir.»

Wir verließen zusammen das Hotel, und draußen schlug der alte Mann vor, zu Fuß zu gehen, weil es schwer sein würde, ein Taxi zu bekommen. Tatsächlich war kein einziges der Taxis mehr da, die das Hotel sonst förmlich umlagerten. Mir war das sehr recht. Das Gehen fühlte sich so viel natürlicher an, und wir konnten uns ganz entspannt unterhalten. Wir gingen quer über einen sandigen Hang und gelangten über den Marktplatz in ein geschäftiges kleines Dorf.

Ich erklärte meine Schwierigkeiten, in Anwesenheit meines Freundes frei zu sprechen, und erzählte ihnen die Geschichte meiner Reise, der Suche in der Moschee und schließlich von meinem Gefühl, versagt zu haben. Der junge Mann übersetzte dem alten, und dieser fragte noch einmal, woher ich von Sidi Muhammad Ibn al Habib wisse. Ich berichtete noch einmal von der Anweisung meines Shaikh, ihn aufzusuchen.

Der alte Mann nannte mir seinen Namen, und daraufhin sagte der junge Mann: «Mein Großvater, der Mann hier, den Sie kennengelernt haben, ist der Nachfolger von Sidi Muhammad Ibn al Habib. Er hat ihn viele Jahre gekannt und sehr geliebt.»

Der alte Mann sah mich lächelnd an. Er nannte noch einmal seinen Namen, diesmal jedoch mit dem vorangestellten Titel Hajji und dem nachgestellten Ehrennamen As-Sufi. Wir sprachen unterwegs über vielerlei Dinge, auch über die Bedeutung des Lernens und andere Themen, die sich aus den Fragen des alten Mannes über meine Arbeit in Amerika ergaben.

«Ich finde es schade, daß Sie nicht mehr Arabisch können», sagte der junge Mann, «Mein Großvater weiß sehr viel, was für Sie von Nutzen sein könnte. Er weiß sehr viel über Psychologie. Neben sehr vielem anderen ist er ein wirklicher Gelehrter – und der Sufismus selbst ist die Krone der Psychologie, wie Sie ja wissen. Er ist die große Psychologie der Nafs (niedere Seele, Ego) des Menschen.»

An diesem Punkt des Gesprächs kam ein einfacher Bewohner dieses Städtchens auf den alten Mann zu. *«Ya Sidi!»* rief er im Näherkommen und blieb direkt vor ihm stehen. Er sprach leise etwas, und der alte Mann hörte zu, lächelte und gab eine Antwort.

«Dieser Mann bittet meinen Großvater um Rat wegen eines Problems mit seiner Frau», sagte der junge Mann. «Die Leute wenden sich mit allen möglichen Dingen an ihn, wie Sie sich denken können.»

Dieser kurze Austausch zwischen dem alten Mann und dem Dorfbewohner hatte etwas sehr Natürliches und Herzliches. Ich sah den Mann aus dem Dorf sehr nah an den alten Mann herantreten und einen Knopf an dessen Jallabiya, der aufgehen wollte, wieder richtig zuknöpfen. Die Sache war schnell geklärt, und wir gingen weiter.

«Nur der Islam», sagte der alte Mann, «hat uns so zueinander geführt. Das ist eine Soziologie, die zu studieren sich lohnt.»

Wir kamen an einem Friedhof vorbei, und ich sprach Salaams. Der junge Mann tat es mir nach.

«Was Sie da tun», sagte der alte Mann, «ist aus der Sunnah (prophetischen Tradition).»

«Das Herz des Muslim», sagte der junge Mann, «soll voller Frieden sein, denn Gott, indem er die Sunnah schenkte, hat dem Muslim gezeigt, wie man lebt und wie man stirbt, und hat in sein Herz die Gewißheit der *Akhirat* gepflanzt, des Lebens nach diesem.»

Und sie sind rechtgeleitet zu dem, was auszusagen gut ist, und auf dem Weg dessen, der des Lobes würdig ist.

Koran 22,24

Ich konnte den jungen Mann nur in lächelnder Bewunderung anschauen. Wie gut es tat, soviel spirituelle Lebendigkeit in einem so jungen Menschen zu sehen! Wie ich ihn so anschaute, sah ich mich selbst in seinem Alter – ein ziellos umherirrender junger Abendländer, sonst nichts. Kein schlechter Kerl, aber doch ziellos und in dieser furchtbaren Verlorenheit, die inzwischen alle Generationen in ihrem Würgegriff zu haben scheint, Junge wie Alte.

Wir erreichten das Haus des alten Mannes, ein stilles und wohl sehr altes Gebäude mit einer schweren Tür zur schmalen Straße hin. Er führte mich in ein behagliches Zimmer, in dem wir zum Kaffee Platz nahmen. Nach dem Kaffee zeigte er mir Bilder von sich und Shaikh Muhammad Ibn al Habib. Er zeigte mir auch ein ganz besonderes Buch mit eigenen Schriften sowie mit seinen Kommentaren zu den Worten von Sidi Ibn al Habib. Später ließ er einen der Englisch sprechenden *Fuqara* (Derwische) rufen, der sich zu uns setzte. Wir unterhielten uns bei Minzetee und Gebäck, und ich brachte die Dankbarkeit zum Ausdruck, die mich angesichts all dieser Freundlichkeiten erfüllte.

«Aller Dank gebührt Allah», sagte der alte Mann mit leiser Stimme.

Er bat mich, ihm zu schreiben, wenn ich wieder in Amerika sei. Das tat ich. Er schrieb mir daraufhin einen wunderschönen Brief, der sowohl auf Arabisch als auch auf Englisch abgefaßt war. Ich korrespondiere auch jetzt, nach etlichen Jahren, noch mit ihm.

Sein Enkel bat mich zu bleiben, damit ich seiner Familie in Meknes vorgestellt werden könnte, doch das war leider nicht möglich. Es war hier aber eine Freundschaft ganz besonderer Art aufgeflackert, und auch diese Flamme brennt noch.

Als es für mich Zeit wurde zu gehen, brachte der alte marokkanische Shaikh mich bis zur Tür, wo wir unsere Salaams tauschten. Der Derwisch, den er in unsere Runde gebeten hatte, fuhr mich zum Hotel zurück. Ich war noch nicht lange in meinem Zimmer, als ich einen Anruf von der Rezeption erhielt, es sei jemand für mich da. Ich ging in die Lobby hinunter – und fand den Enkel des alten Shaikh vor.

«Sie haben den Zettel vergessen, auf den Sie unsere Adresse geschrieben haben», sagte er mit einem breiten, herzlichen Lächeln und hielt mir das Papier hin.

«Und wie sind Sie hergekommen?» fragte ich, erstaunt, daß er wegen einer so kleinen Sache diesen weiten Weg auf sich genommen hatte.

«Zu Fuß natürlich», sagte er, «und ich habe es sehr gern getan. *Assalaamu alaikum.*»

Ich ging mit ihm bis vor das Hotel und schaute ihm nach, wie er die Straße hinaufging und dann weit oben hinter der Hügelkuppe verschwand.

Am Abend nach der Konferenz fuhr ich mit meinem Freund und einigen anderen Konferenzteilnehmern in die Berge. Unter einem Baum am Ufer eines Sees sitzend, dachte ich über meine Zeit in Fez nach. Jetzt, nach der Begegnung mit dem alten marokkanischen Shaikh, hatte sich etwas gerundet. So voller Zweifel war ich gewesen, doch Gott hatte sich gnädig gezeigt. Bei der Rückfahrt, unmittelbar vor Einbruch der Dämmerung, sah ich einen auffallenden Marokkaner auf einem prächtigen dunklen Pferd. In seinem für Marokko so typischen dunklen Umhang, Demut und Schlichtheit ausstrahlend, erschien er mir als das Urbild des Derwisch. Das Bild dieses die Straße entlangreitenden Mannes blieb mir noch lange lebhaft gegenwärtig. Nach einer Weile ging mir auf, wie tief ich mich mit ihm identifiziert hatte. Diese vollkommene Gelassenheit! Oh, könnte ich doch mein niederes Selbst so reiten wie er diese edle Stute! Ich wünschte, ich würde zum Ort von *Baqa billah* reiten – immer weiter voran in der Verwirklichung des Göttlichen.

Am nächsten Morgen flog ich mit meinem Freund nach Paris und dann weiter in die Vereinigten Staaten. Noch am Abend des Ankunfttages sah ich den Shaikh. Es war gerade der Abend, an dem er seine Koranvorträge hielt. Ich kam vor ihm an, noch mit der Schultertasche, die mein ganzes Gepäck gewesen war. Er erkundigte sich nach meiner Reise, und ich berichtete ihm den groben Verlauf der Ereignisse bis hin zu dem, was ich für den Abschluß hielt, die Begegnung mit dem alten marokkanischen Shaikh.

«Alhamdulillah», sagte er und sah mir lächelnd ins Gesicht. «Der alte Mann hat Ihnen einen Besuch abgestattet, *alhamdulil-la.*»

Es war nicht die Gelegenheit, ausführlich mit dem Shaikh zu sprechen, aber ich freute mich, daß ich immerhin schon mal den Erfolg meiner Suche vermelden konnte.

Am nächsten Tag fühlte ich mich sehr elend, als ich von der Arbeit nach Hause kam. Urplötzlich rauschte wie aus dem Nichts eine Woge von Übelkeit über mich hin. Wie erschlagen von diesem jähen Wechsel, lag ich dumpf und völlig entkräftet im Bett und konnte mir nicht erklären, was mich in diese Lage gebracht hatte. Etwa einen Tag hielt dieser Zustand an, und auch danach war ich noch sehr schwach, kam aber langsam wieder zu mir. Die Stimme meiner Frau unterbrach mein ratloses Grübeln, während ich da lag: «Der Shaikh ist da. Er gibt dir ein paar Minuten Zeit, dich herzurichten.»

Ich nahm alle Kraft für die rituellen Waschungen zusammen und legte mich wieder ins Bett. Der Shaikh kam herein; er trug eine normale Hose und einen Sweater. Er entbot mir seine Salaams, kniete sich neben mich und legte mir die Hand auf die Stirn. Er betete still und sah mich dann mit dem gewohnten entwaffnenden Lächeln an. Ich fühlte mich gleich etwas besser und empfand es schon fast als komisch, wie ich mich wieder mal in mein eigenes Melodrama verwickelt hatte.

«Wie geht's?» fragte er.

«Besser», sagte ich, «*alhamdulillah.*» Es war mir schon fast ein wenig peinlich, so dazuliegen, aber die Überraschung über diesen unverhofften Besuch überwog.

«Ihre Übelkeit zeigt einfach, was Ihre Reise wert ist», sagte er nüchtern und geradheraus. Diese Worte durchfuhren mich wie eine Offenbarung. Ich sah ihm wortlos in die Augen, ein Teil meines Bewußtseins staunte über meinen Mangel an Einsicht. Er öffnete ein kleines Gefäß und hielt es mir zum Trinken hin.

«Wie schmeckt es?» fragte er.

«Süß. Wie Wasser aus einer tiefen Quelle.»

Er bemerkte meine Ratlosigkeit über mich selbst und brach in schallendes Gelächter aus.

Ich sagte: «So hörte ich Sie lachen, als ich in Marokko in meinem überschwemmten Hotelzimmer stand und nur noch denken konnte, daß ich vollkommen versagt hatte. Es sieht so aus, als wüßte ich umso weniger, je weiter ich gehe.»

«Alles Wissen ist hier», sagte er und zeigte aufs Herz. «Essen Sie heute nichts. Die Übelkeit gehört zu Ihrer Reinigung.»

Dann erzählte er die Geschichte von Shaikh Abu Bekr von Nishapur und dem Esel:

Einmal ritt der Shaikh, von mehreren Tausend Murids begleitet, auf einem Esel einher. Dabei versank er in tiefe Meditation und sah sich selbst erhoben und auf das Tor von Jannat, dem Paradiesgarten, zugehen. In diesem Augenblick hob der Esel den Schwanz und ließ ein höchst unfeines Geräusch vernehmen. Da begann Shaikh Abu Bekr zu jammern und raufte sich den Bart. Er riß sich den Turban vom Kopf und warf ihn zu Boden. Später fragten einige Murids ihn, was denn da geschehen sei. Er erzählte ihnen von seinen hehren Vorstellungen und von ihrer jähen Unterbrechung durch den Esel, der ihm gezeigt hatte, wer er wirklich war.

Nach kurzem Schweigen stand der Shaikh auf, um zu gehen. «Halten Sie sich fern von denen, die den Koran nicht achten», sagte er in kristallklarer Direktheit, «und von denen, die wie

Verrückte an dieser Dunya und Zwanzig-Schwerter-Saluten hängen.»

Er sprach seine Salaams und verließ leise das Zimmer; von seinem Gehen ebenso verdattert wie von seinem Kommen, blieb ich zurück.

Haben wir ihm nicht zwei Augen gemacht, eine Zunge und zwei Lippen, und ihm die beiden Wege gezeigt?

Koran 90, 8–10

Zwei Wochen nach meiner Rückkehr aus Marokko brach ich zu einer weiteren Reise auf, wieder zu einer Konferenz, aber diesmal nach Saudi-Arabien. Kurz vor der Abfahrt traf ich mich noch einmal mit dem Shaikh. Wir machten einen Spaziergang an diesem schwülen Abend nach einem der wohl letzten schönen Herbsttage. Was der Shaikh mir an diesem Abend auf unserem Weg durch die Straßen der Stadt sagte, sprach meine tiefsten Sehnsüchte an und gab mir die Sicherheit, daß es mit Gottes Einwilligung möglich sein werde, sie zu verwirklichen. Voller Hoffnung und gespannter Erwartung brach ich auf. Ich nahm mir vor, alles zu tun, was mir aufgetragen wurde, und bat Gott um Hilfe und Unterstützung unterwegs. Nach Saudi Arabien hatte ich noch zwei andere Länder zu besuchen, Syrien und die Türkei.

«Zwischen diesen beiden Städten», sagte der Shaikh, «werden Sie ihren Schatz finden. Sie werden dem Propheten, Friede sei mit ihm, in Medina Ihre Achtung erweisen; dann werden Sie das Grab von Sahikh al Akbar in Damaskus besuchen und das von Hazrati Shamsi Tabriz in Konya.»

Von Anfang an war diese Reise mit kleineren Heimsuchungen durchsetzt. Das Flugzeug, mit dem ich von New York abflog, konnte in London wegen Nebels nicht landen, und wir wurden nach Amsterdam umgeleitet. Dort warteten wir einige Stunden, während das Flugzeug aufgetankt wurde. In London verpaßte ich dann natürlich ganz knapp meinen Anschlußflug nach Riad, und es war der letzte Direktflug an diesem Tag. Die nächste Alternative erforderte ein weiteres Umsteigen und bedeutete einige Stunden Wartezeit. Ich schlug also die Zeit tot am Flughafen und bestieg am Spätnachmittag ein Flugzeug nach Djidda, wo ich um Mitternacht ankam. Schon als ich auf die Paßkontrolle zuging, wußte ich, daß es wieder Verzögerungen geben würde. Und natürlich: Zwei uniformierte Flughafenpolizisten beäugten argwöhnisch alle Ausländer und hatten schon etliche Pässe konfisziert, als ich an der Reihe war. Auch meiner wurde eingezogen, aber «schon» nach einer Stunde hatte ich ihn wieder. Ich ging also in die Abflug-Lounge, um auf meinen für den frühen Morgen vorgesehenen Flug nach Riad zu warten. Unterwegs kam ich an einem einsamen Flughafenbediensteten vorbei, der einen grauen Kapuzenumhang und Sandalen trug, auf dem Kopf einen rot-weißen *Kufiyyeh*. Er wischte mit einem Mop die Böden und legte dabei einen Eifer an den Tag, der sich mit meinem todmüden Schlurfgang messen konnte.

Erschöpft und entnervt von zwei vollen Reisetagen kam ich in Riad an. Ich war einen Tag früher abgereist, als ich ursprünglich vorgehabt hatte, und doch erheblich später als geplant angekommen.

Sei geduldig, o Furchtsamer, denn alle, die diesen Weg gingen, waren in deiner Verfassung.

Shaikh 'Attar

Vor dem Flughafen von Riad feilschte ich um eine Taxifahrt, zahlte aber doch viel zuviel. Aber ich mochte mich nicht mehr dagegen wehren. Vom Hotel aus wurde ich sofort zum Konferenzort weitergefahren. Ich nahm an der Eröffnungsversammlung teil und flüchtete dann sofort in mein Zimmer, um zu schlafen. Die Konferenz dauerte fünf Tage, und alle Termine waren schwierig und voller Aktivität. Zum Ausruhen gab es kaum Zeit. Vom Dunya-Standpunkt aus betrachtet, wurden die Teilnehmer in diesen Tagen vom Gastgeber sehr gut behandelt. Wir wurden zu allen Versammlungen und zurück chauffiert, aßen ausgezeichnet und waren recht gut untergebracht. Man hatte etliche saudische Studenten angeheuert, die sich um die Flug-Confirmations der Konferenzteilnehmer kümmerten. Ich bat mir eine Route aus, die nach einem Stop in Medina über Syrien und die Türkei führen sollte. Die Konferenz endete an einem Sonntag, und ich machte mich gleich auf nach Medina. Ich reiste mit einer kleinen Gruppe anderer Konferenzteilnehmer. Wir kamen sicher und ohne größere Schwierigkeiten an und wurden von einem saudischen Gastgeber empfangen. Wir erhielten Unterkunft für die Nacht und waren am nächsten Tag zum *Jumah*-Gebet in der Moschee des Propheten. Später, als das Gedränge nicht mehr so groß war, besuchten wir die Grabstätte des Propheten.

Die anderen Männer der Gruppe wollten zur Kleinen Pilgerschaft (*Umra*) nach Mekka. Ich hätte diesen Gedanken gar nicht erst zulassen sollen. Schon während der Reise von Medina nach Djidda hätte ich den Entschluß fassen müssen, mich von den übrigen zu trennen. Ich hätte von dort aus leicht einen Flug zum nächsten Punkt auf meiner Route bekommen können. Seltsamerweise kam ich aber überhaupt nicht auf diesen Gedanken, obwohl die Zeichen nur allzu deutlich waren. Erstens hatte ich Umra bereits absolviert. Ich war der einzige in der Gruppe, der die Ka'ba schon einmal gesehen hatte. Der Shaikh hatte mir aufgetragen, den Propheten zu besuchen, aber von Mekka war nicht die Rede gewesen. Natürlich war die Ka'ba ein unvergleichliches Heiligtum, aber sie jetzt aufzusuchen, das roch förmlich nach Hindernissen. Irgendwie ließ ich mich vom Gruppendenken mitreißen und verlor allen Sinn für das, was vernünftig gewesen wäre.

Wir brauchten über eine Stunde, um schließlich ein Taxi nach Mekka zu bekommen. Als wir schließlich jemanden gefunden hatten, der uns fahren wollte, schritt die Polizei ein, als wir gerade einstiegen. Wieder dauerte es eine Stunde, bis die Polizei den Fahrer unseres Wagens gebührenpflichtig verwarnt und ihm eindringlich klargemacht hatte, daß er seinen Führerschein verlieren würde, wenn er weiterhin ohne Lizenz ein Taxiunternehmen betreibe. Mir tat das sehr leid, denn der Mann war sehr freundlich gewesen, der einzige, der uns einen akzeptablen Preis angeboten hatte. Einer von unserer Gruppe, der gut Arabisch sprach, begleitete unseren Fahrer zum Direktor der Flughafenpolizei, um die Sache in Ordnung zu bringen. Schließlich gelang das auch, und wir konnten losfahren. Im Abfahren hörte ich das Flugzeug starten, in dem ich eigentlich sitzen sollte. Der nächste Flug nach Damaskus ging erst in zwei Tagen.

Es war eine sehr lange Fahrt nach Mekka. Dort angekommen, suchten wir erst einmal nach dem Mann, der uns beherbergen sollte. Er war nicht da. Die Nachricht von unserem Kommen hatte ihn nicht erreicht. Wir telefonierten eine weitere Stunde ergebnislos hinter ihm her und fuhren dann weiter. Da dämmerte mir, daß wir jetzt nicht mehr versorgt und umhegt, sondern ganz auf uns gestellt waren. Niemand war in Djidda zum Flughafen geschickt worden, uns zu empfangen, und auch hier in Mekka, wohin wir auf eigene Initiative gekommen waren, wartete niemand. Einer von uns hatte einen Freund in Mekka. Wir fanden ihn ohne weiteres, vollzogen dort die rituellen Waschungen und machten uns auf zum *Masjidul Haram*. Die Ka'ba bot einen prachtvollen, erhebenden Anblick, aber irgend etwas fehlte, und dieses Etwas war in mir. Als ich nach dem Gebet dort saß, ging mir auf, daß Gott in Mekka eine *Qibla* (Richtung) gegeben hat und auch im Herzen eine Qibla gegeben hat. Man muß durch eigene Erfahrung darauf kommen, daß es sie gibt, und man muß anhand der Lage, in der man sich findet, unterscheiden lernen. Plötzlich wurde mir klar, daß es viele Richtungen, aber nur eine Richtung des Herzens gibt. *Sa'ee*, das Pilgerritual des Hin- und Herlaufens zwischen *Safa* und *Marwa*, warf ein ganz besonderes Licht auf diese Gedanken. Es war deutlich zu sehen, daß das Laufen und das Gehen und das Passieren anderer auf dem Weg etwas über die Lebensreise und deren Ziel zu sagen haben.

Zu deinem Herrn kehrt alles zurück.

Koran, 96,8

Nach der Umra konnte ich meine Sandalen nicht finden. Einen Moment lang empörte es mich, daß so etwas in der Moschee von Mekka passieren konnte. Fast war ich versucht zu denken, daß jemand darauf aus sei, diese Schuhe zu stehlen – die kaum mehr als einen Dollar kosten und zu Tausenden dort stehen. Als ich barfuß durch die Straßen von Mekka ging, auf der Suche nach neuen Sandalen, wurde mir deutlich, wie hochmütig ich war und wie sehr es der Demut bedurfte.

Dann fiel mir ein, daß der Shaikh bei unserer letzten Begegnung vor meiner Reise Riemensandalen getragen hatte. Er hatte gesagt, ich solle in Sandalen oder barfuß nach Damaskus reisen.

Wir fuhren mit dem Mann zurück, der uns hergebracht hatte, und am Samstagabend waren wir wieder auf dem Flughafen von Djidda. Es gab keine Flüge mehr zu unseren nächsten Zielorten. Es gab überhaupt keine Flüge mehr an diesem Tag. Nach Syrien oder in die Türkei konnte man sogar erst am Montag weiterfliegen. Es gab keine Gastgeber mehr und nirgends eine Bleibe. Das Flughafenpersonal war außerordentlich grob; man konnte diese Leute weder zu irgend etwas bewegen noch ihnen entkommen. Nach einer Nacht auf dem kalten Fußboden wachte ich so müde auf, daß ich fast im Stehen einschlief. Zwei aus unserer Gruppe, die nach London zurückfliegen wollten, versuchten mir ein weiteres Ausharren bis zum nächsten Tag auszureden. Der Flug nach London ging am Nachmittag.

«Dann sind Sie doch fix und fertig», sagte der eine. «Sie sind ja jetzt schon todmüde.»

«Ganz davon abgesehen, wie ekelhaft die Leute hier geworden sind», stimmte der andere ein. «Also, wenn Sie uns fragen, Sie sollten sehen, daß Sie hier wegkommen. Und was wollen Sie denn in Syrien – haben Sie überhaupt ein Visum?» fragte nun wieder der erste, indem er sich zum Sprecher beider machte.

So redeten sie in ihrer Sorge um mich auf mich ein. Natürlich wußten sie nicht, worum es für mich ging, und ich konnte es ihnen auch nicht sagen. Dennoch hörte ich auf sie, wider besseres Wissen. Ich sagte mir, daß ich in der Tat zu müde sei, und verfiel einer seltsamen Willenlosigkeit. Es geschah dann alles mit unheimlicher Schnelligkeit, und bevor ich mich besinnen konnte, saß ich mit den anderen im Flugzeug nach London. Ich hatte meine anderen Pläne einfach fallengelassen und mit ihnen die schon gekauften Tickets. Ich hatte aufgegeben und eine seltene Chance der Selbstentdeckung angesichts von Schwierigkeiten und Einflüsterungen einfach weggeworfen. Und ich hatte die Gelegenheit verpaßt zu zeigen, daß auch dann noch mit mir zu rechnen war, wenn die Situation ein sehr hohes Maß an Initiative verlangte. Ich hatte die Initiative nicht ergriffen, und mir war, als hätte ich damit die Möglichkeit verwirkt, zu spirituellem Fortschritt und mehr innerem Frieden zu gelangen. Ich war dem Ziel so nahe gewesen, aber «nah» ist hier so weit vom Ziel entfernt, wie wenn man in der Telefonzelle steht und «fast» über eine ausreichende Anzahl von Münzen verfügt. Ich hätte nichts weiter tun müssen, als an meine Seele anstatt an meinen Körper zu denken und einfach weiter zu warten.

Die Seele ist wie der Körper im Fortschreiten oder im Niedergang begriffen. Der Weg des Geistes erschließt sich in eben dem Maße, in dem der Wanderer seine Fehler und Schwächen, seinen Schlaf und seine Trägheit überwunden hat – ein jeder nähert sich dem Ziel seinen Bemühungen entsprechend.

Shaikh 'Attar

Mit dem Entschluß, meine Tickets verfallen zu lassen, stieg eine heftige Übelkeit in mir hoch. Eine graue Wolke des Zweifels schwebte während des ganzen Fluges über mir. Und je weiter ich flog, desto klarer sah ich mich selbst. Ich versank in düsterem Brüten und Depression. Ich konnte nicht fassen, daß ich so wenig Stehvermögen hatte. Ich haderte mit mir, weil ich es nicht versucht hatte – wo ich doch schon manche Schwierigkeiten gemeistert hatte und aus Erfahrung wußte, daß Glaube und Entschlossenheit ihre Früchte tragen. Dieser Gedanke, sogar bereits Gelerntes wieder vergessen zu haben, machte mich noch elender und ließ mein Versagen in noch schlechterem Licht erscheinen.

«War es Allahs Wille?» fragte ich mich. «Oder ist das alles nur meine Verschlafenheit und mein Mangel an Mut?»

In London versuchte ich meinen Shaikh telefonisch zu erreichen. Am anderen Ende nahm jemand ab und sagte, er sei in Klausur (*Khalwat*) und nicht zu sprechen. Erst später, als ich schon wieder zu Hause und alles, was ich hätte finden können, unwiederbringlich verloren war, fiel mir die allerletzte Anweisung wieder ein, die mir der Shaikh vor der Abfahrt noch gegeben hatte: «Vergessen Sie nicht, diese drei

Dinge zu wahren: aufschlußgebende Zunge, aufmerksames Ohr und gläubiges Herz.»

Das erste Mal nach meiner Rückkehr sah ich den Shaikh bei einem seiner Koranvorträge. Kurz nachdem ich eingetreten war und mich hingesetzt hatte, sagte er zu der kleinen Zuhörerschaft: «Wenn die Erleuchtung nicht zu Ihnen kommt, ist das vielleicht nicht die Schuld Gottes, sondern Ihre eigene. Vielleicht muß Ihr Herz noch weiter geläutert werden.»

Das war wie direkt zu mir gesprochen. Es war eine Antwort auf Fragen bezüglich des Willens Gottes, die in mir umgingen. Die Antwort lag in einem häufig zitierten Koranvers, der mir da plötzlich einfiel: *La ilaha illa anta subhanaka inni kuntu minaz-zalimin* – «Es gibt keinen Gott außer Dir, Ehre sei Dir.» Wahrhaftig, ich war es, der den Fehler gemacht hatte.

Nach dem Vortrag versammelte sich eine kleine Gruppe von Schülern um den Shaikh. Ich war auch dabei, und er fragte nach meiner Reise. Ich berichtete von meinem Versagen.

«Shaikh al Akbar hat auf Sie gewartet», sagte er in größtem Ernst. «Sie haben ihn versetzt.»

Es verschlug mir die Sprache, und dann rollte wieder diese Woge von Düsterkeit über mich hin.

«Der Apfel fällt, wenn er reif ist», sagte der Shaikh. «Allah ist der Herr beider Ost- und Westwelten. Wohin auch immer du dein Gesicht wendest, ist Er. Sie werden die Chance, die Sie da hatten, auch hier in dieser Tekiya wieder haben. Vergessen Sie nicht, daß im Grab des Propheten, Friede sei mit ihm, nur Staub ist, und Staub ist auch in den anderen Gräbern. Allah ist Gott, und nichts sonst zählt. Ich wollte nur, daß Sie auf Ihr eigenes Herz hören – aber hat nicht Gott zu entscheiden?»

Erst ungefähr zwei Wochen später sah ich den Shaikh wieder. In dieser Zeit hielt meine Depression an, und ich mußte immer wieder an seine Worte und den ganzen Verlauf der Dinge denken. Ich war gebeten worden, vor der ganzen Muslim-Gemeinschaft einen Vortrag zu halten, und obgleich mir nach derartigem gar nicht der Sinn stand, gab ich mir

Mühe und bereitete mich vor. Als ich eben aufs Podium gehen wollte, betrat der Shaikh mit einigen hochgeehrten Gästen den Raum. Ich trat mit Salaams auf ihn zu und sagte, daß in diesem Rahmen wohl besser er der Sprecher sein sollte.

«Gehen Sie nur», sagte er. «Sie sprechen, und wir hören zu.»

Ich sprach so gedankenreich und enthusiastisch, wie es mir möglich war. An einem Punkt meines Vortrags erzählte ich folgende Geschichte:

Es war einmal ein Sklave namens Ayaz. Durch eine Reihe von Umständen gelangte er in den Besitz von Sultan Mahmud, der ihn bald schätzen und lieben lernte, weil er als Sklave von so edlem Charakter war. Später stand Ayaz so hoch in der Gunst des Sultans, daß er Schatzmeister des ganzen Reiches wurde und die kostbarsten und köstlichsten Edelsteine in seine Obhut gelangten. Die anderen Höflinge verfolgten diese Entwicklung, und sie gefiel ihnen gar nicht. Sie waren mißgünstig, und ihre Eitelkeit ließ sie nicht einsehen, daß ein einfacher Sklave in einen Stand erhoben wurde, der dem ihren gleichkam. Folglich ließen sie immer häufiger Klagen laut werden, vor allem wenn der Sultan in der Nähe war, und sie gaben sich redlich Mühe, den edlen Sklaven schlechtzumachen.

Einmal sagte einer der Höflinge, als der Sultan gerade vorbeiging, zu einem anderen: «Wußtet Ihr, daß der Sklave Ayaz häufig ins Schatzhaus geht? Er geht sogar jeden Tag; sogar an seinem freien Tag geht er hin und bleibt immer sehr lange. Ich bin überzeugt, daß er unsere kostbaren Juwelen stiehlt.» Der Sultan wollte seinen Ohren nicht trauen. «Wenn das wahr ist», sagte er zu sich, «muß ich es mit eigenen Augen sehen.» Er ging zum Schatzhaus. Es gab da ein kleines Loch in der Mauer, durch das er hineinschauen konnte. Als der Sklave das nächste Mal das Schatzhaus aufsuchte, stand der König draußen an der Mauer. Er sah den Sklaven leise eintreten, die Tür schließen und zur Truhe gehen. Er kniete davor nieder, öffnete sie langsam und nahm etwas heraus, ein kleines Päckchen, das er offenbar dort verwahrte. Er küßte es, drückte es an seine Augen und

öffnete es. Was mochte das sein? Es war das Lumpenge-
wand, das er als Sklave getragen hatte. Er legte seine höfi-
sche Kleidung ab, zog das Gewand an und stellte sich vor
den Spiegel.

«Weiß du noch, wer du warst, als du das hier trugst?» fragte
er sich selbst. «Du warst nichts. Du warst ein Sklave, den
man verkaufen konnte, und durch Gottes Gnade sah der
Sultan etwas Gutes in dir, und vielleicht verdientest du es
nicht. Nun wohl, Ayaz, da du also an diesen Ort gelangt
bist, vergiß nie, woher du kamst, denn Wohlstand kann ein
kurzes Gedächtnis machen. Überhebe dich nicht über die,
welche dir jetzt unterstehen, und vor allem, bete für den
Sultan, daß Allah ihn segnen und ihm ein langes Leben
gewähren möge... und vergiß nie, Ayaz. Vergiß nie.»
Nach diesen an sich selbst gerichteten Worten legte er wie-
der die höfischen Kleider an. Sorgsam faltete er sein Lum-
pengewand, küßte es und legte es zurück in die Truhe. Er
verschloß die Truhe und ging leise zur Tür. Als er hinaus-
trat, blickte er direkt in das Gesicht des Sultans. Tränen
rannen diesem über die Wangen, und er konnte kaum spre-
chen, so groß war der Kloß in seinem Hals. Und lächelnd
sagte er: «O Ayaz, bis heute warst du der Schatzmeister
meiner Juwelen, doch jetzt... bist du der Schatzmeister
meines Herzens. Du hast mich gelehrt, wie auch ich vor
meinem König stehen muß, vor dem ich nichts bin.»

Während ich meine abschließenden Worte sprach, stand der
Shaikh auf und ging. Als ich selbst später das Haus verließ,
fand ich ihn zu meiner Überraschung draußen in seinem Wa-
gen vor, der mit laufendem Motor in der zweiten Reihe stand.
Als er mich sah, winkte er mir.

«Was ist das für ein Schmerz in Ihren Augen?» fragte er, als
ich an den Wagen herantrat.

«Die Reise», sagte ich.

Er lachte. «Was ging denn schief?»

«Ich hätte...»

«Na, was?»

«Es war wohl, wie Sie sagen. Ich war einfach nicht so weit.»

«Es ist leichter, in den Palast von König Khalid zu kommen

als zu den Gräbern der Shaikhs», sagte er. Dann erzählte er mir die Geschichte von einem Geschäftsmann, der von einem Derwisch etwas über Tasawwuf, den mystischen Pfad, erfahren wollte. Der Derwisch begleitete den Mann bei all den weltlichen Dingen, die er zu erledigen hatte, aber der war so sehr von seinen Geschäften in Anspruch genommen, daß er gar nicht dazu kam, nach dem Gegenstand seines Interesses zu fragen. Schließlich im Taxi, mit dem sie zum Flughafen jagten, legte er dem Derwisch die Hand auf die Schulter und sagte: «So, wir haben noch eine Stunde Zeit. Erzählen Sie mir alles über Tasawwuf.»

«Dunya und der Derwisch-Pfad», sagte der Shaikh, «gehen nicht gut zusammen.»

Dann völlig außerhalb des Zusammenhangs, wie mir schien, sagte der Shaikh: «Wie lange haben Sie gebraucht, um das Schaf abzuziehen, das Sie geopfert haben?»

Erst Wochen später ging mir auf, was diese Frage bedeutete.

«Lernen Sie selbst etwas aus der Geschichte von Ayaz», sagte er noch. «Sie mögen uns einen schönen Vortrag gehalten haben, aber es liegt eine Lehre darin. Denken Sie darüber nach, meditieren Sie morgen darüber.»

Er sprach seine Salaams, gab Gas und ließ mich dort stehen. Als der Auspuffdampf sich verzog, war er schon nicht mehr zu sehen.

Als ich den Shaikh das nächstemal sah, vertiefte er seine letzten Sätze noch. «Lassen Sie sich von Geschichten, anstatt sie zu erzählen, selbst etwas erzählen. Wenden Sie sie auf Ihr Leben an. Legen sie jeden Tag das Gewand der Armut an, und töten Sie Dunya in sich mit dem Messer von Hazrati Abraham, Friede sei mit ihm. Denken Sie daran: Wenn Sie sich für Dunya entscheiden, werden Sie Dunya bekommen, aber wenn Sie sich für Gott entscheiden, werden Sie Dunya *und* Akhirat bekommen.»

Nach kurzer Pause sah er mich lächelnd an, fuhr aber in vollem Ernst fort: «Um das verstehen zu können, müssen Sie – wie jeder andere echte Gottsucher – ganz einfach schwanger werden.»

Wieder stand ich in ratlosem Staunen da. Meine Frau erblühte gerade in ihrer ersten Schwangerschaft und wurde für mich zum äußeren Zeugnis meiner Hoffnung, schwanger zu werden von Gottesliebe und gänzlich unvermischtem Verlangen nach Gottesnähe. Die Bemerkung des Shaikh veranlaßte mich jedenfalls, alle Stadien der Schwangerschaft meiner Frau genau zu verfolgen und mich zu größerem Gewahrseins eben dieses Vorgangs in mir selbst anregen zu lassen, den ich innerlich auch würde durchlaufen müssen, um zu einer Entbindung zu kommen.

Die beiden Reisen belehrten mich noch lange nach meiner zweiten Rückkehr weiter. Eigentlich war jeder Tag wie eine Fortsetzung der Reisen, denn was ich unterwegs erfahren hatte, erschloß sich nur langsam und Tag für Tag. Monate vorher hatte der Shaikh mir eine Liste von fünf Dingen gegeben, die ich nicht vergessen sollte: Selbstbeherrschung, aufmerksame Wachheit, Hoffnung, Vertrauen und 'Amal (Werk, Tat). Auch zu diesen Dingen wurde ich durch meine Reise weiter belehrt. Ich sah diese kleine Liste als eine Art Wegkarte für den Murid, der Gott sucht und vielleicht zu vollkommener Preisgabe an Gott, zu vollkommener Gottesgewißheit und Gottesliebe kommen wird, denn das ist die Erfüllung der *Muridat* (Schülerschaft) und das «Zuhause» des Derwisch auf seinem Weg.

Ich sah in meinen Reisen die Lehre der Hoffnung besonders deutlich hervortreten, aber es ging auch um andere Dinge, die früher schon angeklungen waren. Lektionen über Glauben und Geduld und die vielen anderen Dinge, die der Shaikh mir nahezubringen versucht hatte, damit ich sie in meiner tagtäglichen Erfahrung realisieren konnte, zeigten mir, welche Gnade darin liegt, daß Gott mir Leben gab.

Die Schritte und Stadien der Liste traten nun in der Rückschau immer deutlicher hervor. Und alles tauchte erneut auf in den Anweisungen, die er mir vor dem Aufbruch zur zweiten Reise gegeben hatte: aufschlußgebende Zunge, aufmerksames Ohr und gläubiges Herz. Glaube, Wachheit und Selbstbeherrschung waren durch die Ereignisse während der Reise auf die Probe gestellt worden. Aber was hatte es mit diesem Aspekt der Hoffnung auf sich?

Was Hoffnung ist, ging mir erst durch mein Versagen auf.

«Die Dinge liegen in ihrem Gegenteil verborgen», sagt der große Shaikh al-Alawi, «und gäbe es dieses Gegenüberstehen nicht, so hätte der Gegenüberstehende keine Manifestation.» Die Besonderheiten dieses Lernens durch Gegensätzlichkeit machten mir klar, daß Gottes Gnade nicht nur in *einer* der beiden Reisen gewaltet hatte.

Wenn du dich durch den Diamanten geehrt und durch den Stein gedemütigt fühlst, ist Gott nicht mit dir.

Shaikh 'Attar

Monatelang überlegte ich, was den Erfolg der ersten Reise und mein Versagen bei der zweiten ausgemacht hatte. Spät ging mir auf, daß es gar nicht so war, wie ich es sah, denn als ich mich «aufrichtigen Herzens» selbst erforschte, sah ich ein, daß die zweite Reise, wenn sie auch so glatt verlaufen wäre, nur meine Eitelkeit genährt hätte und mir damit zum Hindernis auf dem Pfad geworden wäre. «Wer den Schierling nicht geschmeckt hat», sagte der Shaikh häufig, «hat auch den Honig nicht geschmeckt.» Und so wurde die Bitterkeit, die ich aus dem Gefühl von totalem Versagen zog, schließlich zu einer süßen Belehrung darüber, was es heißt zu hoffen.

Monate später, an einem regnerischen Nachmittag, versuchte ich mir Klarheit zu verschaffen, ob ich nun zur Tekiya fahren oder eins der vielen Dinge tun sollte, die ihrer Erledigung harrten. Ich wohnte damals ziemlich weit weg und konnte es mir nicht leisten, aufs Geratewohl einfach loszufahren. Ich war schon unterwegs, aber immer noch unentschlossen. Mindestens zweimal machte ich kehrt, bis eine innere Stimme endlich deutlich sagte: «Fahr hin!» An dem Tag wurde mir dann ganz deutlich, daß es nie falsch ist, zur Moschee zu gehen.

In der Tekiya erfuhr ich, daß der Shaikh oben in seinem Zimmer war. Ich half draußen bei einigen Dingen, die zu tun waren, vollzog dann die Waschungen und betrat die Moschee. Ich setzte mich in eine Ecke und begann im Koran zu lesen. Dann spürte ich auf einmal, daß jemand zugegen war. Ich blickte auf und sah einen Mann auf dem Schafsfell vor der Gebetsnische (*Mihrab*) sitzen. Die bärtige Gestalt trug einen schwarzen Umhang und einen prächtigen, sehr hohen schwarzen Turban. In seiner einen Hand bemerkte ich die Gebetsperlen (*Tasbih*), und er saß da und nickte, während ich las. Ein Lächeln lag auf seinem Gesicht. Er lächelte – und einen Augenblick später war er nicht mehr da. Kurz darauf kam der Shaikh in die Moschee. Er setzte sich zu mir, und ich erzählte ihm von dem Besucher. «Es wird immer wieder geschehen», sagte er mit einem Lächeln. Später einmal, nachdem er mir Fragen zu dieser Begebenheit gestellt hatte, sagte er: «Sie haben großes Glück.» Der Besucher machte wahr, was der Shaikh nach der Rückkehr von meiner zweiten Reise zu mir gesagt hatte: «Sie werden dieselbe Chance, die Sie dort hatten, auch hier haben.» Ohne Grund und außerhalb jeder Folgerichtigkeit erwachte etwas zum Leben, das für mich in keiner Beziehung zu meinen Bemühungen stand und das ich daher nicht als verdient ansehen konnte. Es war einfach ein Strahl jener großen Sonne, die jetzt in mir aufgeht.

Die Geschichte von Ayaz ist eigentlich die Lehre vom Reifenlassen der Frucht der Hoffnung. «Legen Sie jeden Tag das Gewand der Armut an», hatte der Shaikh gesagt, «und töten Sie Dunya in sich mit dem Messer von Hazreti Abraham, Friede sei mit ihm.» In der Armut ist das Sklavendasein, und darin wiederum liegt nicht Verlust, sondern das Geheimnis dessen, was zu suchen und zu finden ist. Die Geschichte von Ayaz lehrt, wie hoch man aufsteigen kann, wenn man ein Sklave geworden ist. Ah, *Taslimiyyat*! Es ist das Sklavendasein der Unterwerfung, es läßt die Frucht der Hoffnung reifen – den Geschmack der Einheit. Bevor aber der Sucher der Verwirklichung der Einheit näherkommen kann – bevor der Vogel nach langer Wanderschaft vor den Simurgh hintritt –, müssen alle fremden Elemente aus dem Herzen entfernt werden.

Von dieser Säuberung zeugt die Antwort, die Hazreti Shemsi Tabriz gab, als er gefragt wurde: «Was ist Gotteserkenntnis?»

Er sagte: «Sie ist das Leben des Herzens durch Gott. Was lebt, laß sterben – den Körper meine ich. Was tot ist, belebe – vom Herzen spreche ich. Was gegenwärtig ist, verbirg – diese Welt. Was nicht da ist, laß sich einstellen – die Welt des künftigen Lebens. Was existiert, vernichte – Leidenschaft. Was nicht existiert, bringe hervor – Ausrichtung auf das Ziel. Wahres Wissen ist nur im Herzen, das Glaubensbekenntnis ist auf der Zunge. Das Dienen geht auf Kosten des Körpers: Wenn du der Hölle entgehen möchtest, so genüge deiner Ausrichtung; verlangt es dich nach dem Meister, so wende dein Gesicht Ihm zu, denn so wirst du ihn finden.»

Bei meinem Nachdenken über die beiden Rätsel und über Versagen und Erfolg, stieß ich einmal auf den folgenden Koranvers:

Sie sagen: «Herr! Du hast uns zweimal tot sein lassen und zweimal lebendig gemacht. Wir bekennen nun unsere Schuld. Gibt es etwa eine Möglichkeit, herauszukommen?»

Koran, 40,11

Gott erweckt den Menschen vom Tod des Nichtexistierens zum Leben – das ist die erste Reise der Seele. Durch den Tod geht der Mensch dann zur Auferstehung in der Welt nach dieser (*Akhirat*) – das ist die zweite und letzte Reise. Durch meine Reisen wurde ich auf die REISE aufmerksam, auf die es einzig und allein ankommt. Jetzt sah ich eine Gnade darin, daß mir bei meiner Arabienreise verlorengegangen war, was ich zu suchen geglaubt hatte. Meine ganze Scheinheiligkeit lag jetzt deutlich zutage, und damit konnte endlich eine echte, eine kristallene Wahrheit von einem noch unberührten Ort her in mir aufsteigen. Diese Hoffnung ist noch nicht ganz erfüllt, aber sie ist da und wird empfunden und wächst der Erfüllung entgegen. Und wenn einer, wie der Shaikh sagt, wirklich schwanger ist, dann genügt es, von Tag zu Tag zu wachsen. Durch Gottes Gnade und Barmherzigkeit wird es zur Entbindung kommen.

6. Das Auto

Nach der Rückkehr von meinen Reisen folgte wieder eine Zeit, in der ich den Shaikh nur selten sah. Zweimal hatte ich Gelegenheit, ihn bei kurzen, aber schönen Autofahrten in eine nahegelegene Stadt zu begleiten, doch sonst konnte ich kaum je allein mit ihm sein. Lange Pausen ohne direkten persönlichen Kontakt wurden immer typischer für meine Beziehung zu ihm; allerdings, wie ich schon erzählt habe, war es meist so, daß ich in diesen Zeiten irgendeine persönliche Herausforderung hatte, eine Aufgabe, die zu bewältigen war. Je länger ich ihn kannte, desto subtiler wurden diese Aufgaben.

In dieser Zeit nach meinen Reisen hielt der Shaikh weiterhin seine Koranvorträge, und da ich seine persönliche Unterweisung einstweilen entbehren mußte, entnahm ich diesen Vorträgen um so eifriger jeden Anstoß und Hinweis. Diese Vorträge, in denen es um zwei der großen Kämpfe des Islam ging, *Badr* und *Uhud*, waren von größter Intensität und gehörten zu den letzten, die der Shaikh öffentlich vor dieser Gemeinschaft hielt. Das Hauptthema war Kampf, Leiden und Vertrauen auf Gott, den Allerhöchsten.

Fragen und Probleme der spirituellen Entwicklung sprach der Shaikh in dieser Zeit im engeren Kreis seiner Schüler, der Murids und Derwische, an. Dadurch interessierte ich mich immer mehr auch für die anderen Sucher und für die Gemeinsamkeiten unserer Wege. Plötzlich wurde mir sehr deutlich, daß ich nicht der einzige Schüler des Shaikh war. Dann begriff ich auch, daß ich manchmal vor den anderen würde sprechen müssen, wenn ich auf die Antwort des Shaikh nicht monatelang warten wollte. Etwas an diesem Forum veränderte die Sicht, die ich von meinen eigenen Belangen hatte:

Dinge, die ich für sehr wichtig gehalten hatte, waren in diesem Kreis plötzlich kaum noch der Rede wert.

Eine der größeren Sorgen, die ich dort nicht vortrug, war mein Auto. Ich hatte eigentlich nie mit dem Shaikh eigens darüber gesprochen, aber mein Auto hatte ständig Pannen, brauchte Ersatzteile oder war für längere Zeitabschnitte nicht verfügbar.

Einige Zeit vorher, als ich mit Problemen rang, die sich durch die Pflanze gestellt hatten, geriet einer der Derwische in ähnliche Schwierigkeiten mit seinem Wagen, wie ich sie jetzt hatte. Er grinste jetzt immer und erkundigte sich nach dem Befinden meines Autos, wenn er mich sah, aber es dauerte Monate, bis ich eine Beziehung zwischen seinen Erfahrungen und meinen erkannte. Selbst wenn mein Auto bei seinen Nachfragen gerade mal wieder unbrauchbar war, wurde ich nicht hellhörig. An einem Morgen rief der Shaikh mich an. Im Verlauf des Gesprächs erzählte ich, der Derwisch mit dem nicht funktionierenden Auto wolle sich ein neues suchen. Der Shaikh regte an, ich solle doch mitgehen und bei der Suche helfen. Ich rief den Derwisch an.

Den Nachmittag verbrachten wir in «Car City», einem Teil der Stadt, in dem ganze Straßenzüge voller zum Kauf angebotener Gebrauchtwagen stehen. Autos aller Typen und Größen, inländische und ausländische, Luxuskarossen und Sparautos, Coupés, Limousinen, umgebaute Wracks, aufgemöbelte Antiquitäten und vieles mehr. Alle waren sie «einmalige Gelegenheiten» und harrten eines Käufers. Manche hatten irgendwelchen Größen gehört, die meisten irgendwelchen Niemanden. Manche waren durch ihren Markennamen ausreichend vertreten, andere durch ununterbrochen redende Händler, die bestechende Angebote unterbreiteten, wieder andere überzeugten durch blitzendes Chrom und wenig Kilometer, und für einige sprach nicht mehr als ein kleines Schild an der Scheibe, auf dem stand: «Läuft prima».

Während wir an diesem sonnigen Sommertag Straße um Straße abklapperten, gleichsam umworben von Autos, die diesem urbanen Konzentrationslager zu entkommen hofften, um vielleicht in einer stillen Seitenstraße oder gar in einer Garage zu landen, tauchte am Rande meines Bewußtseins die

Suche nach der Nadel wieder auf. Der Derwisch schaute sich alles an, was in Frage kam, stellte Fragen, hörte geduldig den Händlern zu.

Nachdem er sich einen Überblick verschafft hatte, fragte er mich in einem stillen Augenblick: «Wie soll man da wissen, welchen man nehmen soll? Und was der Shaikh mir gesagt hat, macht die Sache auch nicht gerade einfacher. Er hat nämlich angedeutet, daß das Auto, das ich nehme, ganz gleich welches, nicht lange leben wird und daß es trotzdem ein Auto gibt, das das richtige ist.»

Ich hörte ihm mitfühlend zu, sagte aber nichts. «Welches soll man nehmen?» – die Frage hatte sich mir auch gestellt, als ich vor der Vitrine mit tausendundeiner Nadel gestanden hatte. An dieser Frage wird der Glaube im Herzen des Suchers erprobt, doch obgleich ich selbst auch schon solch einer Prüfung unterzogen worden war, wurde die Frage des Derwisch an diesem Tag nicht recht laut in meinem Ohr. Mein Wagen funktionierte zu der Zeit gerade mal wieder, und so war die ganze Sache wohl ausschließlich auf ihn gemünzt, und ich konnte aus kühler Distanz zuschauen.

Schließlich entschied er sich für ein Auto, das ihm früher schon ins Auge gefallen war. Es war ein schlichtes, ziemlich übel zugerichtetes Sparmodell mit Blaumetallic-Lackierung, eine Art amerikanische Imitation irgendeines Toyota oder Datsun. Die Verkäufer standen strahlend hinter dem Wagen, als wären sie Cinderellas Eltern, denen nun der Reichtum eines Prinzen zufallen würde. Hinter ihrem Lächeln hofften sie wohl, daß der Bund schnell geschlossen würde, doch es war dem Derwisch ebenso deutlich wie ihnen und mir, daß diese Cinderella-Kutsche ihre beste Zeit hinter sich hatte. Unterwegs zum Verkaufsbüro brachte der Derwisch ernsthaftes Interesse zum Ausdruck. Er bat sich jedoch aus, das Auto noch einmal inspizieren zu dürfen, und so schauten wir beide unter die Haube und befingerten, was es dort zu sehen gab, ohne auch nur im geringsten etwas davon zu verstehen. Die Händler taten ganz unbeteiligt. Zu meiner Überraschung räumten sie dann aber ein, daß an dem Wagen wohl noch ein paar letzte Handgriffe getan werden müßten. Der Derwisch, nervös wie ein Bräutigam, erbat sich Bedenkzeit.

Wir suchten uns eine Telefonzelle, um den Shaikh anzurufen. Nach einigen Versuchen kam der Derwisch durch und erzählte dem Shaikh von dem Wagen. Der Shaikh sagte, wir sollten in seine Wohnung kommen. Wir warteten vor der Tür, bis wir überzeugt waren, ihn nicht zu stören, und gingen dann zuerst in die Waschküche, um dort die Waschungen für das Mittagsgebet vorzunehmen. Als wir wieder an die Tür des Shaikh kamen, empfing er uns. Er saß still auf dem Boden, trug Hemd und Krawatte und darüber den Kapuzenmantel der Derwische. Er schwieg eine Weile, und als er den Kopf hob, hatte er im Gesicht einen Ausdruck, der mir wie eine Mischung aus Güte und Verzweiflung erschien. Noch deutlicher aber sah ich, daß er ein Fremder war auf diesem Planeten. So sehr ich noch in diese Welt verstrickt war, so wenig bedeutete sie ihm. In diesem Kopfheben erkannte ich, daß er wie der Wüstenwind durch die Welt streicht. Seine Augen waren voller Licht, und er sprach freundlich und geduldig mit uns. Er fragte, wohin wir gegangen seien, nachdem wir vor seiner Tür gestanden hatten. Er sagte, wir hätten doch sein Bad benutzen sollen, es sei das unsere. Er fragte, ob wir schon die Nachmittagsgebete (*'Asr*) gesprochen hätten, und wir verneinten. Er zeigte uns, wo Osten war, und wir verrichteten die Gebete. Dann sprachen wir eine Weile miteinander, bevor der Derwisch und ich wieder gingen.

Der Shaikh hatte gesagt, das Auto sei zu teuer, und wir sollten handeln. Ich ging nicht wieder mit, war aber gespannt, was passieren würde. Der Derwisch wirkte ein wenig unsicher, doch als ich ihn das nächste Mal sah, steuerte er tatsächlich das kleine Auto. Dieses Auto leistete ihm und mir gute Dienste, obgleich es praktisch eine Wanderbaustelle war. Häufig war es dienstwillig, wenn meins gerade mal wieder streikte, und so hatte ich auch etwas von dieser Erwerbung des Derwisch. Bevor das kleine Auto die Schrottkiste wurde, die es im Grunde von Anfang an gewesen war, diente es uns auf manchen langen Reisen und wurde zum Gegenstand vieler Lehren. Wir legten mehr als einmal weite Strecken darin zurück, um Shaikhs zu begegnen, die von weither zu uns kamen, um uns zu belehren und unseren Glauben zu stärken.

In den Wochen nach dem Abenteuer in Car City stand ich mit dem Shaikh wieder praktisch nur durch dessen Koranvorträge in Verbindung. Die Gruppe seiner Schüler konnte dann anschließend wenigstens dieses eine Mal in der Woche für eine Weile mit ihm zusammensein. Meist drängten wir uns dann in dem kleinen Zimmer zusammen, das ihm als Büro diente. Hier ging es zwangloser und persönlicher zu, denn er wandte das im Vortrag Gesagte auf die praktische Seite des Lebens an; wir konnten Fragen stellen, und er belehrte uns anhand von Beispielen und Geschichten.

Das ging so den ganzen Winter hindurch bis zum Frühjahr. Erst nach Monaten erkannte ich, daß ich sehr viel aus dieser Art von Begegnungen mit dem Shaikh gewann. So war zu verschmerzen, daß der enge Kontakt früherer Zeiten nicht mehr bestand.

In diesen Monaten ging es allenthalben immer wieder mal um Probleme mit Autos. Und in den Wochen nach dem gemeinsamen Besuch von Car City ging mir langsam auf, daß ich selbst wieder mal mitten in einer Lernsituation steckte. An einem kalten, verschneiten Abend, unterwegs zu einem Koranvertrag des Shaikh, fuhr ich an dem Derwisch vorbei, der das Auto gekauft hatte. Da er offenbar hilfebedürftig war, hielt ich an. Sein Wagen hatte einen kompletten Stromausfall. Wir versuchten es mit Überbrückungskabeln von meinem Wagen aus, doch der Motor seines Wagens lief dann immer nur einen Augenblick und ging wieder aus. Schließlich mußte ich ihn dann mit meinem Wagen zu einer Werkstatt abschleppen. Alle, die in seinem Wagen gesessen hatten, zwängten sich nun in meinen, und wir fuhren weiter.

Als wir den Versammlungsraum betraten, sagte der Shaikh gerade: «Alle Leiden sind eigentlich ein Segen. Wir sollten zu Gott sagen: ‹Gib mir soviel Leiden und Unglück, wie Du willst, damit ich die Leiden des Propheten würdigen lerne und (durch mein Leiden) das alles übersteigende Maß Deiner Barmherzigkeit erkenne.›»

Alles, was der Shaikh an diesem Abend sagte, stand in direkter Beziehung zu meinem Leben und dem, was ich gerade erlebte. Ich habe die Worte sehr deutlich verstanden, aber ihr Sinn entging mir. Was mir begegnete, war mir einfach in seiner Tragweite nicht klar und in der Bedeutung, die es für mich hatte. Andererseits erkannte ich ohne weiteres, welche Belehrung in den Worten des Shaikh *für jeden anderen* lag – besonders für den Derwisch. Wochen vergingen, bis ich endlich begriff, daß die Sache mit dem Auto nicht nur den Derwisch in seiner besonderen Lage anging, sondern durchaus auch mich. Erfahrungen dieser Art waren nichts Zufälliges, sondern alle dazu angetan, meine innere Entwicklung voranzutreiben.

Wir werden sie in der Welt und in ihnen selbst unsere Zeichen sehen lassen, bis ihnen klar wird, daß es die Wahrheit ist. Genügt es denn nicht, daß dein Herr über alles Zeuge ist?

Koran 41,53

Einmal ging ich nach dem *Tafsir* (Koranauslegung) mit einem Buch auf den Shaikh zu, das mir beim Kramen in einem Karton mit alten Dingen in die Hände gefallen war. Es handelte sich um einen handgeschriebenen Koranauszug aus Persien, der möglicherweise wertvoll war.

«Hängen Sie an diesem Buch?» fragte der Shaikh, als ich es ihm gab.

«Nein, überhaupt nicht», sagte ich, völlig überrumpelt von dieser Frage.

«Gut», sagte er. «Ich möchte es gern für eine Weile ausleihen. Sie sind ganz sicher?»

»Ja, nehmen Sie es nur. Behalten Sie es, solange Sie möchten.»

Damit war das Gespräch zu Ende. Einige Wochen vergingen, und dann, eines Nachmittags, fiel mir auf, daß meine Gedanken immer wieder auf das Buch zurückkamen. Einmal kam sogar die Frage auf, ob der Shaikh es wohl behalten wollte. Immerhin hatte er es jetzt schon eine ganze Weile. Das war eigentlich ein unglaublicher Gedanke, und ich staunte über mich selbst, als ich ihn bemerkte. Ich wußte, daß der Shaikh selbst genug Bücher besaß und daß er vor allem an keinem von ihnen hing; er bedurfte meines Buches nicht und hatte gewiß nicht das Verlangen, es zu besitzen.

Kurz darauf, wiederum nach einem Vortrag, rief der Shaikh mich zu sich. «Hier ist Ihr Buch», sagte er. «Waren Sie in Sorge?»

«Aber ganz und gar nicht», log ich überstürzt, um meine Verlegenheit zu verbergen.

«Sind Sie ganz sicher?» bohrte er.

«Ja», sagte ich in der Hoffnung, daß er von mir ablassen würde.

«Sie waren in Sorge», sagte er. «Erforschen Sie mal Ihr Bewußtsein. Wissen Sie noch, was Sie neulich an einem Nachmittag gedacht haben?»

Da hatte er mir also geradewegs ins Herz geschaut. Ich hatte mal gelesen, nur der könne ein Shaikh sein, der seinen Schülern ins Herz sehen kann. Meine naive Taktik war jedenfalls jetzt mit einem Schlag zunichte gemacht. Und als ich nun endlich begriff, daß der Shaikh wahrhaft wußte, begegnete ich ihm aufrichtiger als je zuvor.

«Ja, ich erinnere mich», sagte ich. «Sie haben völlig recht mit allem, was Sie sagen. Ich bin überrascht von meinen eigenen Gedanken, und sie sind mir sehr peinlich.»

«In diesem Buch ist nichts Wertvolles», sagte er. «Es enthält sogar einen Fehler. Sie sollten besser aufpassen, was Sie annehmen. Hier bitte, nehmen Sie es.»

Ohne mich anzusehen, gab er mir das Buch und ging. Ich spielte nie wieder ein falsches Spiel mit ihm. An dem Buch wurde mir deutlich, wie unbewußt ich war in meinem Haften an weltlichen Dingen. Noch wichtiger war aber, daß ich meine Neigung zu zweifeln und den Mangel an Vertrauen gegenüber meinem Lehrer erkannte. Da ich mir selbst nun nicht mehr ausweichen konnte, sah ich klar, wie sehr ich immer noch den Kopf benutzte und wie wenig mein Herz.

Wieder ein paar Wochen später versammelten sich die Schüler des Shaikh nach seinem Koranvortrag in seinem Zimmer. Der Derwisch, dessen Auto häufig streikte, war auch dabei. Zu dieser Zeit war sein Auto sogar völlig unbenutzbar, und ein anderer Schüler hatte ihm seinen Wagen geliehen. Der Derwisch erschien an diesem Abend ohne das geborgte Auto und erklärte seinem Besitzer in Gegenwart des Shaikh, daß die Elektrik nicht funktionierte. Er hatte unter der Haube Funken sprühen sehen, wußte aber nicht, was das zu bedeuten hatte. Der Wagen bewegte sich jedenfalls nicht von der Stelle, und er hatte ihn irgendwo stehenlassen müssen.

Während dieses Berichts beobachtete der Shaikh den Besitzer des Wagens. «Läßt Sie das ganz unberührt?» fragte er ihn.

«Ja, schließlich ist es ja nur ein Auto», kam die Antwort augenblicklich.

«Sie sind nicht aufrichtig sich selbst gegenüber!» sagte der Shaikh mit einiger Schärfe. «Sie sind nicht vorbereitet auf solch ein Lektion; es ist eine Lektion für einen Derwisch, und Sie sind ein Murid.»

Mir fiel sofort das Erlebnis mit dem Buch wieder ein. Auch bei mir war der Mund mit dem Sprechen schneller gewesen als das Bewußtsein mit dem Erkennen. Mein Haften an dem Buch war so offenkundig gewesen wie das Haften dieses Murid an seinem Auto, und doch hatte ich es nicht gesehen. Und in beiden Fällen war es die Konfrontation mit dem Shaikh, die uns zwang, wahrzunehmen, wo wir standen. Bevor wir uns an diesem Abend trennten, sagte der Shaikh noch zu uns, dieses Auto habe das simpelste aller Gebrechen: ein abgenutztes Batteriekabel. Und natürlich stellte diese Diagnose sich als richtig heraus.

Von dieser Zeit an, vier bis fünf Monate lang, ging es bei meinen seltenen Kontakten mit dem Shaikh meist um Autos. Durch eine Reihe von Ereignissen erarbeitete ich mir die Lektion Schritt für Schritt, bis ich endlich sah, worum es ging. Es begann damit, daß an einem Samstagabend ein Derwisch und Freund vor meiner Tür stand. Er war viele Stunden mit dem Auto gefahren und brauchte ein Bett für die Nacht. Ich zeigte ihm sein Zimmer und ließ ihn allein. Etwa eine Stunde später klopfte es leise an meiner Wohnungstür. Ich ging nichtsahnend zur Tür und war ganz erstaunt, draußen den Shaikh stehen zu sehen, der mir ruhig seine Salaams entbot.

«Was haben Sie heute abend vor?» fragte er.

«Noch nichts. Kann ich etwas für Sie tun?»

«Kommen Sie», sagte er, «wir nehmen Ihren Wagen.»

Wir stiegen sofort ein, der Shaikh gab die Richtung an, und wir fuhren los.

«Mir ist das Benzin ausgegangen», sagte er. «Fahren Sie mich bitte zu meinem Wagen zurück, und dann können Sie vielleicht sehen, ob Sie irgendwo eine Tankstelle finden, die noch offen hat.»

Unterwegs gab er mir genaue Anweisungen, und schließlich sahen wir seinen Wagen am Straßenrand stehen. Er inspizierte ihn zunächst sorgsam und gab mir dann ein Zeichen loszufahren. Ich machte mich also auf die Suche nach Benzin, aber alle Tankstellen in der näheren Umgebung waren schon geschlossen, und so kehrte ich bald mit leeren Händen zurück.

«In Ordnung», sagte er. «*Alhamdulillah.* Sind Sie sicher, daß Sie die Sache weiter durchziehen möchten?»

«Ja, *insha' Allah*», sagte ich eifrig. «Sehr gern sogar.»

«O. k.» sagte er nach kurzer Pause. «Dann möchte ich, daß Sie zu einem bestimmten Derwisch fahren und ihn um Benzin bitten. Ich bin sicher, daß er welches hat.»

Zur Wohnung dieses Derwisch waren es ungefähr fünfundzwanzig Meilen. Wir rechneten aus, wie lange ich für den Hin- und Rückweg ungefähr brauchen würde. Dann brachte ich den Shaikh zu einem kleinen Restaurant, das etwa eine Meile weiter an derselben Straße lag.

Gegen zwei Uhr früh stand ich vor der Wohnung des Derwisch. Ich mußte eine Ewigkeit klopfen, bevor er öffnete. Er war ziemlich verschlafen, aber fröhlich und liebenswürdig und sehr hilfsbereit. Ich erklärte ihm, worum es ging, und er gab mir einen großen Kanister Benzin. Es war dann schon sehr spät, als ich wieder dort ankam, wo der Shaikh auf mich wartete. Ich hatte mich völlig verkalkuliert mit der Fahrtzeit, und als ich zurückkam, hatte das kleine Restaurant geschlossen, und der Shaikh stand draußen auf dem Bürgersteig. Wir fuhren zu seinem Wagen zurück und füllten das Benzin in den Tank. Er gab mir Geld, das ich dem Derwisch für das Benzin geben sollte, und schickte mich nach Hause. Er sagte noch, ich solle den Derwisch wecken, der bei mir schlief, und ihn nach draußen schicken, wo er ihn erwartete. Ich tat es und sah ihn dann erst bei seinem nächsten Vortrag wieder.

Etwa zwei Wochen später traf ich mich einmal in seiner Wohnung mit ihm. In der Zwischenzeit war es mir nicht gelungen, mir irgendeinen Reim auf diese nächtliche Begebenheit zu machen, obwohl ich ausgiebig darüber nachgedacht hatte. Die Auto-Lektion entzog sich einfach meinem Zugriff. Nun hatte der Shaikh mich also dorthin gebracht, wo es kein Ausweichen und kein Entkommen mehr gab.

«Ich möchte, daß Sie noch einmal zu dem Derwisch gehen, der Ihnen das Benzin gegeben hat», sagte er. «Bitten Sie ihn, daß er Sie zu meinem Auto bringt und Ihnen die ganze Geschichte erzählt.»

Ich verabschiedete mich vom Shaikh und kam gegen zehn Uhr abends bei dem Derwisch an. Er begrüßte mich freundlich wie zuvor, und als ich mein Anliegen vorgebracht hatte, lächelte er. «O. k.», sagte er, «dann werden wir wohl mal zum Schuppen gehen.»

Es war eine wunderbar klare und frische Winternacht, aber der Frühling war nicht mehr weit. Wir gingen unter den weit ausladenden Ästen eines hohen Baums über den Hof und kamen auf einen eingezäunten Platz vor einer Reihe von Schuppen.

Unterwegs erzählte er: «Vor etlichen Jahren, als ich eine Zeitlang in der Türkei war, kam mal ein Murid ziemlich aufgeregt und sagte, der Shaikh hätte sich ein neues Auto gekauft. Es war in Wirklichkeit ein Gebrauchtwagen, aber er sah noch gut aus. Nichts Besonderes, aber einwandfrei in Schuß. Wir waren ein bißchen überrascht, denn das frühere Auto des Shaikh war ziemlich alt und hatte etwas von Autofriedhof an sich. Es war aber doch viele Jahre ordentlich gelaufen und hatte nie irgendwas gebraucht außer Benzin und mal ein bißchen Öl. Auf ein Fenster war irgendwas mit Leuchtschrift geschrieben, und der Shaikh hatte es nie abgewischt. Ich machte mir nicht viel Gedanken über das neue Auto, hörte mir aber doch die Geschichte dieses Murid an. Erst später, als ich wieder in den Staaten war, wurde ich hellhörig, und zwar durch eine ganze Reihe von Erlebnissen mit dem Auto und dem Shaikh, von denen nicht zu reden ist.»

Wir hatten inzwischen einen der Schuppen erreicht und standen vor einem Schiebetor mit Vorhängeschloß. Wir sprachen ein kurzes Gebet und traten ein. Schon beim Näherkommen hatte mir gedämmert, daß ich hier mal wieder mitten in einer Belehrung war. Zum ersten Mal seit dem Abenteuer in Car City stellte sich wieder dieses Gefühl ein, persönlich gefordert zu sein. Ich war hellwach, als wir eintraten, und sammelte mich vollkommen auf das, was der Derwisch sagte. Wir standen vor dem Wagen des Shaikh, und der Derwisch erzählte seine Geschichte weiter.

«Im letzten Winter sagte der Shaikh, es sei Zeit, den Wagen wegzutun – sozusagen zu begraben. Er erklärte mir, was geschehen mußte, um ihn auf sein Begräbnis vorzubereiten – zum Beispiel diesen Schuppen hier entrümpeln –, und gab mir genaue Anweisungen, wie der Wagen gereinigt werden mußte. Immer wenn ich in die Scheune kam, hatte ich bestimmte Formeln zu rezitieren. Ich machte alles genau nach Anweisung. Der Shaikh hatte etwas über eine schwache Stelle in einer der Mauern gesagt, die seiner Meinung nach Mörtel brauchte; ich hörte zwar zu, erinnere mich aber, daß ich anderer Meinung war.

Zur Begründung für das Autobegräbnis hatte der Shaikh nichts weiter gesagt, als daß es einfach außer Kontrolle geraten sei. So ein Auto, sagte er, kann keiner fahren, der schwachen Glaubens ist. Er sagte, daß es nicht so reagierte, wie es sollte, und deshalb begraben werden mußte.»

Weiter erzählte er, das Begräbnis habe darin bestanden, ein großes weißes Tuch über den Wagen zu breiten, das sein Leichentuch war. Dann verschloß er das Schuppentor und ging weg. An einem der nächsten Tage war er wieder hingegangen.

«Im Schuppen stellte ich fest, daß die Ziegelsteine, die ich neben den Wagen gelegt hatte, weg waren und das Nummernschild ab war. Das Tuch war noch so, wie ich es aufgelegt hatte. Ich sah mir das Vorhängeschloß an, und es war völlig in Ordnung und unberührt. Außerdem lag hoher Schnee, und es waren keine Fußspuren zu sehen. Am interessantesten war aber, daß die Mauer, die nach Ansicht des Shaikh repariert werden mußte, jetzt ein großes Loch hatte. Ich reparierte es, aber einen Monat später war es wieder da. Den Winter über blieb der Wagen so stehen, und im Frühling wollte der Shaikh eine Reise machen. Er sagte, es sei Zeit, den Wagen mal aus dem Schuppen zu holen und auszuprobieren. Ein anderer Derwisch war noch dabei, und der versuchte den Wagen aus dem Schuppen zu fahren, aber er rutschte ihm weg und rammte eine Mauer. Der Shaikh übernahm das Steuer und schaffte es.

‹Also›, sagte der Shaikh, ‹um richtig fahren zu können, muß man gewisse Regeln beachten. Man muß auf Details achten und sich beim Fahren ganz aufs Fahren konzentrieren. Halten Sie die Geschwindigkeit konstant, halten Sie sich an die Geschwindigkeitsbeschränkung, und lassen Sie beide Hände am Lenkrad.›

Der Shaikh fuhr mit dem Wagen weg», setzte der Derwisch seine Erzählung fort, «und stellte ihn auf dem Parkplatz ab, der zu dem Gebäude gehört, in dem er wohnt. Dann mußte er für eine Woche verreisen, und als er wiederkam, war der Wagen weg. Völlig ungerührt zeigt er die Sache an, und bei der Polizei war das Erstaunen groß, denn in diesem Wohnkomplex war so etwas noch nie passiert. Kurze Zeit später wurden die Diebe gefaßt.

‹Der Wagen›, sagte der Shaikh, ‹war präpariert für diese Missetat (*Haram*) und ist jetzt so achtungsvoll zu behandeln wie eine Moschee. Also Waschung vor dem Einsteigen, und Schuhe ausziehen.›»

Ich erinnerte mich an diese Worte des Shaikh, und später, als ich selbst tief in dieser Auto-Schulung steckte, stellte ich durch Nachfragen fest, daß praktisch jeder in diesem Kreis von Derwischen und Murids schon Ärger mit Autos gehabt hatte. Etwa ein Dutzend Autos besaßen wir alle zusammen, und mindestens vier von ihnen waren derart heruntergekommen, daß sie ersetzt werden mußten. Meins war das schlimmste.

«Dann wurde es wieder Winter», erzählte der Derwisch weiter, «und der Shaikh gab mir Anweisung, den Wagen wieder zu begraben. ‹Legen Sie die weiße Gebetsmatte (*Musalla*) aus›, sagte er, ‹aber stellen Sie den Wagen nicht drauf.› Also machte ich den Schuppen sauber, fuhr den Wagen hinein und legte das große weiße Tuch als Gebetsmatte vor ihn hin. Dann schloß ich den Schuppen ab. Ich fragte mich, was man wohl tut, wenn man im Schuppen vor der Matte steht, aber nicht draufstehen darf. Was macht man dann? Man hat ja nicht unbegrenzt Zeit.»

Wir verließen den Schuppen und schlossen das Tor wieder ab. Über den Hof gingen wir zum Haus zurück und blieben alle zwei Schritte stehen, um den Sternenhimmel anzustaunen. Er lud mich ein zu bleiben, um mir die Nachtfahrt zu ersparen. Ich nahm an und fuhr am nächsten Morgen nach Hause zurück.

Nicht lange danach, an einem Samstag, brachten die Umstände mich wieder mit diesem Derwisch und mit dem anderen zusammen, den ich nach Car City begleitet hatte. Es war ein herrlicher Spätwintertag, und der Frühling lag schon in der Luft. Die Sonne wärmte schon ein wenig, und ein paar verstreute Wolken schwebten über den strahlend blauen Himmel. Wir drei fuhren im Wagen des Shaikh die Straße am See entlang. Seltsamerweise weiß ich nicht mehr, wohin wir fuhren und was wir dort vorhatten. Ich erinnere mich nur, daß wir auf Anweisung des Shaikh unterwegs waren und daß der Derwisch, der fuhr, beide Hände am Lenkrad hatte. Es war der Derwisch, in dessen Schuppen der Wagen untergebracht gewesen war. Ich saß vorne neben ihm. Der Vormittag verging zu unserer Überraschung ohne Zwischenfälle, und die gemeinsame Fahrt verband uns auf ganz neue Weise. Wir lachten und unterhielten uns oder dachten über die Sache nach, und jedem war deutlicher denn je bewußt, daß die Auto-Lehre uns alle anging.

Beim nächsten Koranvortragsabend war der Shaikh nicht da. Er hatte die beiden Derwische schon vorher angewiesen, statt seiner zu sprechen. Sie sollten einfach über ihre Auto-Erfahrungen berichten. Ich hatte den Eindruck, daß diese Anweisung selbst wiederum Herausforderung und Schulung sei. Die Zuhörerschaft bei diesen Koranvorträgen war, vorsichtig ausgedrückt, ein ziemlich kunterbunter Haufen. Es waren immer einige Murids und Derwische anwesend, von denen jeder wußte, daß sie Schüler des Shaikh waren, aber es gab auch gläubige Muslime und Christen, die ersichtlich keinerlei Beziehung zu den mystischen Aspekten des Glaubens hatten. Manchmal waren auch Leute dabei, die sich zu gar keinem bestimmten Glauben bekannten. Der Gedanke, vor dieser

Gruppe einen Sufi-Vortrag zu halten, ließ mich schmunzeln, war mir aber auch ein wenig unheimlich.

Als ich mir diese Empfindungen ein wenig näher zu vergegenwärtigen versuchte, wurde mir noch unbehaglicher zumute. Mir wurde plötzlich klar, daß ich Angst davor hatte, als Sufi bekannt zu sein. Vermutlich wußten es zwar alle in der Gruppe schon, aber es jetzt auch noch im Rahmen eines Vortrags über Autos auszubreiten, das war mir einfach ein bißchen zuviel. Offenbar wußte der Shaikh, daß das nichts für mich war, und so hatte ich den Auftrag nicht erhalten. In der Rückschau weiß ich jetzt, wie sehr diese simple Sache mir genützt hat. Manche in der Gruppe, die nicht dem engeren Schülerkreis des Shaikh angehörten, kannten mich als einen «ganz normalen Muslim». Meine Beklemmung angesichts des bevorstehenden Vortrags zeigte mir, daß ich ein doppelter Muslim zu sein versuchte: nach außen hin ein ganz normaler, aber insgeheim ein Sufi. So oft hatte der Shaikh gesagt: «Man kann nichts Höheres sein als ein Muslim, einer, der sich ganz und gar Gott unterwirft.» Ich weiß nicht, was mich an diesem dualistischen Denken festhalten ließ, aber ich sah, daß es in mir war.

Dazu hatte der Shaikh schon vor Monaten zu einer Gruppe von uns gesagt: «Es stimmt zwar, daß man sich auch im Glauben stufen- und schrittweise entwickelt, aber ein wahrer Muslim ist das, was er ist, ganz und gar. Man hat nichts zu verbergen, wenn man ein Muslim ist, der ein liebendes Herz verwirklichen möchte und zugleich die direkte Erfahrung der Schönheit Allahs sucht.»

Viel später verstand ich das noch besser, als der Shaikh mit mir über Menschen sprach, die an Gott zu glauben behaupten, aber doch so sehr auf das Äußere (*Zahir*) ausgerichtet sind, daß ihnen die Nennung von Gottes Namen außerhalb des formellen Gebets höchst peinlich ist. Ich hatte geglaubt, ich hätte diese dualistische Scheinheiligkeit längst überwunden, aber erst auf diese Worte des Shaikh hin rastete in mir etwas hörbar ein wie das letzte noch fehlende Stück eines Puzzle.

Als erster sprach der Derwisch, mit dem ich in Car City gewesen war. «Als ich den Shaikh vor ein paar Jahren kennenlernte, erkundigte er sich ständig nach meinem Wagen. Ich habe seit damals ziemlich viel Ärger mit Autos. Sogar letzte Woche hat mein Wagen wieder gestreikt und wollte zwei Tage lang nicht anspringen. Schließlich bekam ich ihn doch wieder in Gang, aber am Abend, als ich unterwegs war, wurde das Licht immer schwächer, und dann gab er seinen Geist ganz auf. Da wurde mir endlich klar, daß es im ersten der Täler, von denen Shaikh 'Attar spricht, darum geht, alles über unser sogenanntes Auto herauszufinden. Wir alle haben ein Auto, auch wenn wir kein blechernes Fahrzeug dieses Namens besitzen. Solange wir noch nicht in der Einheit mit Allah sind, hat ‹Auto› mindestens zwei Aspekte. Da ist das äußere Auto, das den Körper in dieser Dunya-Welt transportiert, und in Verbindung damit ein inneres Auto, das überwiegend aus unseren Gefühlen gegenüber unserem äußeren Auto besteht. Und dann ist da das Auto, das uns in die Akhirat-Welt fährt, und dieses Auto wird seinen Geist nicht aufgeben und nicht streiken. Dieses Auto muß gefunden werden. Der Shaikh hat mir versprochen, daß ich mal so ein Auto haben würde, aber bis dahin, sagte er, würde ich noch manches Auto fahren.»

Was es mit dem Akhirat-Auto auf sich hat, machte der Derwisch im Verlauf seiner Ausführungen noch deutlicher.

«Der alte Wagen des Shaikh blieb einmal im Winter ziemlich lange auf einem Parkplatz stehen. Er hatte dann eine dicke Schneehaube und war mit einem hohen Wall von praktisch zu Eis gewordenem Schnee umgeben. Keiner hätte für möglich gehalten, daß man das Auto da herausbekommen oder daß es auch nur anspringen würde. Der Shaikh stieg ein und ließ uns zur Seite treten. Der Wagen sprang sofort an und war einen Augenblick später auch schon frei. Es sah so aus, als würde er über den Eiswall fliegen. Wir standen da und konnten kaum glauben, was wir mit eigenen Augen sahen.»

Nach einer kurzen Pause fragte er: «Was passiert, wenn ihr eines Morgens aufwacht, mit eurem Auto auf einer unbekannten Straße in einer unbekannten Gegend? Auf dem Weg nach Kalifornien plötzlich eine Autopanne. Sofort sind wir in Panik. Auf einmal wird uns klar, daß da noch ein Auto ist, ein inneres Auto, das genauso fest und dicht ist. In dieser

Krise wird an unserer Haltung gegenüber dem Auto deutlich, wie wir generell mit der Welt umgehen und wie wir zu ihr stehen. Wenn wir es geschafft haben, mit dem Auto in der Dunya-Welt fertigzuwerden, kommen wir schließlich zu uns selbst. Und wenn wir schließlich zu uns selbst kommen und zu unserer Nafs (Ego-Ich), wie sie sich in unserem Umgang mit dem Auto bekundet, dann erfahren wir etwas über das Auto *in* uns. Man muß dieses Auto einmal völlig zerlegen und reparieren und saubermachen.

Als mein Bruder-Derwisch und ich uns allzu sehr auf Dunya einließen, wurde der Wagen des Shaikh in den Schuppen gebracht. Dem Wagen geht es gut im Schuppen. Er hat es da warm und ist in Sicherheit, aber man kann nirgendwohin fahren. Wir sind jetzt dabei, unsere Heuchelei aufzugeben und unserer Verhaftung ins Auge zu sehen. Nur diese Verhaftung hält uns davon ab, die offene Straße zu gewinnen.

Außer dem kleinen Auto, daß jeder von uns fährt, gibt es ein größeres wie das, das der Shaikh voller Gewißheit und Zutrauen fährt. Ein Auto, das jahrelang in Vorbereitung war. Wir haben jeder einen Sitzplatz in dem größeren Auto, das uns durch die Dunya-Welt in die Akhirat-Welt fährt. In diesem Auto sind wir wirklich alle. Die Auto-Schulung kehrt uns das Innerste nach Außen, und der einzige Weg zu wirklicher Entdeckung besteht darin, das Auto selbst zu fahren von dem Augenblick an, wo man es findet. Wenn man erkennt, wie sehr man mit seinem Auto identifiziert ist, passiert innen etwas. Man sieht dann, wie sehr man es liebt. Menschen der Dunya-Welt haben anscheinend nie Autoprobleme; aber auf diesem Pfad gibt es schreckliche Schwierigkeiten, mit dem inneren Auto ebenso wie mit dem äußeren. Dies ist das Schlachtfeld des *Jihad al Akbar*, des Großen Krieges, nämlich des Kampfs mit dem eigenen Ich.»

Wenn du in das erste Tal gelangst, das Tal der Suche, werden hundert Schwierigkeiten dich bedrängen, und du bist hundert Heimsuchungen ausgesetzt.

Shaikh 'Attar

Dieser Vortrag des ersten Derwisch über seine Erfahrungen mit dem Auto ließ mich vieles klarer sehen. Von da an sah ich das Auto anders. Das äußere Auto, von dem der moderne Mensch sich so sehr abhängig gemacht hat, wurde mir zur Metapher für eine andere Erfahrungswelt und ein Vehikel, in dem ich reiste. Ich sah jetzt deutlich, wie lebendig die ganze Auto-Lehre war. Sie war keine Philosophie, und so blieben Reflexionen über die Vergangenheit und Spekulationen über die Zukunft vollkommen sinnlos in dem Augenblick, als mir klarwurde, daß mein Auto sich in einem totalen Pannenzustand befand. Und die Lehre, die darin lag, war unausweichlich jetzt und hier. Die Herausforderung an mein Ich bestand nun darin, in diesem Augenblick des Chaos irgendwo doch Stille zu finden oder von der Nafs (Ego) überrannt zu werden oder in irgendeiner der tausend Richtungen, in die das Begehren sich wenden kann, einen Fluchtweg zu suchen.

In der nächsten Woche trat der zweite Derwisch vor uns hin. Ich hatte das Gefühl, daß vieles, was beim letztenmal gesagt wurde, nicht angekommen war. Vielleicht, dachte ich, waren die Leute zu sehr mit ihrer Enttäuschung über das Fehlen des Shaikh beschäftigt. Irgend etwas am Vortrag des zweiten Derwisch schien in den Anwesenden das Gefühl zu aktivieren, daß der Shaikh einfach dasein müsse, um der Sache eine Richtung zu geben. Das wurde zwar nicht direkt angesprochen, aber der Gang der Dinge zwang offenbar jeden, sich einmal zu fragen, weshalb er eigentlich zu diesen Vorträgen ging. Ging es um Gott den Allmächtigen, um die Liebe zu Ihm und den Dienst am Nächsten – oder war der Shaikh unser einziges Interesse?

Angesichts dieser Fragen gewann die Auto-Lehre eine ganz neue Dimension. Diese Unterweisung, die in der Vergangenheit persönlich und individuell gewesen war, wurde nun eine kollektive Belehrung. Es war, als würde der Zuhörerschaft der Koranvorträge nun die Lehre vom Bus nahegebracht – der ja eigentlich nichts anderes als ein größeres Auto ist. Dieser Bus lief nun schon die zweite Woche nicht mehr recht, und niemand wußte so recht, was mit ihm los war. Jedenfalls zeigte sich jetzt, daß manche von uns sich in der Zeit, als der Bus problemlos gelaufen war, nicht ernsthaft genug gefragt hatten, wohin er überhaupt fuhr. Wir gingen alle davon aus, daß der Zielort für alle gleich ist, und letztlich trifft das ja auch zu. Im Grunde gibt es nur Einen Zielort, aber wenn in der Dunya-Welt – und eben da waren wir ja – der Bus streikt, dann fangen die Leute an zu diskutieren, wohin der Bus ihrer Meinung nach fahren sollte oder wo sie gern hin möchten. Man sieht da sehr schnell, daß jeder seine ganz eigene Haltestelle im Sinn hat, an der er gern aussteigen möchte.

Auf Anweisung des Shaikh trat der zweite Derwisch gleichsam als Repräsentant des Busunternehmens auf, eine Art Reiseführer. Er hatte irgendwie mit dieser Horde von Passagieren fertigzuwerden und sollte versuchen, ihnen nahezubringen, wie sie ihre Zeit nutzen könnten, während der Bus nicht oder nicht so wie sonst lief.

Er griff den Faden auf, den der andere Derwisch bis hierher gesponnen hatte, und fragte: «Woher wollt ihr wissen, daß ihr auf dem *Sirat-al Mustaqim* seid, dem Geraden Pfad? Selbst wenn ihr alle Gebete sprecht, den Koran lest und auch sonst alles brav tut – wie wollt ihr es wissen?»

Man könnte, dachte ich, auch so fragen: «Wenn ihr nach Kalifornien unterwegs seid, wie wollt ihr wissen, daß euer Wagen es bis dahin schafft?» Die übliche Antwort darauf würde wohl etwa so lauten: «Na ja, ich bin auf dem Highway 66 nach Westen, und so werde ich wohl irgendwann ankommen. Außerdem habe ich meinen Wagen natürlich vorher gründlich durchchecken lassen. Die ganze Elektrik ist überholt worden, dazu eine extrem standfeste Batterie, neue Bremsen und anständige Reifen. Ich fahre nur den besten Sprit und habe für erstklassigen Rostschutz gesorgt, obwohl es in Kalifornien nicht schneit. Es ist für alles bestens gesorgt.»

Wie man sich denken kann, erwiesen sich alle auf diese Frage des Derwisch hin als sehr beschlagen in religösen Dingen. Der Koran, die Geschichte und uralte obskure Weisheiten wurden angeführt – und nichts brachte Licht in die Sache. Viele Mechaniker machten sich an diesem Abend an dem Bus zu schaffen, aber keiner konnte ihn reparieren.

«Wie wollt ihr es wissen?» fragte der Derwisch erneut. Manchen war es einfach zu dumm, sich zu solch einer Frage, die doch längst beantwortet war, überhaupt zu äußern. Andere zogen sich ganz in sich selbst zurück.

Je länger ich dort saß, desto deutlicher sah ich uns alle als Leute, wie man sie üblicherweise in einem Bus antrifft – dicht gedrängt und doch weit voneinander entfernt. Nur wenn es plötzlich zu irgendeiner Krise kommt, merken sie, daß ihre Geschicke verflochten, daß sie voneinander abhängig sind. Ohne den Shaikh streikte unser Bus und brachte uns einander näher. In dieser Krise lag für mich eine große Chance. Mit Menschen konfrontiert, die eine etwas andere Sicht der Dinge hatten als ich, war ich gezwungen, meinen Versuch, zwei verschiedene Muslime zu sein, aufzugeben. Es war ein Angriff auf diesen hartnäckigen Rest von Heuchelei. Ich war überrascht, so etwas in mir zu finden, aber auch froh, diese Schlacht im Krieg gegen das Ich gewonnen zu haben.

Nach dem Vortrag des Derwisch wirkten die Mitglieder der Gruppe ziemlich verärgert. Für manche war dieses Gerede von Autos völlig sinn- und zwecklos. «Der Shaikh ist in Ordnung», mochten sie wohl denken, «aber seine Schüler haben alle einen Knall.»

Interessanterweise erschien der Shaikh dann nach dem Vortrag doch noch. Er sagte nichts zu dem, was vor seinem Kommen stattgefunden hatte. Er sah uns nur zu in unserer Aufgestörtheit, wie wir zu zweit oder dritt diskutierten, völlig vom Chaos unserer Gefühle absorbiert – ein klarer Hinweis auf unsere derzeitige Verfassung. Dennoch, seine bloße Gegenwart zwang uns, klarer zu sehen, trotz aller Befremdlichkeit des Geschehens. Und dann war mir auch so, als regte sich auf irgendeiner anderen Ebene eine Ahnung davon, daß wir verbunden waren und trotz allem zu begreifen begannen.

Nicht lange danach hatte ich Gelegenheit, allein mit dem Shaikh zu sprechen. Wir saßen zusammen im Auto, und er erkundigte sich nach den Vorträgen, die die beiden Derwische in der Zeit seiner Abwesenheit gehalten hatten. Ich erzählte, was ich gesehen und gehört hatte, und erwähnte auch meine eigenen Empfindungen und Gedanken.

«Sie haben nur etwa fünf Prozent dieser Unterweisung erfaßt», sagte er. «Manches von dem, was Sie mitbekommen haben, trifft zu, aber einige Punkte sind noch nicht abgeschlossen. Die Frage des zugedeckten Autos im Schuppen ist noch unbeantwortet und unklar. Das Beispiel mit dem Auto, das nach Kalifornien fährt, und die Frage: ‹Wie wollt ihr wissen, ob es hinkommen wird?›, trifft ins Ziel. Die Bus-Analogie trifft auch ins Ziel. Wir haben es in diesem Bus mit Leuten zu tun, die sich mit dem Islam (vollkommene Hingabe an Gott) *auskennen*, aber den Islam nicht *leben*. Wenn plötzlich der Strom ausfällt, schauen alle Gesichter ratlos. Das Funktionieren des Autos ist ebenso schwer vorauszusehen wie das der Gesundheit. Wir geben uns aber gar nicht mit der Möglichkeit des Versagens ab, bis es eintritt. Also: Erst wenn Ihr Auto ausfällt, fangen Sie an zu begreifen.»

Die Frage des zweiten Derwisch: «Woher wollt ihr wissen, daß ihr auf dem Geraden Pfad seid?», lag ganz auf der Linie der Belehrung, die durch unsere Reaktion auf die Herausforderung gegeben war. Als ich darüber sprach, brachte der Shaikh die Sache auf einen sehr einfachen Nenner: «Unser Iman oder Glaube und unser Auto sind in gewisser Weise das gleiche. Kratzen Sie ein bißchen am Glauben der Leute, und sehen Sie zu, was dann passiert.»

Wie Gott es fügte, war mein Wagen wieder mal außer Betrieb. Der Shaikh wußte wohl, daß mein Auto und mein Glaube ziemlich mitgenommen waren, und er erzählte mir die Geschichte von Hazreti Ayyub, dem Propheten Hiob, Friede sei mit ihm. Gott schlug ihn mit einer Krankheit, die seinen ganzen Körper befiel und schädigte. Als die Krankheit immer schneller fortschritt, bat er Gott, sein Herz davon auszunehmen, damit er Ihn weiterhin lieben könne, und seine Zunge zu verschonen, damit er weiterhin sein Zikr (Gottesgedenken) üben könne. Gott gewährte ihm diese Bitte wegen seines lauteren Glaubens; Er nahm ihn vor Satan in Schutz und gab ihm seine Gesundheit zurück.

«Auch wenn Sie kein Auto haben», sagte der Shaikh, «haben Sie immer noch Ihre Füße, und solange Sie eine Zunge und ein Herz haben, sollten Sie dankbar sein. Das Auto und Ihre Gesundheit, Ihre Zunge und Ihr Herz gehören Allah.»

An diesem Abend sah ich mein Ringen deutlicher als je zuvor. Nach Monaten des Ausweichens hatte ich nun meine Verhaftungen und meine Undankbarkeit Gott gegenüber greifbar vor Augen. Von dem Tag an stand mein Handeln mehr im Zeichen des Vertrauens zu Gott, mochte auch mein Wagen weiterhin seine Zustände haben.

Einige Wochen später traf ich den Shaikh auf einem Bauernhof wieder, der einem der Derwische gehörte. Ich hatte die Haut eines Widders, den ich zum Eid-Fest geopfert hatte, in einem Schuppen aufgespannt. Ich fragte den Shaikh, ob er es sich anschauen wolle. Wir ging gemeinsam in den Schuppen.

«Es war ein großes Tier», sagte ich, denn ich sah den Widder noch lebend vor mir.

«Sie haben auch ein großes Opfer darzubringen», sagte der Shaikh.

«Er ist jedenfalls sehr viel leichter gestorben, als ich sterbe», sagte ich versonnen und dachte an meinen endlosen Kampf.

Er stutzte und sah mir ins Gesicht. «Ich glaube, das habe ich noch von niemandem gehört», sagte er. «Das sollten Sie in Ihr Buch aufnehmen.»

Das nächstemal sah ich ihn in der Tekiya. Etwa zwei Wochen waren vergangen, und der Frühling stand vor der Tür. Etliche Schüler waren um ihn versammelt, und er saß wie immer auf seinem Platz am Fenster, schaute gelegentlich hinaus und sprach mit uns über alles, was ihm in den Sinn kam. Aus der Ferne waren Geräusche wie von einer Motorsäge oder einem Rasenmäher zu hören.

«Wissen Sie, was das für ein Geräusch ist?» fragte der Shaikh.

Mutmaßungen wurden angestellt, aber keiner wußte es genau.

«Das sind diese Schneemobile», sagte er, «und wissen Sie, weshalb die so laut sind? Weil der Schnee jetzt naß und schwer ist, und der Motor einfach schwerer arbeiten muß. Der Lärm dieser Schneemobile ist direkter Ausdruck der Uneinsichtigkeit ihrer Fahrer.»

Er zitierte einen Koranvers und erläuterte ihn: «Allah sagt: ‹Ob du sie warnst oder nicht, sie glauben nicht.› Diese Leute glauben einfach nicht, daß Frühling ist, während die Zeichen doch so klar sind und der Schnee schmilzt.»

Das war eines der wenigen Male, da der Shaikh das Auto vor der ganzen Gruppe thematisierte. Monate vergingen, bevor diese Unterweisung fortgesetzt wurde. In diesen Monaten war ich noch mit der Pflanzen-Unterweisung beschäftigt und dachte über Dinge nach, die der Shaikh bei unseren Begegnungen gesagt hatte. Es trat eine Art Waffenstillstand im Kampf mit meinem Auto ein, und ich rollte eine ganze Weile ohne Zwischenfälle dahin.

An einem klaren Samstagmorgen im Frühsommer erhielt ich einen Anruf vom Shaikh. Er rief nicht häufig an, und ich war überrascht, seine Stimme zu hören. «Haben Sie heute Zeit? Ich möchte gern, daß Sie sich etwas ansehen.»

Ich sagte, ich könne kommen, und notierte mir die Adresse und einige Punkte zur Wegbeschreibung. Ich fuhr ziemlich bald los. Der Ort, wo ich ihn treffen sollte, war eine große Kreuzung, die mich an Car City erinnerte. Etliche große Autohändlergrundstücke säumten die Straße. Ich parkte meinen Wagen und ging die Straße hinunter. Vom Shaikh war nichts zu sehen. Ich ging bis ans Ende des von ihm bezeichneten Händlergrundstücks und machte dann kehrt. Ich fing schon an zu überlegen, ob ich seine Anweisungen wohl mißverstanden hatte, als ich hinter mir seine Salaams hörte. Ich drehte mich um und sah ihn hinter einem hohen Lampenmast hervorkommen. Ich war froh, ihn zu sehen, aber mir war auch so, als sei er aus dem Nichts plötzlich aufgetaucht. Ich verstand seine Art des Kommens und Gehens nicht, und wenn sich mir auch manchmal Fragen über seine Art der Fortbewegung aufdrängten, hütete ich mich doch, mich weiter mit ihnen abzugeben. Ich wußte recht gut, daß solche Erörterungen für meinen derzeitigen Entwicklungsstand zu früh waren.

Ich erwiderte seine Grüße. Wir gingen zusammen, und er erzählte: «Mein Wagen ist hier mitten auf der Straße stehengeblieben. Zum Glück waren ein paar Männer so gut, mich hier auf diesen Platz zu schieben. Der Wagen ist drüben in der Werkstatt, und die Mechaniker arbeiten schon seit Stunden daran. Sie wissen einfach nicht, was mit ihm los ist, und trotz ihrer ganzen Erfahrung können sie ihn nicht reparieren. Da hinten ist ein Restaurant. Ich komme gleich nach. Bestellen

Sie mir auch schon was, und sehen Sie nicht her, wenn ich die Straße überquere.»

Ich ging in das Restaurant, bestellte ein großes Sandwich und zwei Cola. Wenige Minuten später setzte der Shaikh sich zu mir an den Tisch am Fenster. Sonnenlicht fiel auf sein Gesicht, das ohnehin schon strahlte vom Licht der Sonne, die in ihm schien. Ich nahm diesen Augenblick ganz in mich auf, und das Herz schwoll mir dabei. Welch ein Glück, mit dieser edlen Seele dort sitzen zu können, die einen ganz normalen Körper trug und sogar das Nationalgetränk schlürfte. Wir schwiegen eine Weile, und ich fühlte mein Herz nicht ganz im Takt, sondern seinem ein wenig nachschlagend.

«Ich möchte Sie zu etwas einladen», sagte er. «Ich möchte Sie einladen, frei zu sein – ein freier Mann. Wissen Sie nicht, daß der Tod *yaqin* ist? Er ist gewiß, und doch leugnen Sie ihn. Sie leugnen das Liegenbleiben des Wagens, und doch leben sie in der Erwartung dieses Liegenbleibens, und wenn es eintritt, hört das Leben auf. Für Sie geht es darum, sich aus den Fallen zu befreien.»

Ich hörte zu und sagte nichts. Er wußte alles, was ich fühlte, und sprach meine stummen Hoffnungen aus.

«Ich muß Sie jetzt verlassen, aber wir treffen uns heute nachmittag wieder», sagte er. «Ich gehe jetzt zu meinem Wagen, nehme aber an, daß die Männer immer noch nichts gefunden haben. Trotzdem, *insha' Allah* werde ich den Wagen fahren.»

Er gab mir noch einige Anweisungen, und bald nach ihm brach ich auch auf. Ich zweifelte nicht daran, daß er seinen Wagen fahren würde. Als ich am Nachmittag zu seiner Wohnung kam, stand sein Wagen natürlich hinter dem Gebäude auf dem Parkplatz.

Diese Begegnung mit dem Shaikh war, soweit ich mich erinnere, die letzte, die unmittelbar mit dem Auto zu tun hatte. Danach vergingen zwei Jahre, bis ich an die Stelle kam, wo ich den Eindruck gewann, die Lektion endlich verstanden zu haben. Wie ich schon erzählt habe, fiel mir in dieser Zeit auf, daß es auch mit den Autos praktisch aller anderen Schüler immer wieder mal Schwierigkeiten gab. Manche dieser Autos waren sogar in einem so schlimmen Zustand, daß sie abgestoßen werden mußten. Mein eigener Wagen machte hier und da Probleme, aber innerhalb dieser zwei Jahre gab es einen Zeitraum von etwa einem Jahr, der ganz frei von größeren Schwierigkeiten war. Ich dankte Gott für diese Bequemlichkeit und vergaß nie, daß die Unterweisung noch nicht abgeschlossen war.

Gegen Ende dieser relativ problemlosen Zeit reiste ich einmal mit meiner Frau und meinem Kind in einen anderen Bundesstaat, um Eltern und Bekannte zu besuchen. Auf dem Rückweg fuhren wir durch ein Schlagloch; die Felge bekam einen bösen Schlag, und dieser teilte sich dem ganzen Innenleben des Wagens mit. Ich wechselte das Rad aus, und wir fuhren weiter, aber man merkte schon, daß etwas nicht stimmte. Bald stellten sich elektrische Störungen ein, und da ich weder die Reparatur bezahlen noch selbst eine Diagnose erstellen konnte, ließ ich den Wagen vor unserer Wohnung auf der Straße stehen. Ich bat Freunde, die mechanisch begabt waren, sich die Sache anzusehen, aber auch sie konnten keine Abhilfe schaffen. Frühling und Sommer vergingen, und der Winter kam. Da schob ich den Wagen schließlich mit einem Freund in die Garage und ließ ihn stehen.

Wir hatten ohnehin zwei Autos, und ich hatte mich inzwischen daran gewöhnt, den Wagen meiner Frau zu benutzen. Ihrer war meist dienstbereit während der langen Ausfallzeiten des anderen. Es wurde einer der kältesten Winter, die ich je erlebt habe. An solch einem klirrend kalten Mogen verließ ich das Haus und stieg in den Wagen meiner Frau ein. Ich steckte den Schlüssel ins Zündschloß und tastete nach einer Schneebürste. Ich drehte den Schlüssel, und es geschah nichts. Interessanterweise geschah in mir auch nichts. Kein Grauen vor Batterietod und möglichem Abschleppen. Zum ersten Mal unter solchen Umständen wandten meine Gedanken sich augenblicklich zu Gott. Es war gar nicht wichtig, ob der Wagen ansprang oder nicht, und ich fühlte nichts als Dankbarkeit für all die Wohltaten, die Gott mir erwiesen und für all die Mittel, die Er mir gegeben hatte. Ich war sogar dankbar, mal ein zweites Auto besessen zu haben. Außerdem war es nie vorgekommen, daß Gott mich im Stich gelassen hatte, wenn mein Wagen liegengeblieben war. Da saß ich, beide Hände am Steuer, und erlebte eine sehr süße neue Art von Freude. Ich hob den Blick und sah vor mir die Garage mit ihrer dicken weißen Schneehaube. Ich dachte an meinen Wagen, der nun seit Monaten in der Garage stand, und da fiel mir gleich der Wagen des Shaikh ein, der monatelang unter einem weißen Tuch im Schuppen des Derwisch gestanden hatte. Still und plötzlich fügte sich das letzte Stück in diese Unterweisung, die sich nun schon über ganze drei Jahre hinzog. Eine frische und ganz einfache Klarheit strich durch diesen Augenblick wie eine leichte Abendbrise vom Meer her.

Der Tod des Autos ist die Vollendung des Glaubens, die sich öffnende Tür zu makellosem Vertrauen (*Tawakkal*), der erste Schritt zur Verwirklichung wahrer Gottesdienerschaft (*'Ibadat*). Das innere Auto ist die Nafs, das erfahrende innere Ich, das aufgrund seiner Gefühle an dem materiellen äußeren Auto hängt. Das äußere Auto steht einfach stellvertretend für all die weltlichen Dinge, an denen wir hängen und die uns daher von Gott ablenken. Der Tod des Autos ist das Stillwerden der Nafs, ein Zustand, der *Mutmainnah* genannt wird. Das ist nicht der Tod des Körpers, sondern der Tod alles heftigen Verlangens nach Befriedigung von Ego-Wünschen. Mutmainnah macht den Weg frei zwischen der Seele und ihrem Schöpfer. Es ist ein vollkommenes Loslassen und ein Überlassen an Gott den Allmächtigen.

«Man muß zumachen, bevor man aufmacht», hatte der Shaikh häufig gesagt, «und die Tasse muß leer sein, bevor sie gefüllt werden kann.»

Der Tod des Ich erwirkt also die Vollendung des Glaubens. Der Tod des Ich oder Ego ist das Leeren der Tasse. Vertrauen (*Tawakkal*) folgt dem Glauben (*Iman*). Der Glaube verhilft uns dazu, einen Fuß in die Tür zu bekommen. Die Fülle der Gottesdienerschaft (*'Ibadat*) wird jenseits von Vertrauen und Glauben verwirklicht, und je leerer der Suchende ist, desto süßer wird ihm 'Ibadat, das Leben im Dienste Gottes, des Allerhöchsten Herrn. Der Shaikh hatte gesagt, daß der Sucher sich zum Glauben hin entwickelt. So sagt ja auch Gott im Koran: «Wahrlich, ihr werdet von einem Zustand in den anderen versetzt.» Das Gewahrwerden unserer Verhaftungen ist eine Entwicklung in kleinen Schritten.

«Wer schwach im Glauben ist, kann kein Auto fahren», hatte der Shaikh einmal gesagt. Das ist nur allzu richtig, denn solange wir keinen Glauben haben, sind wir Getriebene, aber wenn wir das Stadium des Glaubens erreicht haben, übernimmt Allah das Steuer. Daß der Wagen im Schuppen vor der weißen Gebetsmatte stand, hatte nur diesen Grund: Gebet ohne Glauben ist leer. Aber wenn das innere Auto endlich zur Ruhe gebracht ist und der innere Raum gesäubert ist, schafft die Gebetsmatte einen Ort, an dem man 'Ibadat in der äußeren Welt vollziehen kann, und die von Nafs entleerte Tasse schafft den Ort des wahren inneren Gottesdienstes.

«Es ist das Äußerste auswärts und das Innerste einwärts», hatte Sister Majeed vor Jahren zu mir gesagt. Möge Allah mich durch die Stufen führen und dem Geheimnis dieser Wahrheit immer näher bringen.

So kam ich zum Begreifen der Lehre vom Auto. Es ist die Lehre vom zähen Ringen um das langsame Öffnen der Tür zu Tawakkal, dem Zustand schlichten, makellosen Vertrauens.

Am Ende dieser Gedanken saß ich immer noch dort auf der Straße im Wagen meiner Frau, der nicht wollte. Ich drehte ohne große Erwartung am Zündschlüssel, und der Motor heulte auf. Ich fuhr von der Auffahrt auf die Straße, und die Lehre ging weiter. Eines Tages, wenn es Gott gefällt, werde ich hinter dieser Tür weitergehen.

7. Der Park

Zu einer Zeit, als mein Wagen ganz gut funktionierte, hatte ich einmal Gelegenheit, einen Tag mit dem Shaikh zu verbringen. Die Auto-Lehre war bereits voll in Gang, aber damals hatte ich noch nicht mehr als die äußerste Oberfläche erfaßt. Auf dem Pfad des Suchers ist es nicht ungewöhnlich, daß scheinbar verschiedene Dinge sich überlappen, und es kommt vor, daß zwei oder drei Dinge zugleich geschehen. Die Fahrt zum Park war eine von etlichen anderen kurzen, aber wichtigen Lektionen, die eingebetet waren in die jahrelange Auseinandersetzung mit dem Auto.

Der Shaikh hatte mir schon Wochen vorher angekündigt, daß ich einen Tag mit ihm und einem anderen Schüler verbringen würde. Wir würden mit ihm an einer Versammlung teilnehmen, bei der er vor einer recht großen Gruppe von Menschen zu sprechen hatte.

«Das wird ein Test für Ihr *Hizmet* (Dienen) sein», sagte der Shaikh zu mir. «Sie werden zu meiner Rechten bleiben, was auch geschehen mag. Sie sprechen mit niemandem. Und wenn ich spreche, bleiben Sie ganz nah bei mir und beobachten die Gesichter in der Menge.»

Das war eine sehr simple Anweisung, aber sie überraschte mich. Zum erstenmal sagte der Shaikh mir im voraus, welche Art von Prüfung mir bevorstand. Normalerweise mußte ich selbst herausfinden, worum es ging. Ich gab mir also Mühe, diesmal ganz besonders wach zu sein. Ich notierte innerlich, was mir gesagt worden war, und wartete ab.

Als der Tag dann kam, konnte der andere Schüler nicht, und so fuhren der Shaikh und ich allein los. Es war eine recht lange Fahrt. Nach etlichen Stunden kamen wir bei einem

Mann an, der uns zu der Versammlung begleiten sollte, aber er war schon weg. Da wir keine Wegbeschreibung besaßen, mußten wir uns nun wohl allein zurechtfinden. Die Frau des Mannes, sie kannte den Shaikh offenbar gut, erbot sich, uns aus der Klemme zu helfen und das kurze Stück mitzufahren, da sie den Weg kannte. Gleich darauf saß sie hinter uns auf dem Rücksitz, nun der Navigator des Schiffes. Sie machte ihre Richtungsangaben dem Shaikh, unserem Kapitän, der sie an mich weitergab. Ich tat alles, was man mir sagte, und gab keinen Ton von mir.

Nach einer Weile stieg dann aber doch der Verdacht in mir auf, daß mittlerweile niemand mehr so recht über Position und Fahrtrichtung im Bilde war. Wir hielten bei einem Auktionshaus, einem Wohnhaus und einem kleinen Kramladen an, um uns zu erkundigen, aber das Ergebnis war gleich null. Wir sprachen einen Radfahrer an, doch auch der konnte uns nicht weiterhelfen. Vor einem offenen Gelände an der Straße hielten wir wieder an. Gegenüber war eine Tankstelle. Der Navigator ging hinüber, um eine Karte zu besorgen, während der Shaikh und ich uns die Beine ein wenig vertraten. Es war ein prächtiger Sommertag, und die Sonne lächelte warm auf uns herunter. Ich studierte eine Passage aus dem Koran, die ich mir auf einen Zettel geschrieben hatte. Der Shaikh fragte mich, was das sei, und ich zeigt es ihm und rezitierte ihm auf Arabisch die Eröffnungsverse der *Surat-ul Fath*, «Der Sieg»:

Im Namen Allahs, des Erbarmers, des Barmherzigen! Siehe, wir haben dir einen offenkundigen Sieg gegeben, (zum Zeichen,) daß dir Allah deine früheren und späteren Sünden vergibt und seine Gnade an dir erfüllt und dich auf einem rechten Pfad leitet, und daß Allah dir mit mächtiger Hilfe hilft. Er ist's, welcher hinabgesandt hat die Ruhe in die Herzen der Gläubigen, damit sie zunehmen an Glauben zu ihrem Glauben.

Koran 48,1–4

Als ich eben die letzten Worte sprach, kam eine ganz sanfte Brise auf, nur ein Hauch. Das Getreide auf dem Feld neben uns verneigte sich leicht. Ich schaute dem Shaikh ins Gesicht und er mir.

«Zeit für das *Zuhr* (Mittagsgebet)», sagte er. «Sprechen wir es im Wagen.»

Als wir fertig waren, kehrte auch die Frau zurück. Wir fuhren weiter, aber eine halbe Stunde später war klar, daß wir uns wieder verfahren hatten. Wieder hielten wir bei einem Haus an, doch da war offenbar niemand. Kurz darauf kamen wir an ein Lebensmittelgeschäft, vor dem eine Telefonzelle stand. Der Shaikh machte einen Anruf und fragte dann die Frau im Laden. «Ich versuche einen Ort namens Caspian Park zu finden», sagte er. «Können Sie mir da vielleicht weiterhelfen?»

Die Frau dachte einen Augenblick nach und beschrieb dann den Weg. Sie kannte sich anscheinend gut aus in der Gegend. Bald führte die Landstraße in ein weitläufiges Parkgelände. Caspian Park war nur ein kleiner Teil davon. Irgendwie verpaßten wir wieder die Straße, in die wir hätten abbiegen müssen. Ich bemerkte an mir erste Anzeichen von Ungeduld. Da so etwas hier aber nicht am Platz war, rief ich mich zur Ordnung.

Und gerade, als mir das durch den Sinn ging, fragte der Shaikh: «Verlieren Sie Ihre *Sabr* (Geduld)? Sieht fast so aus!»

Offenbar war er die ganze Zeit in enger Tuchfühlung mit mir. Zuerst wollte ich meine Ungeduld leugnen, ließ es dann aber lieber. Wahrscheinlich würde ich den Shaikh ohnehin nicht täuschen können, selbst in einer so kleinen Sache nicht. Und selbst wenn ich es könnte, würde es mir bei Gott dem Allmächtigen auch gelingen? Also erwiderte ich lieber gar nichts und schaute geradeaus. Mein Schweigen war beredt genug.

Ich wendete also. Kurz vor der Straße, in die wir einbiegen mußten, hing an einem Baum ein kleines Schild mit der Aufschrift CASPIAN PARK. Ich bog links ein, und wir kamen in einen tiefen Wald. Hohe Bäume beiderseits der Straße warfen im Nachmittagslicht der Sonne ihre langen Schatten auf die Straße. Plötzlich öffnete sich die Straßenschneise zu einer Lichtung: Wir waren da.

Frisbies schwebten wie Ufos umher, die Lichtung hallte

wider vom Geschrei spielender Kinder, und überall waren Leute. In der Luft mischten sich die Klänge von Volksmusik mit Essens- und Bierdünsten. Es wurde gegessen, getrunken, getanzt und gelacht, und die Kapelle spielte.

Der Shaikh und die Frau stiegen aus, und ich suchte einen Parkplatz. Als ich zurückkam, um meinen Platz an der Seite des Shaikh einzunehmen, war er schon von Menschen umringt. Wir wurden in einen großen Eßraum geführt, wo der Shaikh Platz nahm. Ich blieb wie ein Schatten an seiner Seite.

Man tischte uns auf, als wäre eine Armee zu verkostigen. Der Shaikh unterrichtete mich, was man essen konnte und was besser nicht. Wir nahmen nur wenig, aber er bedankte sich für alle freundlichen und großzügigen Gesten. Ein Mann mit rot angelaufenem Gesicht und stattlicher Fahne lehnte sich über mich, um den Shaikh sehen zu können. Er grinste und bot mir ein Bier an, doch ich winkte ab. Man brachte uns Cola. Ich bediente den Shaikh und hielt seinen Platz am Tisch sauber. Manche Leute blieben in unserer Nähe und saßen still da, als hätten sie eine Oase inmitten der Sandwüste gefunden.

Einer dieser Leute war ein müde wirkender alter katholischer Priester in der üblichen schwarzen, bis zum Hals hinauf geknöpften Soutane. Er erinnerte mich an den Father McKenzie der Beatles, ein gütiger, aber einsamer und müder Mann. Er legte zur Begrüßung seine kraftlosen Arme um den Shaikh und setzt sich dann neben ihn, um mit ihm zu sprechen. Später, als der Shaikh mir erzählte, der alte Mann sei sehr gebrechlich, und sein Herz sei schon zweimal stehengeblieben, war mir alles klar. Ich sah, daß es die Mühen der Liebe waren, die dieses Herz zweimal angehalten hatten, und daß Gottes Barmherzigkeit es jedesmal doch hatte weiterschlagen lassen. Manche der Leute hier, dachte ich, haben vielleicht einmal in seiner Obhut gestanden, aber waren ihm jetzt nicht mehr erreichbar. Wie Father McKenzie hatte er wohl auch manche Nacht damit verbracht, «Predigten zu schreiben, die keiner hören wollte». Doch trotz seines schlechten Gesundheitszustands würde er vermutlich viele seiner Gemeindemitglieder überleben, und sie würden ihn auf dem Weg zu ihren Gräbern wiedersehen. Wie Eleanor Rigby, an deren Begräbnis nur Father McKenzie teilnahm, mochten auch diese kämpfenden Seelen dann nur noch diesen müden alten Priester haben, wenn sie «mitsamt ihren Namen» begraben wurden.

Nach einer Weile führte man uns nach draußen. Der Shaikh betrat ein Pavillon-Podium und nahm Platz vor dem Mikrofon und den im Halbkreis versammelten Menschen. Ich nahm meinen Platz an seiner Seite ein und blickte nun ebenfalls in all die Gesichter.

Der Mann, der uns zum Podium geführt hatte, trat ans Mikrofon und kündigte den Shaikh in einer Sprache an, die ich nicht kannte. Als der Shaikh das Wort ergriff, sprach er ebenfalls in dieser Sprache, Kaspisch, wie ich annahm. Ich verstand zwar kein einziges Wort dessen, was er an diesem Tag sagte, aber die Botschaft nahm ich sehr klar auf.

Während der Shaikh sprach, bewegten mich die verschiedensten Gefühle. Ich ermaß mein Verständnis dessen, was gesagt wurde, indem ich den Gesichtsausdruck der Leute mit meinen eigenen inneren Reaktionen verglich.

Es wurde sehr still in der Menge, während der Shaikh sprach. Er sprach nicht laut, doch man hörte seine Stimme weithin widerhallen. Er sprach mit Nachdruck, aber freundlich. Er sprach unumwunden, doch jedes Wort war im Geist der Liebe gesprochen. Ich beobachtete soviel ich vermochte von dem, was in mir selbst und in der Menge vorging. Einige Leute fielen mir besonders auf. Zuerst ein Mann, der mir direkt gegenüberstand, etwa zehn Meter entfernt. Er stand in der ersten Reihe. Er trug Bermuda-Shorts und ein T-Shirt, auf dem stand: «Florida is for Lovers». Auf dem Kopf hatte er einen kleinen verbeulten Sommerhut, der rundum voller Anstecknadeln, Plaketten und dergleichen war. Er besaß offenbar das sprichwörtliche «sonnige Gemüt» und war einer von denen, die jede Party in Schwung halten, doch er hörte dem Shaikh mit völlig ausdruckslosem Gesicht zu. Er schien weit weg zu sein und in diesem Entrücktsein sehr nah und tief berührt von dem, was er hörte. Manche in seiner Umgebung weinten. Ich fragte mich, wer von denen wirklich berührt war. Und ich fragte mich, wieviel sie von mir sehen konnten, der ich stumm dastand, aber innerlich eine ganze Menge zu erörtern hatte.

In der ersten Reihe saßen auch drei sehr alte Damen auf Klappstühlen. Sie waren von vornehmer Zurückhaltung und einfach gekleidet, zweifellos eine aussterbende Generation. Die jüngeren Frauen, vielleicht ihre Töchter, verbargen ihre Schönheit nicht und waren sicher viel eifriger darauf bedacht, sie durch Jogging und Oil of Olaz zu bewahren. Manche von ihnen waren auch nähergekommen, von Kindern umgeben, die ihre Spielsachen in der Hand hatten, aber still waren. Auch ein paar Teenager hörten zu. Ich sah Menschen, deren Leben offensichtlich von Schwierigkeiten überschattet war, und auch von diesen traten einige näher. Manche tranken ihr Bier weiter, andere suchten das Weite. Der alte Priester stand ganz in der Nähe, und direkt vor uns, zwischen dem Podium und den Leuten, war ein bezauberndes kleines zurückgebliebenes Mädchen. Nichts Auffälliges war an ihr, doch jeder sah sie. Sie war ganz nah und doch zugleich weit weg. Sie war außer dem Shaikh vielleicht der einzige heilige Mensch in dieser Runde, sichtbar und doch in ihrer ganz eigenen Welt.

Als der Shaikh geendet hatte, gingen wir zurück in den Speiseraum. Die Kapelle begann wieder zu spielen, und etliche Leute traten an den Shaikh heran, um ihm die Hand zu küssen. Bald darauf holte ich den Wagen, und wir fuhren ab, wie wir ursprünglich gekommen waren, zu zweit. Später, auf der Landstraße, berichtete ich, was ich gesehen hatte.

«Was habe ich gesagt?» fragte der Shaikh. «Wie habe ich sie zum Zuhören gebracht? *Wer* hat zugehört? Wer war Muslim? Wie viele? Was haben sie wahrgenommen? Hatten Sie Angst? War es Ihnen peinlich?»

Ich beantwortete alles, so gut und so ehrlich ich es aufgrund meiner Empfindungen und Eindrücke vermochte, und schwieg dann.

«Gut», sagte der Shaikh. «Und jetzt lassen Sie mich fragen, ob das ein vergeudeter Tag war.»

«Nein, mein Shaikh, ganz sicher nicht», erwiderte ich sofort.

«Gut. Fahren Sie nur weiter. Später werde ich Sie noch anderes fragen.»

Wir fuhren eine Zeitlang schweigend weiter, dann sagte er: «Es gibt verschiedene Arten von Dunya (Weltverhaftung). In

Discos geschieht größeres Haram (Verfehlungen) als bei dem, was Sie im Park gesehen haben. Die Freundlichkeit dieser Leute war echt, und Sie müssen eines wissen: Wer noch Tränen vergießen kann bei der Nennung von Gottes Namen, für den besteht Hoffnung.»

Der Shaikh bemerkte, daß ich nicht den Wunsch hatte, viel zu sprechen. Er fragte mich, ob ich ihn schon einmal zu Nicht-Muslimen hatte sprechen hören, und ich verneinte.

Er sagte: «Sie werden mich nie wieder in dieser Weise öffentlich reden hören. Vergessen Sie nicht, daß wir uns bei solchen Gelegenheiten zwar etwas allgemeiner äußern müssen, aber die Wahrheit trotzdem nicht beschneiden oder entstellen dürfen. Zu denen, die zuzuhören bereit sind, müssen wir von Gottes Wort sprechen.» Nach einer kurzen Pause fuhr er fort: «Denken Sie immer daran, daß Gott am besten weiß, wie Murids gemacht werden. Erinnern Sie sich an die Engel, die nicht verstanden, als die bei der Erschaffung Adams, Friede sei mit ihm, zugegen waren. Sie wußten, daß seine Nachkommen Unheil über die Erde bringen würden – doch Allah sagte: ‹Ich weiß, was ihr nicht wißt›, und sie bekannten (*Koran* 2,32): ‹Gepriesen seist Du! Wir haben kein Wissen außer dem, was Du uns vermittelt hast. Du bist der, der Bescheid weiß und Weisheit besitzt.›»

Ich forschte in mir nach der Bedeutung dieses Tages und all dessen, was der Shaikh gesagt hatte. Wir hatten noch etwa eine Stunde Fahrt vor uns, als die Sonne unterging. Es war Zeit für das Gebet. Wir waren gerade wieder in einer parkähnlichen Gegend, ein schöner Ort für das Ende des Tages.

«Halten wir doch hier zum Beten an», sagte der Shaikh.

Wir stellten das Auto ab und gingen auf die Wiese. Das Gebet ergriff mich ganz, und als ich den Kopf auf die kühle Erde legte, fühlte ich mich ganz als Diener. Einen flüchtigen Augenblick lang war mein Herz voller Freude. Auf dem Rückweg zum Auto ging mir etwas auf. Beten ist absolutes Hizmet (Dienen), selbstloser Gottesdienst. Das ganze Leben sollte so ein Gebet sein. Es gibt keinen höheren Stand als in dieser Niederwerfung mit Leib und Seele. Die Engel lehren, was einen wahren Schüler ausmacht, denn sie begreifen, was

Hizmet wirklich ist. Sie wissen nichts anderes, als den Allmächtigen Gott zu verherrlichen, und Sein Wille ist ihr Wille.

Eine Frage kam mir in den Sinn nach diesem Tag, den ich größtenteils an der Seite des Shaikh stehend zugebracht hatte, die Frage der Nähe. Ich fragte ihn, ob er mir nach seinem Tod näher oder ferner sein werde als jetzt.

«Ich bin schon ein toter Mann», sagte er. «Ich bin seit Jahren tot. Wie kann man einem Toten nah oder fern sein?»

«Es scheint, daß der Hazreti Abu Bakr in mir angesichts solcher Mitteilungen von Hazreti Umar überwältigt wird», antwortete ich.

Als die Nachricht vom Tode des Propheten, Friede sei mit ihm, Umar erreichte, weigerte er sich, sie anzunehmen; er drohte sogar jedem, der es tat, er werde ihm Arme und Beine abschlagen. Abu Bakr gelang es schließlich, Umar und die Leute zum Annehmen der schmerzlichen Wahrheit zu bewegen. Nachdem er Gott gelobt und gedankt hatte, sprach er diese Worte:

O ihr Menschen, wenn ihr Muhammad angebetet habt, so wisset, daß Muhammad tot ist. Habt ihr aber Allah angebetet, so wisset, daß Allah lebt und niemals stirbt.

Der Shaikh hatte meine Antwort verstanden und schwieg. Er sah mich lange an und schaute dann wieder weg. Ich erinnerte mich in den folgenden Monaten sehr deutlich an diesen Augenblick. Zwei Jahre sollten jedoch vergehen, bis ich wirklich begriff. Vor dem Shaikh ist der Schüler wie der Leichnam in den Händen des Wäschers; der Shaikh ist wie der Leichnam in den Händen Gottes. Es gibt einen Tod, in dem das Geheimnis des Hizmet liegt. Es ist der Tod, in dem man allem außer Gott stirbt. Alles Dienen ist eigentlich Gottesdienst, aber es ist gut, wenn man sein Dienen zunächst als Dienst an anderen versteht, denn damit wird das rebellische und nur auf seinen eigenen Nutzen bedachte Ich gezähmt. Der Heilige Prophet, Friede sei mit ihm, sagte:

Maut, maut, qabla ta maut – Sterbt, sterbt, bevor ihr sterbt.

Es ist der Tod des Ego und der Sinne, um leben zu können.

Soweit also die Lehre von Hizmet, die Lehre des Dienens und der Knechtschaft. Sie ist eigentlich sehr einfach, wie wir den folgenden Worten eines Shaikh entnehmen können:

Wer Allah Hizmet erweist, dem wird Allah gewißlich Hizmet erweisen.

8. Der Kuchen

Gut einen Monat nach der Fahrt zum Caspian Park sah ich den Shaikh wieder. Es war der Tag des Eid-ul Fitr, und ich gehörte zu den neunzehn Schülern, die sich in der Tekiya versammelt hatten zu den Gebeten und Festlichkeiten dieses Tages, der die dreißig Tage des Fastens im Monat Ramadan abschloß.

In der Gegenwart des Shaikh sein zu können, war immer eine Freude, und da er stets für eine Überraschung gut war, erwarteten wir ihn voller Begeisterung – wie immer darauf bedacht, so viel wie möglich von seinem Licht in uns aufzunehmen. Dieser Tag wie so viele andere, die wir mit ihm verbrachten, war erfüllt von Gebeten und Zikr (Gottesgedenken) und viel Muhabbat – von Liebe durchdrungene Belehrungen über die Freuden und Heimsuchungen des Pfades.

Die Lehre, die sich an diesem Tag für mich zu entfalten begann, war «kurz» wie die Hizmet-Lehre im Park. Auch sie war eingebettet in etliche andere Lehren, die sich über lange Zeit hinzogen. Sie war kurz, aber durchschlagend. Sie erreichte mich in der Tiefe und war von lang anhaltender Wirkung, indem sie im Laufe der Jahre immer weitere Einsichten hervorbrachte.

Es war spät, und die Zeiger der Uhr gingen schon auf Mitternacht zu. Wir hatten *Salatul 'Isha*, das Nachtgebet, gesprochen, und manche von uns gingen schon nach nebenan in die Bibliothek, von wo aus man den Ausgang erreicht. Als ich auch hineinging, stand der Shaikh vor einem der Regale und hielt eine weiße Schachtel in der Hand.

«Dieses Geschenk habe ich von einer Frau bekommen, die unsere Schwester und Freundin ist», sagte der Shaikh und setzte sich zu uns auf den Boden. «Aber dieses Geschenk ist auch für Murids.»

Er öffnete die Schachtel und förderte einen herrlichen Schokoladekuchen zutage. Ein Oh und Ah machte die Runde, und alle strahlten begeistert.

Der Shaikh hielt den Kuchen im Schoß und fragte: «Was sollen wir mit ihm machen?»

Es begann nun eine Befragung, deren Tonfall für mich irgendwo zwischen eisigem Ernst und Scherz lag.

«Was», fragte er, «wenn der Kuchen doch nicht für Murids und nur für mich ist?»

Keiner von uns gab auch nur den leisesten Ton von sich; wir überlegten fieberhaft, was das wohl sollte. Dann lachte einer. Ein anderer sagte: «Das kann doch nicht so schwer sein. Warum schneiden wir ihn nicht einfach in neunzehn Stücke.»

Bei diesen Worten kam mir ein Koranvers in den Sinn: «Darüber sind neunzehn.» Dieser Satz kommt im Koran nur einmal vor, und er ist die numerische Formel für *Bismillahir Rahmanir Rahim* – «Im Namen Gottes, des Gnädigsten und Barmherzigsten». In dieser Zahl liegt auch der Beweis für den göttlichen Ursprung des Buches. Ich bin sicher, daß der ganze Bedeutungsgehalt dieses Verses mein Verständnis überstieg, doch sooft ich ihn hörte oder las oder an ihn dachte, war ein Gefühl von Bestürzung und Geheimnis damit verbunden. So war es auch an jenem Abend.

Der Shaikh jedoch erzählte auf diesen Einwurf hin eine Geschichte von zwei Katzen und einem Affen. Sie hatten offenbar ein Stück Käse bekommen, das gerecht unter ihnen aufgeteilt werden sollte. Das übernahm der Affe, da er eine Waage besaß, mit der er die Stücke auswiegen konnte. Er legte die Stücke also auf die Waage und biß mal hier, mal da ein Stückchen ab, um die Sache auszutarieren. Die Katzen waren wohl etwas schwer von Begriff, jedenfalls bemerkten sie den Schwindel erst, als der Affe sich ihren Käse bereits weitgehend einverleibt hatte.

«Wer möchte den Kuchen?» fragte der Shaikh unmittelbar nach der Geschichte in herausforderndem Tonfall. «Vielleicht ist innen Obst. Wie sieht überhaupt das Innere aus? Tausend köstliche Möglichkeiten tun sich da auf. Was meinen Sie, hat unsere Freundin diesen schönen Kuchen selbst gebacken oder gekauft?»

Wir hielten ihn alle für gekauft, aber der Shaikh meinte, er sei selbstgebacken. Die Zweifel über diese simple Frage lagen zum Schneiden dick in der Luft.

«Wer möchte etwas?» fragte der Shaikh wieder.

Augenblicklich trat wieder gespannte Stille ein. Keiner sagte ein Wort.

«So ein Kuchen ist halt eine der Freuden des Lebens», sagte der Shaikh. «Wie ins Meer eintauchen: Man stürzt sich in dieses so wunderbar entspannende Salzwasser, und es ist wie eine Heilbehandlung – wie tausend kleine Rolfingmeister, die Sie massieren, oder wie ein Chiropraktiker. Es kribbelt am ganzen Körper, und kleine Wunden heilen schnell. Sie gehen an den Strand zurück und fühlen die warme Sonne auf dem Körper; dann legen Sie sich in den Schatten und machen ein behagliches Nickerchen. Nach zwei Stunden wachen Sie auf und fühlen sich prächtig. Sie gehen ins Strandcafé und genehmigen sich eine leckere, eiskalte Pinacolada. Ist hier einer, der das kennt?»

Die Stille wurde noch tiefer, und eine Spannung machte sich im Zimmer breit wie Morgennebel, der über die Wiese kriecht. Es wurde immer später, und mir schien, daß ich die Sache begriffen hatte.

Plötzlich begann ein anderer Murid, der wohl auch meinte, er habe begriffen, mit einer lauten, verzweifelten Selbstanklage. In seinem Schuldbewußtsein überschüttete er sich selbst mit Anschuldigungen.

Der Shaikh schnitt ihm das Wort ab: «Darum geht es nicht. Zwischen Hochmut und Selbstbezichtigung besteht zwar ein Unterschied, doch beide taugen nichts. Sie müssen begreifen, daß es keinen Sinn hat, sich auf diese Weise bestrafen zu wollen. Demut, sich Gott unterwerfen, ist weder stolz noch selbstzerstörerisch. Ein Sufi-Meister sagt das sehr treffend: ‹Sag weder: «Ich brauche etwas» noch «Ich brauche nichts»; sag nur «Allah», und du wirst Wunder sehen.›»

Nach einer kurzen Pause fuhr er fort: «Sie scheinen alle einzuschlafen. Wie können Sie schläfrig sein bei einem Muhabbat (Belehrung), in dem es um die Liebe Gottes geht? Vielleicht ist Obst im Kuchen. Ist hier jemand, der diesen Kuchen möchte?»

Kein Oh und Ah, keine Freudenschreie. Ich brach mein Schweigen und sagte: «Sie können meinen Teil haben. Wenn mir etwas von dem Kuchen zusteht, können Sie damit machen, was Sie wollen.»

Der Shaikh erwiderte nichts auf meine arrogante Großzügigkeit. Ich sank zurück in meine Ecke.

«Ich probiere ein Stück», sagte ein Derwisch von ganz hinten.

«Können Sie den ganzen Kuchen essen?» fragte der Shaikh.

«Ich kann es höchstens versuchen», sagte der Derwisch.

«Können Sie garantieren, daß sie den ganzen Kuchen schaffen?» bohrte der Shaikh weiter.

«Ich kann nur garantieren, daß ich es versuchen kann.»

«Also, was machen wir nun mit ihm», fragte der Shaikh die ganze Gruppe. Neunzehn ratlose Gesichter sahen ihn an. Keine Antwort. Wieder eine kurze Pause, während ich auf den Boden starrte. Als ich den Blick wieder hob, hatte der Shaikh beide Hände in den Kuchen vesenkt. Sekunden später war das herrliche Backwerk zu einem unansehnlichen Klumpen aus Schokoladeteig und Glasur verarbeitet. Wir waren hellwach.

Etwas an diesem Kuchenzerdrücken zog mich ein wenig aus meiner lethargischen Haltung hoch. «Das wäre mir nie in den Sinn gekommen, den Kuchen einfach zu zerdrücken», sagte ich, ehrlich, aber immer noch distanziert.

«Es ist ganz nett, sich in weises Schweigen zu hüllen», sagte der Shaikh, «aber Sie sind nicht auf einem Piedestal und nicht gesondert vom Rest der Menschheit.»

Hier sprach er mich ganz direkt an, und die Worte fielen auf mich herunter wie eine Wagenladung Ziegelsteine. Hier war kein Entkommen mehr, kein Fluchtweg. Und da es mir auch nicht gelang, im Boden zu versinken, blieb ich mit hängendem Kopf sitzen wie eine in ihrer leeren Vase verdurstende Blume.

Irgendwann am Abend war ich beinah einem Derwisch ins Gesicht gesprungen, der etwas über mich gesagt hatte, was ich ganz anders sah. Ich hatte es in Gegenwart des Shaikh noch nie an guten Manieren fehlen lassen, aber an diesem Abend war irgend etwas untergründig in mir angerührt worden, und plötzlich, auf eine Kleinigkeit hin, tobte mein Ego funkensprühend los und füllte den ganzen Raum mit seinem Qualm. Der Shaikh hatte nichts gesagt, aber es war ihm gewiß nicht entgangen. Nun saß ich also im Hagel der Ziegelsteine, und die ganze Wahrheit kam heraus.

«Da war ein Stachel in Ihrer Stimme, der ziemlich beunruhigend war», sagte der Shaikh. «Haben Sie ihn bemerkt? Und er war nicht nur gegen den Derwisch gerichtet, sondern auch gegen mich und die ganze Gruppe.»

Ich dachte nur noch an Flucht. Dort sitzenzubleiben und zu versuchen, die Worte des Shaikh aufzunehmen und anzunehmen, das war die Mutprobe des Jahres. Der Rest von falschem Stolz wurde unbarmherzig bloßgelegt, und mein Inneres war mir ein ebenso unförmiger Klumpen wie der zermatschte Kuchen.

«Den Kuchen zu zerdrücken», sagte der Shaikh, nun wieder zur Gruppe, «das ist das Herz des Islam. Als in der Ka'ba die Götzen zerschlagen wurden, erkannten die Leute sie als das, was sie waren: Holz und Stein. Dieses Holz und dieser Stein sind nicht verschieden von Ihren Begierden und Ihrem Job. Sie können die höchste Lust der Liebe erfahren, ohne auch nur einen Finger zu rühren. Aber Sie können auch wie Tiere durchs Leben gehen und nichts anderes im Sinn haben als essen, trinken, schlafen und Vermehrung.»

Er fragte, ob jemand schon mal einen Stier auf einem Bauernhof gesehen habe, und zum ersten Mal seit dem Beginn dieser Unterweisung kam wieder ein Lachen auf. Mitten in diesem Lachen stellte der Derwisch, den ich angefahren hatte, eine ernste Frage. Er hatte die Bedeutung des Kuchenzerdrückens erfaßt und fragte: «Weshalb empfinde ich körperlichen Schmerz, wenn der Kuchen meines Lebens zerdrückt wird?»

Der Shaikh, ein Meister der humorvollen Belehrung, hob die Hände, als hätte er in beiden einen Stein, und schlug sie zusammen. («So», hatte er früher einmal zu uns gesagt, «kastriert man ein Kamel.»)

Damit hatte der Derwisch nun seine Antwort, und auch die anderen, die sich an das Kamel erinnerten, verstanden. Dieser Punkt jedenfalls ist ganz klar: Wenn man etwas abschneidet, woran man haftet, empfindet man Schmerz. Der Grad des Schmerzes zeigt an, wie stark die Verhaftung ist.

«Wer möchte jetzt den Kuchen essen», fragte der Shaikh, desssen Hände immer noch schokoladeverschmiert waren. Niemand sagte ein Wort, niemand rührte sich.

«Sind Sie schon wieder schläfrig?» fragte er. «Wie können Sie in einer Diskussion über Allah so verschlafen sein? Wer ein Sufi ist, der ißt wenig, schläft wenig und verschwendet keine Zeit.»

Wieder entstand eine Pause, und Schweigen breitete sich im Zimmer aus. Der Shaikh schloß die Augen wie tief in Gedanken.

Kurz darauf sagte er: «Haben Sie mal den Spruch auf diesen Burger-King-Bechern gelesen, in denen man den Milchshake bekommt?» Unter dem Gekicher seiner Zuhörer rezitierte er:

I'm Sir Shake-a-lot
I love a good shake
Whenever I have one
I shiver and quake.

Dieser kleine Vers versenkte mich für drei Stunden in Meditation. Ich saß da, geschüttelt und bebend in der Liebe zu Allah. Keine Lust kann sich dieser auch nur annähernd vergleichen. «Sie müssen Ihre Schläfrigkeit überwinden. Sehen Sie denn nicht, daß wir nicht einmal einen toten Kuchen wiederherstellen können? Aber Allah, Ehre sei Ihm, hat uns aus nichts lebendig gemacht. Als ich die Schachtel aufgemacht habe, gab es Oh und Ah für den schönen Kuchen, wo es doch nichts als Oh und Ah für Allah geben sollte.»

Er rezitierte auf Arabisch die folgende Koranstelle und übersetzte dann:

Es wird in die Trompete geblasen, und gleich eilen sie aus den Grüften zu ihrem Herrn. Sie sagen: «Wehe uns! Wer hat uns von unserem Ruheplatz auferweckt?» Das ist es, was der Barmherzige versprochen hat. Die Gesandten haben die Wahrheit gesagt.

Koran 36, 51–52

Mit den letzten Worten reichte er uns die Schachtel mit dem Kuchenklumpen. Wir sollten hinausgehen und ihn aufessen. Das war ein buchstäbliches In-uns-Aufnehmen der Lehre – und es war kein genußvoller Schmaus.

Als ich den Shaikh ein paar Tage später wiedersah, wurde die Belehrung abgerundet.

«Müssen Sie den Kanal durchschwimmen, um ihn genossen zu haben?» fragte er. «Müssen Sie jeden Fisch essen? Wozu diese Rede von höchster Lust? Damit Sie aufwachen! Nichts ist gröber als Überbefriedigung der Begierde zwischen Liebenden. Ist ihnen aufgefallen, daß die Lust auf Kuchen sich sofort verliert, wenn man zu essen anfängt? Der Vorgeschmack ist besser als die Übersättigung, und wenn der Kuchen zerdrückt wird, mag niemand ihn mehr essen. Es ist eine Entscheidung zwischen dem Rohen und Groben einerseits und dem Feinen andererseits zu treffen – das ist der Inhalt der Kuchen-Frage. Die Herausforderung besteht darin, sich am Kuchen zu erfreuen, ohne ihn zu essen. Wenn es Schokoladenpudding gibt, reicht mir ein Löffel. Ein Happen genügt, um die Geschmacksknospen zufriedenzustellen, man braucht nicht mehr als eine Geschmacksprobe.

Aber was ist *Ihr* Kuchen? Und wie lernen Sie, ihn zu zerdrücken? Sie werden eine Blume doch nicht nur dann schön finden können, wenn Sie sie pflücken.»

Der Kuchen und die Blume – allmählich wurde es ein wenig klarer, und dann erkannte ich auch die Bedeutung der Tatsache, daß der Kuchen ausgerechnet am Eid-Tag zerstört worden war, an dem Festtag, der den Fastenmonat abschließt. Hier war gleichsam die Ramadan-Botschaft auf den Punkt gebracht: Beherrsche deine Begierden! Es geht darum, niedere Begierden auszujäten und die Nafs in ihre Schranken zu weisen.

«Wie sollen wir hören können», fragte der Shaikh, «wenn wir uns nicht vom Groben befreit haben, sondern wie Elefanten über die Erde stampfen? Hazreti Rumi sagt: ‹. . . Shems kommt von Osten, horch auf die Schritte des Lichts . . .› Aber wie begegnet man Shems, wenn er von Osten kommt? Indem man die Augen offenhält. Sie können nur dann sehen, wenn sie die Augen für das Universum und die Schöpfung öffnen. Die Zeichen sind da.»

Er hatte auch einmal gesagt: «Ganz gleich, wie Sie trinken, Ihre Lippen sind trocken.»

Ich faßte das so auf, daß der Sucher seinen Durst erkennen muß und wissen muß, von woher sein Verlangen kommt. Da sind das Begehren der Nafs, des Niederen und Groben, und ein höheres Begehren, das aus dem Feuer der Liebe (*'Ashq*) kommt. Beide sind unstillbar. In der Kuchen-Unterweisung ging es also eigentlich um das Unterscheiden und Gewichten unserer Wünsche, damit wir vom Niederen zum Höheren fortschreiten können. Das nennt man spirituelle Verfeinerung.

«Wenn wir Allah nicht obenan stellen», sagte der Shaikh, «wird nichts uns zufriedenstellen, wie viel wir auch haben mögen. Dunya ist gut und schön. Aber stellen Sie Allah obenan. Wenn Sie Ihren Wunsch nach einem Haus, nach Beförderung, nach irgendwas obenanstellen, dann werden Sie Erfolg haben, und das Leben vergeht. Aber seien Sie sicher, daß es dann kein Zurück mehr gibt und auch Ströme von Tränen nichts mehr nützen. Setzen Sie nichts über Allah, denn es könnte sein, daß er Ihre Wünsche erfüllt – und was dann?»

Der Ausdruck für «Verfeinerung» auf dem mystischen Pfad des Islam lautet *Adab* (eigentlich: «richtiges Benehmen»). Gemeint ist damit Bildung im tieferen Sinne, die Würde des verwirklichten Menschseins. Adab bezeichnet also einen Zustand, aber auch den Prozeß, der dahin führt, die Unterwerfung des Niederen unter das Höhere, des Groben unter das Feine, des Körpers unter die Seele. Das ist der allmähliche und schrittweise Übergang vom Tier zum Menschen; wir entwachsen dabei dem Ego-Ich und treten in die ersten Stadien des spirituellen Aufstiegs ein. Wer Adab erlangt, läßt den Grundzustand der Heuchelei und des Gutdastehen-Wollens hinter sich. Er hat die besten unter den natürlichen Regungen des Herzens herangebildet und die strahlende Fülle des Geheimnisses, das Gott uns in Seiner Barmherzigkeit schon eingepflanzt hat, sichtbar gemacht. Adab ist ein Zustand der Kraft und Reinheit unseres Charakters und Seins, die Frucht unseres Ringens um Herrschaft über das Ich.

Alle die Begebenheiten, die ich hier wiedergebe, dienen diesem Ziel. Der Kuchen, die vom Dichter gepflückte Blume, die Lichtschritte von Shemsi Tabriz, die Geschichte vom Strand und von den sinnlichen Genüssen, die das Ego sich wünscht, der zerdrückte Kuchen, den wir aßen – alles Lektionen auf dem Weg zu Adab.

In der Tekiya hängt eine Kalligraphie, die sich auf Arabisch *Adab Ya Hu* liest. Der Shaikh fragte einmal während einer seiner Darlegungen nach der Bedeutung dieser Worte. Jemand unter den Zuhörern antwortete: «Sie bedeuten, ‹Gutes Benehmen, o Gott›.»

Diese Übersetzung war absolut treffend. Sich in bester Weise benehmen, da man für Gott stets sichtbar ist. Gott ist nah, Er ist bereit zu vergeben und das Gute zu fördern. Seine Zeichen, sagte der Shaikh, sind für alle zu sehen, die ihre Augen öffnen können. Alles in Allahs Schöpfung bewegt sich auf seine Verfeinerung und volle Entfaltung zu.

Soweit also die Kuchen-Belehrung – eine Lehre von der Verfeinerung, von der Austreibung der Nafs, gegeben vom Shaikh, einem der immer seltener werdenden Menschen von wahrer spiritueller Feinheit. Einem Menschen, der wahrhaft zu leben versteht und in Frieden mit sich selbst und der Schöpfung seinen Weg geht. Der zu schmecken und zu genießen versteht, aber den Dingen der Welt nie verfällt – nur der Gottesliebe. Der den Durst des wahren Menschen kennt, der tief aus dem Becher der Ekstase getrunken hat und geschüttelt wird und bebt.

9. Die Fischglas-Trilogie

I

Im Spätherbst eines meiner ersten Jahre auf dem Pfad, lange vor der Kuchen-Lektion, ging es für mich und etliche andere um ein großes, scheunenartiges und schon ziemlich baufälliges Gebäude, das in einer Ecke des Tekiya-Grundstücks stand. Dieses Gebäude war Ursprung und Symbol einer ganzen Reihe von miteinander verbundenen Unterweisungen, die sich über etliche Jahre meiner spirituellen Reise erstreckten und auch noch mein Ringen um jene spirituelle Verfeinerung einbezogen, die man Adab nennt.

Die Unterweisungen hatten meist mit Dingen zu tun, an denen die Schüler des Shaikh gemeinsam beteiligt waren. Wie Seefische durchzogen wir diese Wasser der Unterweisung in Schulen, irgendwie miteinander verbunden in diesem Lernprozeß, doch zugleich jeder auf sich selbst gestellt. Unter der Anleitung und Obhut unseres Lehrers wurden diese Belehrungen so klar wie ein Goldfischglas.

Der Shaikh hatte einem der Derwische die Anweisung gegeben, das Gebäude einzureißen. Ein paar Tage später lag es als ein gigantischer Bretter- und Balkenhaufen da.

«Was noch als Bauholz zu gebrauchen ist, wird aufgehoben», ordnete der Shaikh an. «Der Rest wird verbrannt.»

Das war eine Aufgabe, vor der einem der Mut sinken konnte. Viele der Balken waren so schwer, daß man etliche Männer brauchte, um sie auch nur anzuheben. Zudem lagen sie unter Bergen von Schutt und Bruchholz, das teilweise auch noch an ihnen festgenagelt war. Dennoch machten wir uns natürlich an die Arbeit, und bald flackerte ein großes

Feuer etwas abseits der Abbruchstelle. Es brannte praktisch rund um die Uhr, und wer von uns zur Tekiya kam, der hatte immer etwas zu tun. Dieser Holzhaufen hatte etwas Unerschöpfliches, und in den ersten Monaten bestand der Eindruck, daß er überhaupt nicht kleiner wurde. Der Winter kam, und auch an den kältesten Tagen brannte das Feuer, ging die Arbeit am Holzberg weiter. Einmal war der Shaikh zugegen und stand neben dem Trümmerhaufen auf einer Schneewehe. In sein schwarzes Derwischgewand gehüllt, vor der blendenden Weiße des Schnees, schaute er still in die Flammen, während wir arbeiteten.

Nach wie vor entgeistert von der Unerschöpflichkeit dieser Holzhalde, auf der ich stand – Bretter, wohin man schaute –, murmelte ich vor mich hin: «Wo soll man bloß anfangen, und wie soll man das je alles verbrennen?»

«Sie fangen da an, wo Sie sind», sagte der Shaikh lächelnd, «und arbeiten mit dem, was vor Ihnen ist. Irgendwann kommen Sie dann ans Ende.»

Wir lachten, und ich arbeitete weiter. Aber diese Bemerkung ging mir doch nicht aus dem Sinn, und der Holzhaufen bekam eine ganz neue Bedeutung. Nicht lange danach war ich wieder einmal mit einigen anderen dort beschäftigt. Wir hatten ein großes und sehr unhandliches Stück ins Feuer zu werfen. Drei von uns warfen es schließlich, und als es richtig landete, lachten wir erleichtert, und jeder freute sich ein wenig über die gelungene Zusammenarbeit.

Einer der Derwische sagte in dieses Lachen hinein: «Diese Holzstücke sind wie Nafs (Ego-Begierden). Was wir hier äußerlich ins Feuer werfen, entspricht dem, was wir von unserem inneren Nafs-Haufen rauswerfen müssen.»

Das war, wie ich sofort begriff, nur allzu wahr, und das Schweigen, das sich ringsum ausbreitete, war sicher ein Zeichen dafür, daß jeder in seinem Herzen diese Wahrheit bestätigte. Dieses Erlebnis und die so unverblümten Worte des Shaikh verwandelten die Holzhalde in einen Schatz, einen Quell der fortgesetzten Belehrung. Sooft ich jetzt kam, lernte ich etwas. Ich gewann Einblick in das Ringen anderer Murids und sah die Übereinstimmungen mit meinem eigenen Kampf. Außerdem lernte ich durch das Hand-in-Hand-Arbeiten mit anderen Suchern die Grundbegriffe des Miteinanders und des gegenseitigen Verständnisses. So verschieden nahmen die einzelnen die Herausforderung des Holzhaufens an, und indem ich all das beobachtete, erfuhr ich viel über mich selbst.

Eines der seltsamsten Erlebnisse in dieser Zeit hing mit den Hartholzbalken zusammen, die aufgehoben werden sollten. Der Shaikh hatte uns angewiesen, sie an die Grundstücksgrenzen zu tragen und dort als Einfassung auf Steine oder Holzblöcke zu legen. Aus manchen wurden auch Bänke, die an verschiedenen Stellen des Geländes stehen sollten. Auch diese Aufgabe schien wegen des Gewichts der Balken nicht zu bewältigen zu sein, und sooft es uns gelang, einen Balken auch nur ein kleines Stückchen fortzubewegen, feierten wir das als einen großen Erfolg. Im Laufe der Wochen brachten wir die Sache durch Schieben, Hebeln, Rollen und Ziehen allmählich voran, und etliche dieser riesigen Balken lagen nun als Einfassung da.

Im späten Frühjahr schaute der Shaikh uns einmal bei der Arbeit zu. Das Feuer brannte noch und einige von uns kämpften mit einem Balken. «Solch einen Balken sollte einer allein bewegen können», sagte er. «Und wenn Sie es richtig anstellen, werden Sie sehen, wie es geht.»

Wir lächelten ungläubig, aber doch ein wenig unsicher. Wir überlegten vergeblich, wie es wohl anzustellen sei, aber schon allein dadurch, daß wir gehört hatten, es sei möglich, erschien die Arbeit uns leichter. Als wir dieses Nachdenken und Zögern aufgaben und einfach drauflos arbeiteten, ging alles glatter und schneller.

Einen oder zwei Tage später kamen wieder einige Schüler zur Arbeit und stellten fest, daß einige der schwersten Balken als Bänke aufgestellt waren, und zwar teilweise in ganz beträchtlicher Entfernung vom Holzhaufen. Wir dachten schon, der Shaikh habe sich hier zu schaffen gemacht, aber er war in der Zwischenzeit nicht dagewesen.

Später stieß noch einer der Derwische zu uns, um bei der Arbeit zu helfen, und wir fragten ihn. «Das war ich», sagte er in ruhiger und ungekünstelter Bescheidenheit. «Ich habe ausprobiert, was der Shaikh gesagt hat, und es ging.»

Wir überschütteten ihn mit Fragen und wollten alles ganz genau wissen.

«Eigentlich ist es ganz einfach», sagte er, «aber es läßt sich nicht ganz erklären. Ihr müßt überzeugt sein, daß es möglich ist, dann aufhören zu denken – und anpacken. Dann kann man mit wenig Aufwand eine ganze Menge erreichen, aber mehr weiß ich auch nicht.»

Diese Initiative des Derwisch inspirierte uns zutiefst. Niemand sprach zwar seine Bewunderung offen aus, aber die großen Augen in unseren hilflos grinsenden Gesichtern sagten genug. Ich nehme an, daß jeder der anwesenden Schüler sich dann irgendwann heimlich und allein mal zum Holzhaufen geschlichen hat, um sich an einem der Riesenbalken zu versuchen. Ich jedenfalls tat es, aber ich will es dem Leser überlassen, sich vorzustellen, was ich für ein Bild abgab dort in der stillen Dunkelheit der Nacht bei den Balken. Ich verschweige auch, ob ich den Balken heben konnte oder nicht, will dafür aber von zwei größeren Entdeckungen sprechen, die beide mehr oder weniger ein Produkt meiner Anstrengungen waren: die erste war die tiefere Bedeutung des Selbstkonfrontation, des inneren Ringens, und die zweite war *La haula wa la quwwata illa bi'llah* – «Es gibt weder Kraft noch Stärke außer dem Allmächtigen Gott, Preis sei Ihm».

Das Feuer brannte mit Unterbrechungen ein Jahr lang. Ich habe noch die rote Glut vor Augen, wie sie durch die weißen Winternächte strahlte. Tausende von Meditationen brachte dieses Feuer hervor – und eines Tages war es weg. Das Glühen und Flackern, von einem einsamen Derwisch in der Nacht gehütet, war nicht mehr da. Alles war jetzt dunkel, wenn ich nachts von der Tekiya hinüberschaute, aber die Sterne standen natürlich noch am Himmel, und das Feuer, das wir einst an den Holzstoß gelegt hatten, glühte nun still in meinem Herzen weiter.

II

In meiner Anfängerzeit auf dem Pfad gab es immer irgendwelche Arbeiten zu verrichten, wohin ich auch blickte. Nachdem wir die alte Scheune eingerissen hatten, dachte ich, jetzt werde wohl viel weniger zu tun sein, und man könne sich mehr dem Zikr widmen und spirituellen Darlegungen (*Muhabbat*) lauschen. Wie gern hätte ich Stunde um Stunde mit dem Shaikh gesessen, in mystische Lehren versunken, Zikr übend, *Qasidas* (sprirituelle Vierzeiler) sprechend – bis es mich irgendwann davontragen würde ins Reich kosmischer Ekstase. Leider täuschte ich mich da sehr und mußte bald erfahren, daß der mystische Pfad eine sehr holprige Straße ist, auf der man sich größtenteils unter Mühen fortbewegt und die nur manchmal, wenn Gott barmherzig ist, auch selige Augenblicke bietet, die einem wieder Zuversicht geben.

Nach dem ersten Winter der Holzhaufen-Ära legte die Schneeschmelze eine unglaubliche Menge von Gerümpel bloß, das wir bei der Arbeit an der eingerissenen Scheune übersehen hatten. Unter diesen nutzlosen Dingen befand sich auch ein kleiner einachsiger Anhänger aus Holz. Von den beiden uralten Reifen war einer schon lange platt. In einer anderen Ecke des Grundstücks, dicht bei der Tekiya und nicht allzu weit vom Holzhaufen entfernt, stand ein kleines Aborthäuschen, das nur von Schülern benutzt wurde. Es stand dort unauffällig und nett anzuschauen in einer kleinen Baumgruppe. Als nun der Frühling kam und mit der allgemeinen Erneuerung auch unser Elan wieder wuchs, entdeckte der Shaikh das sofort und wußte es nutzbringend anzuwenden. Zuerst ließ er uns das alte Gerümpel wegräumen, und das war in ein paar Tagen geschehen. Brennbares wurde ins Feuer geworfen, Metall zerkleinert und von einem der Derwische in seinem Lastwagen abgefahren.

Später rief der Shaikh ein paar von uns zu sich und teilte ihnen eine neue Aufgabe zu. «Wir müssen das Häuschen versetzen», sagte er. «Vielleicht nützt uns der Anhänger dabei.»

Ein unterdrücktes Lachen zeigte an, daß niemand von uns dem Anhänger noch viel Nützlichkeit zutraute. Nie und nimmer wäre irgendeiner von uns, mit Ausnahme eben des Shaikh, auf den Gedanken verfallen, diesen alten Anhänger noch zu benutzen.

«Sie haben einen schwachen Glauben», sagte der Shaikh, als wir den Anhänger zu schieben begannen und erstaunt feststellten, daß er keineswegs auseinanderfiel, sondern sich sogar bewegen ließ. Er war viel stabiler, als wir dachten, aber das zerstreute unsere Zweifel nicht. Als es uns schließlich geglückt war, ihn bis zum Aborthäuschen zu schieben, hatte der Shaikh uns inzwischen dreimal auf unseren schwachen Glauben aufmerksam gemacht. In derselben Zeit hatte der Hahn unseres Zweifels allerdings mindestens tausendmal gekräht.

«Wir müssen das Häuschen auf die andere Seite des Grundstücks versetzen», sagte der Shaikh und zeigte auf das Gelände jenseits des Weges.

Irgendwoher, niemand konnte sich später an den Ursprung erinnern, kam die Idee auf, daß Häuschen als ganzes auf den Anhänger zu laden. Jeder von uns hätte vermutlich auf die Frage nach dem Ursprung dieser Idee gesagt: «Ich dachte, der Shaikh wollte das so», aber wenn ich mich zu erinnern versuche, fällt mir keine Anordnung oder Andeutung dieser Art ein. Ich nehme an, daß dieser Gedanke sich eher in jedem einzelnen von uns bildete. Doch woher er auch kam, er war jedenfalls plötzlich da und schloß jede andere und vielleicht vernünftigere Überlegung aus.

Wie identische Retortengestalten aus einem Science-Fiction-Film – und darin dem typischen Angehörigen unserer modernen Gesellschaft nicht unähnlich – waren wir völlig programmiert auf eine *Vorstellung* dessen, was zu geschehen hatte. Später erkannte ich, daß wir hier ein für Neulinge auf dem spirituellen Pfad typisches Verhalten an den Tag legten: Heldenhaft sprangen wir herzu und schlugen unser Leben in die Schanze, um dieses Monument der Altersschwäche zu retten. Wir arbeiteten mit solcher Inbrunst und Tatkraft an diesem sinnlosen Unternehmen, daß schließlich sogar unser Zweifel dem Glauben wich, der alte Verschlag sei in der Tat als Ganzes vom Grund zu lösen und auf den Anhänger zu verladen. Wir schoben den Anhänger mal hierhin, mal dahin, um herauszufinden, wo er am dienlichsten sei. Da keine Zimmerleute unter uns waren, hatten wir stundenlang allein damit zu tun, das Häuschen von seinem Fundament zu lösen. Als das geschafft war, mußten wir feststellen, daß die Bäume uns beim Verladen auf den Anhänger im Weg waren, und standen vor der Wahl, entweder die Bäume oder den Abort zu zersägen.

Dann schafften wir es wunderbarerweise trotzdem, das eine Ende des Häuschens auf die Ladekante zu legen. Unter unendlichen Mühe gelang es dann sogar, es ganz auf den Anhänger zu schieben, doch dieser Triumph hielt nicht lange vor, denn es zeigte sich, daß das Gefährt nun zu schwer war, als daß wir es über das etwas geneigte Gelände hätten hinaufschieben können. Nun senkte sich endgültig das betretene Schweigen der Ausweglosigkeit über uns. Doch wir rafften uns noch einmal auf und begannen wild zu schieben und zu ziehen. Nichts. Mit einer letzten gewaltigen Anstrengung warfen wir uns gegen das Gefährt, doch das entlockte dem Häuschen nur ein sehr lautes und müdes Krachen. Der Anhänger bewegte sich keinen Zentimeter.

Der Shaikh hatte uns die ganze Zeit zugeschaut.

Plötzlich sprang einer der Derwische auf das Häuschen zu und fing an, es in methodischer, stummer Wut auseinanderzureißen.

«*Alhamdulillah!*» rief der Shaikh. «Ich dachte schon, Sie würden nie darauf kommen.»

Sofort wich die verkrampfte Anspannung aus unseren Gesichtern, und wir seufzten erleichtert auf. Die Stimme des Shaikh machte uns alle wieder ruhiger.

«Aber ich weiß trotzdem nicht», sagte der Derwisch zum Shaikh, «wie Sie wissen können, wann etwas abzureißen ist und wann nicht.»

«Das ist einer der Gründe dafür, daß ich der Shaikh bin», lautete die Antwort. «Wenn ich es nicht wüßte, könnte ich keine Murids machen. Lassen Sie es mich an einer Geschichte verdeutlichen.»

Er erzählte uns die Geschichte von den Hirschen und den Wölfen. Ein paar Hirsche befanden sich am Rand einer Schlucht, die so breit war, daß keiner von ihnen je freiwillig den Versuch unternommen hätte, hinüberzuspringen. Dann merkten sie aber plötzlich, daß sie von Wölfen umzingelt waren, entdeckten Kräfte in sich, die sie sich niemals zugetraut hätten, und sprangen hinüber.

«Das ist eine Geschichte vom ungenutzten Potential des

Menschen», sagte der Shaikh. «Er besinnt sich erst darauf, wenn es um Leben und Tod geht.»

Wir sammelten die Überreste des Aborthäuschens auf und warfen sie ins Feuer. Das Dach und einige der Bretter schienen noch brauchbar zu sein, und so legten wir diese Teile auf den Anhänger und schoben ihn hinüber zu dem neuen Standort. Der Shaikh befragte uns immer wieder über den Wert des Daches. Was er sagte, wurde mir damals nicht recht klar, aber als ich es mir später eingehender vergegenwärtigte, verstand ich.

Er sagte: «Denken Sie daran, daß der Anhänger Ihr Islam (völlige Hingabe an Gott) und das Haus Ihre Shari'ah (Gottesgesetz) ist. Und bedenken Sie die Worte des Propheten Jesus, Friede sei mit ihm, über das Haus, das auf Sand gebaut ist; aber Vorsicht: Auch auf Felsen kann man ein schwaches Haus bauen.»

Wieder wurde es sehr still in uns. Alle waren betroffen von der Klarheit und Weisheit des Shaikh. Seine Worte breiteten sich mit der Wärme und dem tiefen Leuchten der untergehenden Sonne in uns aus.

Er lächelte und fuhr fort: «Wann etwas abzubrechen ist, stellt man aufgrund von genauer Beobachtung fest. Genaue Beobachtung hätte uns deutlich gezeigt, daß dieses Häuschen seinen Dienst getan hat. Jetzt müssen wir ein neues bauen, und zwar kein behelfsmäßiges, denn solange es Schüler gibt, wird man auch ein Häuschen brauchen.»

Wir vollzogen die Waschungen und betraten die Tekiya. Drinnen versammelten wir uns schon vor dem Ruf zum Gebet und hörten dem Shaikh zu. Er sprach diese wenigen Worte, über die ich monatelang nachsann: «Vereint, fallen wir; getrennt, stehen wir.»

III

Nach der Holzhaufen-Ära, aber noch in meiner Anfängerzeit, saß ich einmal in der Tekiya und dachte über mein Leben nach. Es war Spätsommer, die letzten Tage des Ramadan. Etliche Murids und Derwische waren zum *Itikaf* zusammengekommen, der Periode der Einkehr in den letzten Zehn Tagen der Fastenzeit. Auch der Shaikh war zugegen, und er hatte für einige Schüler frische weiße Tücher bereitgelegt, die als Umhang getragen wurden, wie er selbst es gelegentlich auch tat, wenn sein Derwischmantel nicht zur Verfügung stand. Einer, der an diesen Tagen der Klausur teilnimmt, wird *Mutakif* genannt; er hat in diesen Tagen zu schweigen und sich über das Fasten hinaus den Werken seiner Gottesdienerschaft (*'Ibadat*) zu widmen, vor allem Gebet, Koranstudium und Zikr.

Ich war unter den Trägern des weißen Tuchs und bemühte mich, der Bedeutung dieser Entwicklung inne zu sein – aber nur für einen Moment. Ein Anflug von Stolz lenkte mich von diesen Gedanken ab; ich identifizierte mich doch ziemlich mit dem Shaikh und fühlte mich geehrt, wenigstens in dieser kleinen Äußerlichkeit wie er zu sein. Dann hoffte ich aber auch, in diesen Tagen werde sich ein kleiner Teil seiner tiefen Frömmigkeit und Gottesliebe in meinem Herzen widerspiegeln. Der weiße Umhang war das Symbol dieser Hoffnung, und so richtete ich mich innerlich ganz auf das Schweigen aus für diese Tage, in denen nichts weiter vorgesehen war als Gebet und Meditation. Die Moschee der Tekiya würde meine Höhle von Hira sein.

In diesen Tagen verließ ich am Nachmittag einmal das Haus, um spazierenzugehen. Draußen war es klar und sonnig, und eine leichte Brise wehte aus Südwest. Ich kam an der Stelle vorbei, wo die alte Scheune gestanden und das Feuer gebrannt hatte. Die verschiedensten Gräser und Wildpflanzen waren hier inzwischen hoch aufgeschossen, nur an der alten Feuerstelle nicht. Asche und verstreute Kohlestückchen lagen hier noch in weitem Umkreis. Der Holzberg stand mir wieder lebhaft vor Augen, der uns so unerschöpflich erschienen war – jetzt spurlos verschwunden. Ob ich wohl auch je ein solches Verschwinden erleben würde, nach langem Ringen mit meinem niederen Ich, verzehrt vom tosenden Feuer der Liebe?

Diese versonnenen Gedanken wurden unterbrochen durch den Shaikh, der zuerst den Wildwuchs betrachtete und dann mich anschaute. Er machte mit den Händen die Bewegung des Mähens und deutete dann auf eine Sense, die ganz in der Nähe auf dem Boden lag. Ich folgte seinem Wink, hob sie auf und begann sie zu schwingen. Ich arbeitete wortlos, und der Shaikh sah zu. Schon nach dem ersten oder zweiten Schwung war plötzlich ein Gefühl von *déja vu* da. Das Fallen des Unkrauts enthielt wieder dieselbe Lehre wie das Einstürzen der Scheune vor fast einem Jahr. Mein Kampf war also nicht zu Ende mit dem Aufräumen der Holzhalde und der riesigen Balken: Nach der Bereinigung der gröberen persönlichen Fehlhaltungen und Fehlhandlungen (*Haram*), wenn also die großen Ego-Begierden überwunden sind, kommen unscheinbarere Ego-Begierden ans Licht wie aufkeimendes Unkraut.

Nach kurzer Zeit hatte ich schon eine ganze Menge Unkraut abgemäht, aber sehr viel mehr stand noch da, und eine leise Regung von Unmut wallte auf, als ich mir überlegte, wie lange ich wohl zu tun haben würde, wenn ich die Arbeit allein machen mußte. Ich sah den Shaikh in der gleichen Ratlosigkeit an wie damals auf dem Holzberg, doch dann fiel mir ein, was er gesagt hatte: «Sie fangen da an, wo Sie sind, und arbeiten mit dem, was vor Ihnen ist. Irgendwann kommen Sie dann ans Ende.»

Ich mußte über mich selbst schmunzeln und ließ das Denken sein und arbeitete einfach weiter.

Dann kamen weitere Schüler aus dem Haus, um die Sonne zu genießen und in der Nähe des Shaikh zu sein, und er lenkte sie wortlos in Richtung Unkraut. Bald waren wir eine stattliche Mannschaft. Manche gruben Wurzeln aus, andere mähten, und wieder andere trugen das Abgemähte auf einen Haufen zusammen, wo es trocknen sollte, um später angezündet zu werden. Wir arbeiteten in stiller Harmonie, und wieder kam diese köstliche Freude auf, die ich schon einmal empfunden hatte. Wieder einmal hatte der Shaikh uns die Früchte des Teilens und Miteinanders gezeigt und ohne ein Wort die Liebe innerhalb der Gruppe bestärkt. Sehr bald war der ganze Platz geräumt und gesäubert und eine der letzten unansehnlichen Stellen auf dem Gelände beseitigt. Bis dahin aber hatten sowohl die alte Scheune als auch die Unkräuter uns etliche Lehren erteilt, von denen ich die nennen möchte, die mir als die klarsten erschienen:

Zuerst lernte ich etwas über die Natur von falscher Frömmigkeit und ehrlicher Arbeit. Mein Zikr war beim Mähen viel ehrlicher und tiefer als vorher im weißen Umhang. Als ich ihn später wieder anlegte, trug ich ihn mit etwas mehr von der Demut, die ihm gebührte. Sehr häufig, wenn ich in frommer Absicht – zum Zikr oder Muhabbat – in der Tekiya erschienen war, hatte ich dann statt dessen irgendeine Arbeit zu tun gehabt. Mir fiel auch ein, daß unser gemeinschaftlicher Zikr in der ersten Zeit ziemlich schaurig geklungen hatte, dann aber immer wohlklingender geworden war, je mehr wir durch einsames oder gemeinsames Ringen und Arbeiten zusammenwuchsen. Zweitens erfuhr ich hier wieder einmal etwas über meinen Mangel an Vertrauen (*Tawakkal*). Allah offenbarte mir unaufhörlich, daß Er alles in der Hand hat, doch solange ich mich zu sehr auf mein eigenes Denken verließ, konnte ich das nicht erkennen. Für gewöhnlich kam ich erst dann voran, wenn ich losließ. Und schließlich bekam ich eine kurze, aber sehr wichtige Lektion über Selbstläuterung: Haram (unrechtes Handeln) und seine Überreste sind das Unkraut des Ich. Man muß sie nicht nur abmähen, sondern ihnen an die Wurzel gehen.

Epilog

Allzu schnell ging das Itikaf zu Ende und mit ihm der Monat des Ramadan. Eine stillere Zeit folgte, und dann versammelten wir uns im Spätherbst in der Tekiya wieder einmal zu einem der Vorträge des Shaikh. Er sprach über 'Amal (Arbeit) und beschrieb uns die Beziehung zwischen 'Amal und der Glaubensverfassung des Suchers.

«'Amal muß dem Glauben vorausgehen», sagte er. «Ihr Glaube entwickelt sich zur Gewißheit. So sagt auch Allah im Koran: ‹Wahrlich, ihr werdet von einem Zustand in den anderen versetzt.›»

Der Shaikh hatte schon häufig über 'Amal gesprochen. Bei dieser besonderen Gelegenheit jedoch klang in meinem Gedächtnis eine gar nicht so weit zurückliegende und doch fast vergessene Erfahrung zu diesem Thema an. Was der Shaikh damals gesagt hatte, ist eigentlich die zentrale Lehre der Trilogie. Jede dieser drei Geschichten erzählt, wie der Shaikh seine Schüler durch irgendeine eher weltliche Situation zum Verständnis eines sehr wichtigen Punktes führte.

An einem Abend vor dem Beginn des Ramadan waren wir mit dem Shaikh in der Tekiya zusammengewesen. Es war schon spät, und der Shaikh begleitete jemanden, der aufbrechen wollte. Wie es üblich war, gingen wir mit den Weg von der Tekiya hinunter zur Straße, wo die Autos standen. Unterwegs wurde noch eifrig diskutiert, und wir stellten dem Shaikh etliche Fragen. Irgendwann fragte er uns, ob wir Kafkas Erzählung «Ein Bericht für eine Akademie» gelesen hätten. Da keiner von uns sie kannte, gab er uns eine Inhaltsangabe. Die Geschichte wird von einem Affen erzählt, der im Dschungel eingefangen und auf ein Schiff gebracht wurde, weil er für Hagenbecks Tierpark bestimmt war. Die Erzählung beginnt damit, daß der Affe, korrekt gekleidet, am Rednerpult der Akademie der Wissenschaften steht. Er berichtet, wie er gefangen wurde und in qualvoller Enge in einem Käfig im Zwischendeck des Schiffes leben mußte. Verzweifelt suchte er nach einem Ausweg, fand aber keinen. So faßte er schließlich den Entschluß, so zu werden wie seine Häscher und dadurch diesem Schicksal zu entgehen. In seinem Käfig fing er an, ihre Laute und Bewegungen nachzumachen. Das trug ihm das Interesse der Schiffsbesatzung ein. Als das Schiff seinen Bestimmungsort erreichte, hatte der Affe sich bereits einen Großteil des Wissens dieser Leute angeeignet. Bald lernte er sogar sprechen, und als er in Hamburg in die Hände kundiger Dresseure gelangte, stand er bald vor der Alternative: Zoo oder Varieté. Er wählte letzteres, denn er wollte nicht im Käfig leben. Er lernte eifriger, als wohl je ein Mensch gelernt hat, und hatte sich innerhalb von fünf Jahren die Durchschnittsbildung eines Europäers angeeignet. So hatte er schließlich praktisch die Spezies gewechselt. Und warum? Seine Antwort: «Ach, man lernt, wenn man muß; man lernt, wenn man einen Ausweg will; man lernt rücksichtslos.»

«Bei dieser Geschichte geht es um 'Amal, um das Handeln», sagte der Shaikh. «Wenn man den Punkt erreicht, wo einem keine Wahl bleibt und man etwas tun muß, kann Erstaunliches vollbracht werden.»

Er sprach auch von Wissen (*'Ilm*) als etwas, das man suchen sollte. Er sprach von unserem ungeheuren Potential, das größtenteils ungenutzt sei – und daß ungenutztes Gehirn schließlich zu amorpher Gewebemasse wird.

«Nur wer 'Ilm *hat*, kann sagen, daß es nicht gesucht werden muß», sagte er.

Schließlich sprach er über Trägheit und Faulheit und nannte sie die schlimmsten Hindernisse für 'Amal. Hier darf wohl erwähnt werden, daß er berufen war, so zu sprechen, denn er war nicht nur ein Meister des tieferen Wissens und der inneren Wirklichkeit, sondern auch ein Meister des äußeren akademischen Wissens und der Wissenschaften.

«Der Pfad des Tasawwuf, der mystische Pfad, ist kein Pfad für die Faulen», sagte er. Er tadelte uns, weil wir den Koran nicht lernten, und fragte uns wahrhaftig, wie viele Suren wir schon beherrschten, «Suren auswendig zu lernen», sagte er, «das öffnet andere Teile des Bewußtseins. Machen Sie sich bitte klar, daß Allahs Gaben, wenn wir sie mißbrauchen oder, schlimmer noch, gar nicht gebrauchen, verfallen.»

Er zitierte den Vers aus der *Surat-ul Baqara* über jene, die an Gott zu glauben vorgeben, aber in Wirklichkeit nicht glauben. «Diese Art von Glauben gehört in die Moschee oder in die Kirche, aber nicht zum Tasawwuf.»

Oft hatte ich den Shaikh die folgenden Worte von Shaikh Tussi zitieren hören:

Erst wenn die letzte Moschee unter der Sonne
in Trümmern liegt, wird unser Werk getan sein.
Und der wahre Gläubige wird erst erscheinen in der Welt,
wenn Glaube und Unglaube eins sind.

Zum erstenmal erahnte ich den Sinn dieser bestürzenden Aussage: Allen halbherzigen Glauben ablehnen, der sich nur auf Äußerlichkeiten, aber nicht auf inneres Erkennen stützt – damit man nicht ein Heuchler wird, der in Gegenwart anderer Gläubiger zu glauben vorgibt, in anderer Umgebung und unter anderen Menschen aber etwas anderes sagt.

Weiterhin zum Thema «Trägheit und 'Amal» erzählte der Shaikh uns von Hazreti Umar, möge Gott Seine Freude an ihm haben, der einmal einige Männer unter einem Baum schlafen sah.

«Seid ihr Muslime?» fragte er sie.

«Ja.»

«Wenn ihr Muslime wäret», sagte Umar, «dann würdet ihr das Feld dort drüben pflügen oder im Garten arbeiten, aber sicher nicht schlafen.»

«Zwei Dinge», sagte der Shaikh, «die der Prophet für die Seinen fürchtete, waren dicke Bäuche und Trägheit. Im Ramadan sollten Sie daran denken. Machen Sie die Nacht nicht zum Tag. Essen Sie einfacher. Und wenn irgend etwas schiefgeht, sollten Sie einfach *Alhamdulillah* sagen. Hüten Sie sich vor Trägheit», wiederholte er und drohte mit dem Finger. «Die Menschen in der Wüste reisten mit Karawanen durch die Hitze und arbeiteten Stunde um Stunde auf den Feldern.

Seien Sie sanft und freundlich im Ramadan und verzeihen Sie. Lassen Sie Ihr Gesicht lächeln und frei von Spannung sein. Aber denken Sie stets an die Geschichte von 'Amal und dem Affen. Hören Sie gut zu; ich möchte, daß Sie das nie vergessen.»

10. Die dritte Reise

Die leichteren Tage meiner Reise auf der Tariqat (Pfad) ver-
gingen ebenso schnell wie die herrlichen Jahre der Kindheit.
Wie die ewig wiederkehrenden und vergehenden Jahreszeiten
kamen und gingen die Lektionen und Unterweisungen. Bei
all diesen Lektionen, mochten sie noch so komplex sein und
sich über lange Zeiträume hin entfalten, kam irgendwann die
Zeit, wo ihre Tage in Nächte übergingen, in denen ich für
mich allein dasaß und in mein Inneres schaute. Ich liebte die-
ses Lernen, wie ich die Süße des Flieders genoß, der den Weg
auf dem Tekiya-Grundstück säumte. Dieser Duft wurde
wohl durch die lange Wartezeit des Winters so besonders süß,
und allzu schnell geht er dann im Frühjahr wieder zu Ende.
So zart und süß und flüchtig war auch der Duft, der manch-
mal für einen Augenblick mein Herz erfüllte.

Wie schon so oft dehnten sich Wochen zu Monaten, in
denen keine Begegnungen mit dem Shaikh stattfanden. Er
war zu Anfang des vergangenen Winters in eine andere Stadt
gezogen. Danach war es, als fiele ich in eine lautlose Leere –
lange Tage der Stille, abgesehen vom Lärm der weltlichen
Dinge. War der Shaikh dann aber doch einmal da, so kam ich
sofort an die Oberfläche meines inneren Ozeans. Sooft ich
auch den Trennungsschmerz zu erdulden hatte, wenn er kam,
war die Freude immer gleich groß, und sein Lächeln, seine
milde Weisheit, ließen mich alle äußeren Dinge und Sorgen
vergessen. Das große Herz dieses Mannes war wie ein Mond,
der das strahlende *Nur*, das Licht Muhammads, widerschei-
nen ließ und vor meine Füße auf den Pfad der Wahrheit warf.

An einem kalten und klaren Freitagnachmittag machte der
Shaikh sich auf eine längere Reise. Es war Anfang Januar. Er

hatte an dem Tag noch zu uns gesprochen und mehrmals die Bedeutung der Liebe zum Propheten und seiner geistigen Familie (*Ahlil bait*), seinem «Haus», hervorgehoben. Er sagte auch ganz klar, daß spiritueller Fortschritt unmöglich sei ohne Tawakkal, ohne Vertrauen auf Gott allein. Er hatte schon oft über Tawakkal gesprochen, doch diesmal war es irgendwie anders und neu – oder ich hörte anders und neu. Am meisten betroffen war ich von seinen Abschiedsworten, die all das auf den Punkt brachten, was er uns zu lehren versuchte. Am Abend trug ich in mein Tagebuch ein:

Der Shaikh fuhr heute ab. Als er schon im Wagen saß, drehte er das Fenster herunter und sagte zu uns: «Bisher waren Sie durch Gottes Einverständnis in meiner Obhut, jetzt überlasse ich Sie seiner Obhut. Ihr Tawakkal gilt einzig und allein Ihm.»

Er entbot uns seine Abschieds-Salaams, wünschte uns Frieden und Gottes Segen und fuhr mit offenem Fenster los. Die Herzen aller Schüler zogen ihm nach wie die Blechdosen, die man an das Auto Frischvermählter bindet. Wir waren gewiß nicht weniger leer in diesem Augenblick und ebenso voll vom klappernden Getöse des Verlusts. Wir wußten zwar, daß wir auch weiterhin seine Anleitung erhalten und ihn von Zeit zu Zeit sehen würden, aber uns war auch klar, daß manches anders sein würde, als wir es kannten. Irgendwie kamen wir zurecht, und die Monate vergingen, und fast ein wenig überrascht stellte ich fest, daß der Fliederduft gekommen und vergangen war und Ramadan schon wieder vor der Tür stand.

Es herrschte in diesem Jahr erwartungsvolle Spannung im Kreis der Schüler, denn es war von einem ganz besonderen Gast die Rede. Ein hoher Shaikh aus einem anderen Land, ein Hafiz, der den gesamten Koran auswendig beherrschte, würde für die Dauer des Fastenmonats bei uns sein.

Ich wußte noch nicht, von welch großer Bedeutung dieser Besucher für mein Ringen um Tawakkal sein würde. Mein Shaikh hatte zu mir über diesen Mann gesagt: «Ich bin es kaum wert, diesem Mann auch nur die Schuhriemen zu binden. Ein Herz wie seines, das solche Geheimnisse birgt, kann nicht anders, als Allah zu lieben.»

Etwa zehn Tage vor dem Beginn des Ramadan, als wir die Ankunft unseres Gast-Shaikh Ahmet erwarteten, hatte ich das Glück, ihn zusammen mit zwei anderen Derwischen auf dem Flughafen empfangen zu dürfen. Dieser Mann war bemerkenswert bescheiden und unauffällig und von zutiefst natürlicher Demut. Er trug einen schlichten, aber gut geschnittenen Anzug, und seine Augen waren Seen der Wärme und Güte. Sein Lächeln war ansteckend, sein Bart sehr gepflegt und vollkommen weiß. Seine Hand war mit den Gebetsperlen beschäftigt, sein Herz so voller Liebe, daß jeder, der darauf achtete, es spüren konnte. Ich begrüßte ihn und reichte ihm die Rose, die ich mitgebracht hatte. Er erwiderte meinen Gruß, nahm die Rose behutsam entgegen und wandte sich dann nach seinem Gepäck um. Die Derwische holten es, und wir brachen auf zur Tekiya. Dort hatten sich alle Schüler versammelt, um den Gast willkommen zu heißen. Wir sprachen die Gebete und tranken Tee. Nach kurzem Gespräch führten wir den Shaikh zur Nachtruhe in sein Zimmer.

Einige Tage danach kam ich wie gewohnt in die Tekiya, um eine Nacht in *Khalwat* zu verbringen – in stillem Gebet und Meditation und Gedenken an Gott. Ich war an diesem Abend ein wenig früher als sonst losgefahren, da die Schüler ein gemeinsames Abendessen mit Shaikh Ahmet geplant hatten. Da ich unterwegs merkte, daß ich nicht rechtzeitig ankommen würde, hielt ich an, um meine Abwesenheit zu entschuldigen, doch das Essen war inzwischen auf einen späteren Zeitpunkt verschoben worden. Bei der Tekiya angekommen, ging ich den Weg hinauf, und als ich um die Hausecke kam – sah ich meinen Shaikh im Gespräch mit einem anderen Schüler. Überglücklich lief ich hin zu ihm und begrüßte ihn. Er küßte mir das Gesicht und gab mir seinen Segen. Später gingen er und ich noch allein ein paar Schritte, und er stellte mir etliche Fragen über meine schriftstellerische Arbeit. Er sagte, ich solle genau achtgeben auf die Ereignisse während des Ramadan. Ich erzählte ihm von dem geplanten Essen, und wir verließen zusammen mit Shaikh Ahmet die Tekiya, um an dem Mahl teilzunehmen. Es war ein wunderbarer Abend, und jedermann wurde das Herz ein wenig leichter bei all den Köstlichkeiten und dieser guten Gesellschaft. Später am Abend kehrten wir zu Gebet und Zikr in die Tekiya zurück. Nach dem Muhabbat mit den Shaikhs brachen einige von uns auf, während andere zu den Gebeten und Meditationen des Khalwat für die Nacht blieben.

Am nächsten Morgen waren wieder etliche Schüler da, um mit unserem Shaikh sein zu können. Er ging sehr herzlich mit unserem Gast-Shaikh Ahmet um, und man sah auf den ersten Blick den vollkommenen Einklang zwischen ihnen. Ich erinnere mich an nichts mehr von dem, was unser Shaikh uns an diesem Tag sagte, aber ich weiß noch, wie froh ich war, ihn zu sehen, und wie knapp die Zeit war. Er mußte ein Flugzeug bekommen und eilte den Hügel hinunter zum Wagen – wieder einmal unsere Herzen hinter sich herziehend. Er stieg mit einem der Schüler ein, und schon war er weg.

Am nächsten Abend war es sehr still in der Tekiya. Eine Handvoll Schüler saß kurz vor dem *Isha*, dem Nachtgebet, noch mit Shaikh Ahmet zusammen. Er entschuldigte sich, stand auf und kam nach kurzer Zeit mit einem Koffer zurück. Er setzte sich wieder, lächelte und winkte uns heran. Der Koffer enthielt etliche wunderschöne Kalligraphien, ungewöhnliche Ringe, Halstücher, Gebetsperlen und schließlich einige Bücher mit sehr interessanten kalligraphischen Drucken auf dem Umschlag. Jeder von uns erhielt ein Geschenk und auch etwas für unsere Frauen. Die Kommunikation lief währenddessen reibungslos, obwohl Shaikh Ahmet kein Englisch sprach. Wir verständigten uns mit Koranausdrücken und einigen Wörtern seiner Muttersprache, Türkisch. Keiner von uns sprach fließend Türkisch, aber einige Murids besaßen Grundkenntnisse und konnten bei den Gesprächen immer wieder helfend eingreifen.

Die Bücher, die Shaikh Ahmet mitgebracht hatte, waren für uns alle höchst interessant, denn es handelte sich um praktische Bücher über den Sufismus, auf Englisch geschrieben. Diese Bücher waren während der Zeit seines Besuchs von größtem Nutzen für uns. Wenn wir versammelt waren, bat er immer wieder mal einen von uns, daraus vorzulesen. Für mich selbst besaßen die Bücher über diesen gemeinschaftlichen Nutzen hinaus noch eine ganz besondere Bedeutung. Als Shaikh Ahmet sie aus dem Koffer holte, gab er sie zuerst mir in die Hand. Ich starrte wie vom Donner gerührt auf den Namen des Autors – es war der Name des Großshaikh, der vor fünf Jahren bei meiner ersten Reise in den Mittleren Osten durch seinen Derwisch Kontakt mit mir aufgenommen hatte. Als ich das Buch aufschlug, stieß ich gleich auf der ersten Seite auf ein großes Foto, das den Großshaikh und einen seiner Nachfolger zeigte, Shaikh Nun. Von unserem Gast abgesehen, war ich an diesem Abend der einzige, der überhaupt etwas über diese beiden Männer wußte. Das Foto war das gleiche, das mir Jahre zuvor der Fremde anvertraut hatte. Es war damals eine Bekräftigung unserer Begegnung gewesen und eine Art Pfand für Dinge, die noch kommen würden. Ich hatte mit dem Fremden jahrelang korrespondiert und das Bild nur einem einzigen Menschen gezeigt, einem anderen Schüler, mit dem ich besonders tief verbunden war.

Völlig außer mir und stammelnd versuchte ich Shaikh Ahmet mitzuteilen, was ich über die beiden Männer auf dem Foto wußte. Gar nicht überrascht, schaute er mich einfach an und lächelte. Dann sgte er, Shaikh Nun werde im nächsten Jahr unsere Tekiya besuchen. Ich blickte ihm bei diesen Worten ins Gesicht und wußte mit vollkommener Sicherheit, daß hier wieder ein wichtiger Zyklus zum Abschluß kam. Und ich wußte, daß die Begegnung mit dem Nachfolger des Großshaikh eine neue Serie von Abenteuern einleiten würde.

Die Bücher trugen den Titel *Mercy Oceans*. Wahrhaftig, Gott zeigte mir bei jedem meiner Schritte, daß sein Erbarmen größer und tiefer als das Meer und voll der wunderbarsten Geheimnisse ist. Nur seiner Gnade verdanke ich, daß ich an Bord der Tariqat-Jolle kam und Segel setzte für die Fahrt zu unbekannten Orten. Zum Segler geworden, ritt ich auf den Wogen, vorangetragen von dieser Hoffnung: ein Taucher zu werden und mit der Perle aufzutauchen. Alles Lob gebührt Gott, dem Herrn aller Welten.

Shaikh Ahmet war von Anfang an völlig ungezwungen in der Tekiya zu Hause, ohne sich erst eingewöhnen zu müssen. Er war zweifellos auch auf dem Pfad Gottes zu Hause, und die Zeichen seiner Hingabe waren unübersehbar. Er wußte besser als wir um die rechte Haltung im Hause Gottes, und er erkannte sehr deutlich unsere spirituelle Verfassung und unseren gemeinsamen Entwicklungsstand. Sein Kommen hatte einen ihm selbst und unserem Shaikh sehr klar bewußten Grund, und so setzte er augenblicklich, wenn auch behutsam, ein Programm in Kraft, das ihm erlaubte, uns zu beobachten und zu fördern. Solange er blieb, leitete er die Gebete und den Zikr und füllte ganz selbstverständlich die Position des religiösen Führers aus.

Ich bemerkte, daß er wie unser Shaikh sehr wenig schlief. Er stand ganz früh auf zum Fajr, dem Morgengebet, und fand sich schon eine Stunde vor der Morgendämmerung in der Moschee ein. Er sprach dann eine Zeitlang die freiwilligen Gebete der Nacht (*Tahajjud*) und saß anschließend in schweigendem Zikr in der Gebetsnische, bis sich das erste Licht am Himmel zeigte. Dieser frühmorgendliche Zikr war für mich etwas ganz Besonderes, und danach sang Shaikh Ahmet *Ilahis*, kurze gereimte Loblieder. Tagsüber hatte er für die Zeit zwischen den Gebeten Arabischstunden angesetzt. Er hatte ein kleines, aber anspruchsvolles Koranlehrbuch für Anfänger mitgebracht, das wir vervielfältigten. Jeder Schüler wurde geprüft und erhielt dann Belehrungen, die seinem Wissensstand entsprachen. Wer noch keinerlei Kenntnisse besaß, begann mit dem Alphabet, wer das und die Grundzüge der Grammatik schon beherrschte, fing gleich mit dem Koran an.

Sooft ich an diese Zeit zurückdenke, sehe ich Shaikh Ahmet deutlich vor mir, wie er dort im Muhabbat-Raum der Tekiya saß, wo er meist anzutreffen war, wenn er nicht betete. Neben sich hatte er ein kleines Podest, auf das wir unsere Bücher legten, wenn wir zur Unterweisung vor ihm saßen, und er führte auch Buch über unsere Teilnahme. Kein Schüler oder Derwisch unseres Kreises, ob er in der Nähe wohnte oder von weither kam, entging diesem Unterricht. Das türkische Wort *yok*, das «nein» bedeutet, wurde zu unserem Lieblingswort. Shaikh Ahmet gebrauchte dieses Wort, wenn er ein «X» eintrug für jemanden, der eine Lektion versäumt hatte. Auch wir gewöhnten uns bald an, dieses Wort zu gebrauchen, wenn wir uns untereinander scherzhaft fragten, ob wir am Unterricht teilgenommen hatten. Als Shaikh Ahmet uns schon längst wieder verlassen hatte, hielt sich dieses *yok* noch bei uns, und jedesmal mußte ich lächeln.

Mit Beginn des Ramadan legte Shaikh Ahmet noch mehr Gewicht auf den Koranunterricht. Neben den Arabischstunden gab es nun auch Koranlesungen, und wie es im Ramadan üblich ist, rezitierte er jeden Tag, meist am Morgen, einen Abschnitt. Seine *Qirat* oder Vortragsweise war von klarer Schönheit, und jeden Morgen versammelten sich etliche von uns, um zuzuhören. Am Abend vor den Gebeten rezitierten wir zusammen kurze Suren des Koran oder andere Stücke. So waren unsere Tage ziemlich geschäftig, und als der Shaikh gegen Ende des Monats eine Prüfung in Gebets- und Koranrezitation ankündigte, nahmen wir das durchaus sehr ernst. Jeder von uns war gezwungen, sich klarzumachen, wie gut er seine Zeit genutzt hatte und ob er wirklich die Gelegenheit wahrgenommen hatte, etwas von unserem Gast zu lernen.

Mir ist sehr wohl bewußt, daß ich persönlich Chance um Chance, Lehre um Lehre erhielt. Sooft ich zu meiner Unterrichtsstunde vor dem Shaikh saß, zeigte er mir den Weg. Ich hätte ihn so gern beeindruckt mit dem, was ich schon wußte, mußte dann aber erkennen, daß ich tatsächlich gar nichts wußte. Zunächst bezweifelte ich, daß er tatsächlich ein Hafiz sei, einer, der das Buch wahrhaft kennt, aber dieser Zweifel ließ sich nicht lange halten, und dann überließ ich ihm die Führung. Woher dieser Zweifel kam, vor allem nach den vorbereitenden Worten meines Shaikh, ist mir ein Rätsel. Aber er war da, und Shaikh Ahmet wußte ihn zu benutzen, um mich zu Verstand zu bringen. Oft wenn ich zu lesen begann, schien er einzunicken, aber wenn ich ein Wort oder auch nur einen Buchstaben falsch aussprach, korrigierte er mich, ohne je die Augen zu öffnen.

Immer wieder kam ich an den Punkt, wo mein Zweifel sich als irrig erwies und mir nichts anderes blieb, als loszulassen. Erst von diesem Aufgeben an konnte ich vorwärts gehen und endlich zu lernen anfangen. Dieses Lernen war teils innerlich, teils äußerlich. Äußerlich bestand es in Stil-, Form- und Rezitationsübungen. All das ist wertvoll, macht jedoch nur die «Knochen» des Koran aus. Innerlich lernte ich durch das Fühlen, das stärker wurde in mir und mir ganz neue

Sinnebenen erschloß. Erst durch das Loslassen und das tiefer werdende Empfinden schmeckte ich zum erstenmal das Mark des Buches.

Jemand fragte Shams-eddin: Was ist Gotteserkenntnis? Er sagte: Sie ist das Leben des Herzens durch Gott... Wahres Wissen ist im Herzen, das Bekenntnis des Glaubens ist auf der Zunge.

Aflaki

Nach einer Unterrichtsstunde saß ich einmal allein mit Shaikh Ahmet in der Tekiya. Er nahm ein kleines Buch mit Ilahis zur Hand und begann eine exotische und berauschend schöne Melodie zu singen. Wie betäubt, hingerissen, hörte ich zu. Während er sang, begann er zu weinen, und die Tränen einer unaussprechlichen Liebe strömten ihm über das Gesicht. Unfähig, die Tiefe dieser Freude und Traurigkeit auszuloten, blieb ich stumm sitzen, und obwohl auch ich von Gefühlen überwältigt war, brachte ich keine Träne hervor. Als er mir später erzählte, der Vers sei von seinem Shaikh, stürzte er mich damit in tiefe Depression. Ich dachte an meine Liebe zu meinem Shaikh und kam mir jämmerlich vor, wenn ich mich darin mit diesem hochherzigen Shaikh verglich, der glühende Tränen der Liebe vergoß.

Kurze Zeit danach hatte ich Gelegenheit, mit meinem Shaikh zu telefonieren. Ich berichtete ihm von diesem Erlebnis und fügte hinzu, wie sehr ich mich darüber grämte, so wenig mit einem Mann wie Shaikh Ahmet gemein zu haben. Mein Shaikh verwies mir solche Klagen und sagte, ich könne gar nicht mit Sicherheit wissen, wer ich sei und auf welchem Stand ich sei. Milder fügte er dann hinzu: «Sie erwarten da von sich etwas, das Sie im Augenblick einfach nicht haben oder sein können. Sie beklagen sich, daß Sie nicht niesen, wenn Shaikh Ahmet Schnupfen hat.»

Die anderen Schüler unseres Kreises wurden in ähnlicher Weise von Shaikh Ahmet unterwiesen wie ich. Aufgrund seiner Lehrmethode kam jeder immer wieder in engen Kontakt mit ihm, und so wurde im Laufe der Wochen sehr deutlich, wo jeder von uns stand mit seinen Wünschen, seinem Glauben, seinem Vertrauen. Und jeder wurde so unterwiesen, wie es seinen Anlagen und Neigungen und seinem inneren Bemühen entsprach, aber manchmal bestand das Lernen auch darin, daß wir alle das Ringen eines der Schüler verfolgten und uns mit ihm identifizieren konnten, so daß wir schließlich auch Aufschluß bekamen über die Frage des spirituellen Fortschreitens als Gruppe.

Die Zeit verstrich, und irgendwann wurde mir ganz klar, daß Shaikh Ahmet sehr bald nicht mehr bei uns sein würde. Die ganze Zeit schon hatte er uns ständig, wenn auch sehr zurückhaltend, daran erinnert, daß er wieder abreisen würde, aber irgendwie war es nicht in mein Bewußtsein gedrungen. Dann, als wir einmal zum Gebet bereitstanden, kam die Botschaft endlich bei mir an. Er bedeutete mir mit einer Geste, die Gebete zu leiten, und schaute mir lächelnd in die Augen und sagte: «*Ana musafir* – Ich bin ein Reisender.» Wie der Fliederduft kommt und so schnell wieder vergeht, kam auch die Zeit des Abschieds von Shaikh Ahmet allzu bald. Als er das Flugzeug bestieg und in die Himmelsbläue entschwand, da war es, als sei er nur für einen Augenblick bei uns gewesen. Aber ein Duft blieb bei mir zurück wie der von Frühlingsblüten, und jedes Gebet, das er mich gelehrt hatte, war wie ein kostbares Rosenblütenblatt.

Seine Abfahrt ließ mich wie betäubt zurück, doch dieses Gefühl war mir nicht neu. Ich hatte es im Laufe der Jahre so oft empfunden, daß ich es als zu meinem normalen Bewußtseinszustand gehörig ansah. Im Leben eines Schülers ist der Wandel die Regel, und wenn er meint, herausgefunden zu haben, wie die Dinge sind, wird das bald wieder in Frage gestellt. Da ich nun wieder einmal an dieser vertrauten Stelle war, vergegenwärtigte ich mir die jüngsten Ereignisse in meinem Leben und überlegte, was nun wohl der Sinn und Nutzen der Begegnung mit Shaikh Ahmet sein sollte. Wozu die Arabischstunden, der Koranunterricht, die fast zwei Monate nächtlicher Rezitationen, Gebete und Anrufungen, deren Sinn hier kaum einer kannte oder wirklich kennen wollte?

Nachdem ich diese Fragen fast zwei Monate lang in mir umgewälzt hatte, sprang plötzlich eine Tür auf, und die Antworten kamen. Unser Shaikh berief überraschend eine Versammlung ein. Bald wurde mir klar, daß der Abschied von Shaikh Ahmet kein Ende, sondern ein Anfang war, daß er wohl die Tekiya verlassen hatte, aber nicht mein Leben. Die von unserem Shaikh einberufene Versammlung war nur der Beginn einer ganzen Reihe von Ereignissen, die mir die Geheimnisse meines suchenden Herzens enthüllten – und nach und nach sollte ich Shaikh Ahmet Effendi wiederfinden.

Unser Shaikh sagte uns ganz unverhohlen, daß er uns vor allem deswegen zusammengerufen hatte, weil er uns sagen wollte, daß wir beim Test unseres Vertrauens (*Tawakkal*) kläglich versagt hatten. Shaikh Ahmet hatte ihm bald nach seiner Abreise einen Bericht über unsere Fortschritte – oder mangelnden Fortschritte – zukommen lassen. Shaikh Ahmet hatte auch gesagt, in unserem Benehmen und Dienen seien wir untadelig, hätten aber kein Interesse, den Koran oder die Grundbegriffe des Arabischen zu erlernen. Muslime, sagte unser Shaikh, sind eine Menschenart, die wie der Wolf immer seltener wird, vom Aussterben bedroht durch die Übermächtigkeit der Dunya-Welt.

«Lassen Sie Dunya Dunya sein», mahnte er. «Geben Sie sich nicht mit Ihrem persönlichen Erfolg oder Mißerfolg ab. Schreiben Sie Ihre Ziele ab. Nutzen Sie Ihre Zeit klug, die Pforten der Arche werden irgendwann geschlossen, und man kann die Abfahrt verpassen. Ein *Shahid* zu werden, ein Zeuge Gottes, darum geht es für Sie.»

Diese Mahnung war mir im Gedächtnis, als sich die Luken des Flugzeugs mit dem vertrauten saugenden Geräusch schlossen. Ein Jahr war vergangen, seit Shaikh Ahmet uns verlassen hatte, und ich war nun unterwegs zum *Hajj*, der großen Pilgerfahrt. Unterwegs nach Mekka würde ich mehrere Städte besuchen, darunter auch Konya, Shaikh Ahmets Geburtsstadt. Vor der Abfahrt hatte ich meinen Shaikh noch einmal gesprochen, und er gab mir einen Reiseplan, der mir sagte, welche Orte und Menschen ich aufzusuchen hatte.

Er gab mir auch noch einige sehr ermutigende Worte mit auf den Weg: «Ich möchte, daß Sie ein Derwisch werden. Ich werde Sie nach Ihrer Rückkehr zum Derwisch machen und Ihnen den *Kulah* (Derwischhut) aufsetzen.»

Diese Worte sollten ebenfalls eine Rolle spielen in dem sich entfaltenden Lauf der Dinge und im generellen Rahmen dieser Schulung. Der Shaikh kannte mein Herz sehr gut und wußte, daß es wie bei allen Schülern voller törichter und eitler Hoffnungen auf Dinge war, die überhaupt nicht zählen, sei es die Einstufung als Fortgeschrittener auf dem spirituellen Pfad oder ein Rang oder Titel, irgendein Abzeichen oder besonderes Kleidungsstück – nichts davon hat ja mit dem Herzen eines Derwisch zu tun oder eines, den man *Faqir* nennt, also eines Menschen, der arm an Besitztümern, aber reich an Gott ist.

Der erste Teil dieser Reise führte mich zunächst nach Belgrad. Ein Bus brachte mich vom Flughafen zum Bahnhof. Dort fand ich mich dann überhaupt nicht zurecht. Alles war serbokroatisch geschrieben, und niemand sprach Englisch, auch Polizisten nicht und nicht einmal die Leute an den Informationsschaltern. Aber durch Gottes Willen bemerkte ein Junge die Gebetsperlen in meiner Hand. Nachdem er mehrmals vor mir auf und ab gegangen war, um mich genau zu mustern, verschwand er in der Menge. Urplötzlich tauchte er dann wieder auf mit einem Mann, der, wie ich erfuhr, sein Vater war.

«Huuuu», hauchten sie gemeinsam, als sie mit Gesten der Achtung (*Niyaz*) vor mich hintraten und sich als Derwische zu erkennen gaben. Auch sie sprachen kein Wort Englisch, doch irgendwie verständigten wir uns und stiegen zusammen in einen Zug ein. Die Sonne versank hinter den Ziegeldächern jugoslawischer Häuser, und der Zug rollte im Schneckentempo durch malerische Hügellandschaften. Am nächsten Morgen stiegen der Derwisch und sein Sohn aus. Sie vertrauten mich aber einem anderen Mann an, der in ihrer Heimatstadt zustieg, und mit dessen Hilfe gelangte ich direkt zur Tekiya von Prizren.

Hätten Reisen so etwas wie ein Herz, so wäre mein Aufenthalt in Prizren dieses Herz gewesen und jeder Augenblick ein Herzschlag der Liebe. Ich fühlte mich dort zu Hause und mit mir in Frieden, und der Abschied fiel mir schwer. Am Morgen meiner Ankunft wurde ich von Mima Hanim begrüßt, der Frau von Shaikh Jami. Sie und Shaikh Jami hatten schon längere Zeit bei uns in den Staaten zugebracht, und ich freute mich, ein bekanntes Gesicht zu sehen. Sie begrüßte mich herzlich und fragte mich dann über meine Familie und die anderen Schüler des Kreises aus, wobei sie jeden einzelnen beim Namen nannte.

Später kam auch Shaikh Jami, und wir setzten uns zusammen zum Frühstück. Eines der ersten Dinge, die ich erfuhr, war, daß Shaikh Nun am Vortag in Prizren gewesen war. Ich fand es sehr interessant, wie diese Männer, die Shaikhs, kamen und gingen. Ich trug mich mit der vagen Hoffnung, diesem Mann einmal zu begegnen, der vielleicht das Geheimnis dieses Fremden kannte, der mir vor Jahren so unverhofft eine Botschaft seines Shaikh überbracht hatte. Aber meine Tage in Prizren waren so anregend und erfüllt, daß ich kaum dazu kam, diesen Gedanken an Shaikh Nun nachzuhängen. Jeden Tag saß ich zu mindestens einer Mahlzeit mit Shaikh Jami am Tisch seines Hauses zusammen. Manchmal saß ich auch am *Sofra* (Eßplatz) mit den Derwischen zusammen. In Prizren begann mir klarzuwerden, was ein Derwisch eigentlich ist. Ich lebte unter ihnen und sah sie bei der Arbeit und beim Spiel. Ich spürte die Flamme ihrer Hingabe und die brennende Freude des Feuers in ihrem Zikr. Diese Männer konnte man wirklich das Salz der Erde nennen. In ihrem Herzen loderte die Liebe, sie lebten in vollkommener Hingabe an Gott und standen in makelloser Loyalität zu ihrem Shaikh. An ihrem Benehmen war kein Fehl, ihre Demut war natürlich und unauffällig, ihr Dienen liebevoll und großzügig – wie sehr wünschte ich mir, wie sie zu sein!

Ich erfuhr hier in Prizren auch etwas über Hazreti Pir Sayyid Ahmed Rufai und die Rufai-Shaikhs der Provinz Kosovo. Shaikh Jami und mein Shaikh gehörten der Linie von Hazreti Pir an.

Während dieser Zeit arbeitete Shaikh Jami täglich an der Übersetzung südslawischer Dokumente über das Leben von Hazreti Pir ins Albanische und Englische. Ein Teil meines Hizmet bestand darin, daß ich an der Korrektur und Abschrift von Shaikh Jamis Arbeiten mitwirkte. Durch diese Arbeit gewann ich einen Eindruck vom Leben Hazreti Pirs und von seiner hohen spirituellen Verwirklichung. Die Der-

183

wische von Prizren, das tägliche Muhabbat Shaikh Jamis, der unglaubliche Zikr, das wunderbare Leben des Hazreti Pir Ahmed Rufai, das Licht der Tekiya von Prizren – all das tat seine Wirkung an mir. Einmal, als ich mit Shaikh Jami vor die Tekiya trat, kam das alles mit ganzer Kraft über mich, und ich war wie geblendet von Licht. Eine tiefe Liebe zu Hazreti Pir brach sich da Bahn. Ich hatte das Gefühl, ihn zu kennen. Ich versuchte Shaikh Jami mitzuteilen, was ich da erlebte, aber er wußte es wohl schon.

«Wenn ich wieder in die Staaten komme», sagte er, «werde ich Ihnen das *Bayat* (Einweihungs-Gelübde) eines Rufai-Derwisch geben. Ich könnte es Ihnen jetzt geben, aber ich glaube, es ist besser, wenn Ihr Shaikh davon weiß und die anderen aus Ihrem Kreis zugegen sind. Aber keine Sorge, Sie werden auf Ihrer Reise beschützt sein, und die Bayats von Ihrem Shaikh und von mir werden Ihnen ein Leben lang dienlich sein, als wären sie *Zulfikar*, das zweischneidige Schwert des Propheten, möge Gottes Frieden mit ihm sein.»

Dieser Tag war einer der schönsten und wichtigsten meines Lebens. Liebe strömte mir auf so vielerlei Weise zu. Ich war voller Freude und Hoffnung. Die Zeit meiner Abreise näherte sich, und Shaikh Jami zog mich noch näher zu sich. Viele Stunden verbrachte ich allein mit ihm, manchmal auch in Gegenwart von einem oder zwei Derwischen. Schließlich gab er mir Ratschläge für die Weiterreise von Prizren aus und half mir bei den nötigen Vorbereitungen.

Am Tag vor meiner Abfahrt kam eine große Übelkeit über mich.

Ich hatte im Sofra bei den Derwischen viel zuviel gegessen – gezwungenermaßen. Die Derwische hatten mich unaufhörlich bedrängt, und so mußte ich weit über mein Fassungsvermögen hinaus essen. Jeder, der diese Länder bereist hat, weiß, daß es unmöglich ist, der begeisterten und großzügigen Gastfreundlichkeit der Menschen zu entkommen. Irgendwie war ich an diesem Tag wohl nicht recht bei Kräften, mußte erbrechen und bekam schweren Durchfall. Ich wich dem Shaikh aus, denn ich wollte nicht, daß er es erfuhr. Zwischen den Toilettengängen dachte ich über meinen Zustand nach. Weshalb wurde ich ausgerechnet jetzt krank, wo ich doch abreisen mußte? Ich wünschte mir sehr, noch bleiben zu können, aber das war nun wirklich eine ziemlich lästige Art der Wunscherfüllung. Nach dem zweiten Toilettengang kam plötzlich eine große Erleichterung über mich, ein Gefühl völligen Wohlbefindens. Jetzt konnte ich in den Muhabbat-Raum gehen, wo ich Shaikh Jami und einige andere antraf. Natürlich fragte er, wo ich denn gesteckt habe, und so berichtete ich. Die Speisen konnten es nicht gewesen sein, sagte er, denn dann wäre anderen auch schlecht geworden, «aber», fügte er hinzu, «vielleicht ist Ihr Magen nicht daran gewöhnt, so zu essen.»

Seine Güte war unerschöpflich. Er bot mir jede erdenkliche Art der Hilfe an und sagte, so krank würde er mich nicht fortlassen. Ich sagte ihm, in dieser Übelkeit müsse wohl eine Lehre liegen, die ich noch nicht erfaßt habe. Als Antwort erzählte er eine Geschichte:

Zwei Männer knieten in der Moschee und richteten Bittgebete an Gott. Der eine, der zuerst fertig war, hörte dem anderen noch zu und wurde Zeuge einer endlosen Aufzählung von Klagen über alle möglichen Gebrechen: «Allah, die Füße tun mir weh, heile sie; ich habe Rücken- und Kopfschmerzen, kannst du die auch wegmachen? Und im Genick, hier an der Seite, tut's auch weh... und diese Schulter, wenn ich die bewege, diese Arthritis ist wirklich schlimm...» So ging das immer weiter, bis ihn der andere plötzlich mit einem Schlag auf die Schulter unterbrach und sagte: «Es wäre einfacher, Gott zu bitten, daß er einen ganz neuen Menschen macht.»

«Wenn die Leute nicht krank wären», sagte der Shaikh und schaute mich freundlich an, «kämen sie nicht in die Tekiya. Die Tekiya ist wie ein Krankenhaus. Wir wollen aus Ihnen einen neuen Menschen machen. Sie haben ein Licht nach Prizren gebracht, und wir werden Sie nie vergessen. Und Ihnen ist hier auch viel zuteil geworden. Durch die Korrekturarbeiten haben Sie ebenso viel Hizmet gegeben, wie Sie erhielten, denn es ist wirklich ein großer Gewinn für einen Schüler, etwas über seinen Pir (vollkommener Meister, der den Murid durch den Shaikh führt) zu erfahren. Gehen Sie nun, ruhen Sie sich aus. Wir müssen früh aufstehen.»

In meinem Zimmer stand ich dann noch am Fenster und schaute auf die Straße und über die Hügel der Umgebung. Noch einmal ließ ich die Zeit in Prizren an mir vorbeiziehen, die Zeit mit Shaikh Jami, den Derwischen und den anderen Menschen hier. Wie schön, daß ich ihnen begegnet war, aber wie kurz, wie flüchtig diese Tage. Ich lag auf meinem Schaffellager und hörte die Geräusche der warmen Nacht – Geplauder in der Nachbarschaft, die exotischen Klänge türkischer Musik – leiser werden, bis der Schlaf mich ganz umfing.

Vor dem Sonnenaufgang stand ich wieder am Fenster und sagte der Nacht von Prizren lebwohl, die sich in die Dämmerung zurückzog. In der Ferne hörte ich den melodischen Ruf eines Muezzin und wandte mich vom Fenster ab, um mich auf das Gebet vorzubereiten. Ein *Rubaiyat*-Vers, den ich oft von meinem Shaikh gehört hatte, ging mir durch den Sinn:

> Für jene, die das Heute machen wollen,
> und solche, die auf das Morgen starren
> ruft ein Muezzin vom Turm der Dunkelheit:
> Ihr Narren, euer Lohn ist weder hier noch dort!

Ich ging mit Shaikh Jami in die Tekiya, um meine Salaams zu entbieten und die Reisegebete zu sprechen. Als wir wieder hinaustraten, hatten sich draußen schon alle versammelt: Mima Hanim und die Mutter des Shaikh, Arifa Hanim, seine Töchter, sein jüngerer Sohn und einige Derwische. Einige Gruppenfotos wurden gemacht, und kurz darauf fuhren wir im Wagen des Shaikh die Straße hinunter.

Es war ein schöner Tag mit einem klaren, blauen Himmel, über den ein paar Wolkenbäusche hingestreut waren wie Kissen über einen blauen Teppich. Der Shaikh saß am Steuer, ich neben ihm, hinten sein Sohn und die beiden Derwische Yakub und Fatmir, und so fuhren wir in vollkommener Sorglosigkeit die schmale, kurvenreiche Straße entlang, alle Fenster geöffnet, im Fahrtwind und im Tanz der Sonnenstrahlen Ilahis schmetternd. Die drei Stunden bis nach Skopje vergingen wie im Fluge. Ich hatte mich noch kaum besonnen, als ich auch schon im Bus saß und zum Abschied winkte.

Auch die Busfahrt nach Ohrid war ein Vergnügen. Vom Busdepot aus ging ich die Pier am Ohridsko-See entlang und dann durch eine alte Pflastersteinstraße mit kleinen Läden. Ich hielt mich an die Wegbeschreibung der Derwische von Prizren und stand bald an der Pforte der Tekiya. Drinnen empfing mich ein freundlicher Mann, der mir zeigte, wo ich die Waschungen vornehmen konnte. Dann unterhielten wir uns. Auf meine Frage hin sagte er, er heiße Arif, aber ich erfuhr bald, daß dieser bescheidene Mann ein Shaikh aus der Ortschaft Struga unweit von Ohrid war. Er teilte mir mit, daß Shaikh Yahya, der leitende Shaikh von Ohrid, zur Zeit des 'Asr (Nachmittagsgebet) eintreffen werde. Er brachte mich in die Tekiya, wo ich die Ankunft des Shaikh abwarten wollte. Ich bestaunte das Gebäude, das Hazreti Pir Hayyati Sultan größtenteils mit eigenen Händen erbaut hatte, vor fast fünfhundert Jahren. Im Inneren war Holz das überwiegende Baumaterial. Im Muhabbat-Raum bildeten breite Dielen den Boden, die mit ebenfalls von Hazreti Pir Hayyati handgefertigten breitköpfigen schwarzen Nägeln fixiert waren. Grau, fast weiß durch Jahrhunderte der Pflege, waren diese Dielen überall zwischen den Gebetsmatten aus flockigem Schafsfell zu sehen. Etliche Fenster erlaubten den Blick auf den Hof, das Grabmal des Pir und einen kleinen Friedhof entlang der Tekiya. Es waren Sprossenfenster mit Holzknäufen zum Öffnen und Schließen. Strenge Einfachheit und Reinlichkeit waren zwei Dinge, die hier sofort ins Auge sprangen. Über zwei oder drei Stufen gelangte man vom Muhabbat-Raum hinunter in den Gebetsraum, wo mich eine Atmosphäre der Zeitlosigkeit umfing. Ringsum in diesem in weiches Licht getauchten Raum sah ich in den verschiedensten kalligraphischen Stilarten die Namen Gottes und Seiner Propheten und einige Koranverse.

Allmählich trafen die Leute ein, die am Gebet teilnehmen wollten, als erster der Derwisch Yakub. Als dieser langjährige Sucher sich unter der Wanduhr auf den Boden setzte, war es, als hätte er schon immer dort gesessen, denn er wirkte fast so alt wie die Tekiya. Bald kam auch Shaikh Yahya mit einigen anderen Derwischen. Unter ihnen war auch ein Muezzin, der Derwisch Irfan, ein lächelnder, lebhafter, sehr liebenswerter Mann, dessen Ausstrahlung ebenso wie sein melodischer Ruf den Raum erfüllte.

Nach dem Gebet begleitete ich den Shaikh zu seinem Haus. Er und seine Frau hatten einmal unsere Tekiya in den Staaten besucht und waren damals meine Gäste gewesen, und so konnten wir nun ein Wiedersehen feiern. Unterwegs, der Shaikh schob sein Fahrrad, das ihm hier meist als Transportmittel diente, beantwortete ich seine Fragen über den Verlauf meiner Reise. Zu Hause trafen wir seine Frau, seinen Schwiegersohn und drei Töchter an, die irgendwie von meiner Ankunft erfahren hatten und mich begrüßen wollten. Wir aßen miteinander und erzählten uns Geschichten in einem Kauderwelsch aus Türkisch, Französisch und Englisch. Es war so gut, bei ihnen zu sein, und der Abend verging schnell.

Am Morgen standen der Shaikh und ich etwa eine Stunde vor der Morgendämmerung auf und gingen zur Tekiya. Die Straßen waren noch leer um diese Zeit, nichts zu hören als der verhallende Klang unserer Schritte in so befremdlicher Klarheit. In der Tekiya führte der Shaikh mich nach oben, wo ein weiterer Versammlungsraum war. Dessen Zentrum bildete eine Kochstelle, eine breite, ebene Steinfläche, auf der man unter der Haube eines Rauchabzugs ein Feuer entfachen konnte. Entlang der Wände standen lange, bezogene Bänke, und den Raum dazwischen füllte ein Teppich von dunklem, aber kräftigem Orange aus. In diesen Raum kehrten wir nach dem Gebet zu Kaffee und morgendlichem Muhabbat zurück. Die Holzkohle, die der Shaikh zuvor angezündet hatte, war zu einem glühenden Haufen um die alte Kaffeekanne heruntergebrannt, in der nun der fertige Kaffee dampfte. Shaikh Yahya wies mir einen Platz neben sich an, auf der anderen Seite saßen drei Derwische neben ihm. Sie trugen den langen schwarzen Derwischmantel und einen sehr hohen hellbraunen Kulah, den Derwischhut. Der Shaikh war ganz ähnlich gekleidet, nur daß um seinen Kulah der typische schwarze Turban gewunden war. Sie boten ein herrliches Bild, wie sie so in Lotoshaltung dasaßen, still, aber präsent, von unaufdringlicher Natürlichkeit.

Erste Sonnenstrahlen drangen durch das Fenster herein und spiegelten sich in kleinen türkischen Tassen auf einem Tablett, welches einer von zwei Derwischen hielt, die in achtungsvoller Haltung (*Niyaz*), doch völlig gelöst in der Mitte des Raumes standen und darauf warteten, daß der Shaikh das Zeichen zum Servieren gab. Als er es tat, umrundeten sie zusammen den Raum, einer hielt das Tablett, der andere schenkte ein. Ihre Bewegungen waren so präzis wie die von gedrillten Soldaten, aber voller Anmut und Zurückhaltung. Ich dachte bei diesem Anblick an *Sakis* (Mundschenke), die den Wein der Verzückung einschenken. Als sie die Runde beendet hatten, bedienten sie einander. Jeder schenkte dem anderen in Niyaz-Haltung und mit makelloser Höflichkeit ein. Einen Großteil des Vormittags verbrachten wir mit Korangesprächen, wobei der Shaikh mich Verse abfragte, die ich kannte, und auf andere hinwies, die ich noch lernen sollte. Kurz vor Mittag kehrten wir zum Essen in sein Haus zurück. Wir saßen vergnügt draußen an einem kleinen Tisch und lachten über die umherstiebenden Hühner des Nachbarn.

Nach den Mittagsgebeten (*Zuhr*) nahm der Shaikh mich mit in die Grabkammer von Hazreti Pir Hayyati. Das war ein besonders schönes Erlebnis. An die zwölf Shaikhs ruhen in diesem Gebäude, die meisten davon in einem großen Raum neben der zentralen Kammer, in der sich nur das Grab des Pir befindet. Mir fiel auf der ganzen Reise immer wieder auf, daß ich bei denen, die schon in der Akhirat-Welt weilten, häufig mehr Leben spürte als bei denen, die noch diese Welt durchmessen. Sooft ich an die Ruhestätte eines *Wali* (Heiliger, Freund Gottes) trat, war mir wie beim Wiedersehen mit einem guten alten Freund nach langer Trennung.

Shaikha Ana war da eine Ausnahme, denn sie war eine Wali, die noch nicht diese Erde verlassen hatte. Sie war von so vollendeter Feinheit und Durchgeistigung, daß es mir wie ein Wunder erschien, sie hier in der Welt anzutreffen. Sie haftete an nichts mehr und wurde nur noch durch einen Faden ichloser Körperhaftigkeit und durch Gottes Gebot hier gehalten. Sie war für mich das Licht von Ohrid, von allesdurchstrahlender Präsenz und Lebendigkeit, von strömender Tiefe. Und zugleich war sie ganz natürlich, ungezwungen, liebevoll. Sie sah mir in die Augen, als wir einander begegneten, und als sie ihre Hand sanft auf meine legte, berührte sie mich im Innersten. Sie war nicht nur die Tochter eines Shaikh und die Frau eines Shaikh, sondern stammte auch direkt von Hazreti Pir Hayyati ab. Die Zeit, die ich mit ihr verbrachte, war ein großes Geschenk für mich. Wir saßen zum Tee beieinander und unterhielten uns. Ich überbrachte ihr die Grüße meines Shaikh, der ebensosehr ihr Sohn wie ihr Derwisch gewesen war. Auch die Grüße der übrigen Schüler richtete ich aus. Sie zeigte mir Fotos von verschiedenen Shaikhs und Kunstwerke und andere Gegenstände, die mit dem Pfad zu tun hatten. Gegen Ende dieses Besuchs, ganz und gar unter dem Eindruck der tiefen Hingabe dieser Frau und bestürzt über die Wegstrecke, die mir offenbar bis zu solch einem Zustand noch bevorstand, fragte ich sie, wie ein Murid jemals zu dieser Liebe, die man 'Ashq nennt, gelangen soll.

In ihre Augen kam ein Leuchten, sie beugte sich mit verschmitztem Lächeln herüber und sagte: «Kommen Sie in einem Jahr wieder, mein Sohn, und dann werden wir Ihnen, so Gott will, die Antwort geben.»

Ich hatte viele Stunden mit Shaikh Yahya verbracht, hatte Hazreti Pir Hayyat besucht und war Shaikha Ana begegnet. Jetzt fühlte ich mich bereit, Ohrid wieder zu verlassen. Der Shaikh allerdings wollte mich ganz und gar noch nicht gehen lassen. Ich hatte einige Schwierigkeiten, es ihm zu erklären, aber schließlich fügte er sich. Am Nachmittag kam sein Sohn Hudai zu mir und hatte die Fahrkarte für den Bus nach Skopje, von wo aus ein anderer Bus mich in die Türkei bringen würde.

Am Abend begleitete ich den Shaikh zum Haus eines Derwisch namens Haidar, wo eine *Mevlud*-(Geburtstags-)Zeremonie stattfinden sollte. Es war ein brüderliches Empfinden unter diesen einfach lebenden Menschen des Pfades, und ich fühlte mich wie zu Hause. Nach dem Nachtgebet wurde am Sofra, dem Eßplatz, ein letztes Mahl aufgetragen, Bohnen und Fleisch. Die mazedonischen Menschen liebten offenbar Bohnen zum Abendessen, ich hatte sie auch in Prizren schon bekommen. Dieses einfache, nahrhafte und wohlfeile Essen erinnerte mich an meine Kindheit in der Stadt, wo meine

Mutter so häufig einen großen Topf Limabohnen gekocht hatte. Unter diesen Faqiren, diesen Menschen der Armut, fühlte ich mich so ungezwungen daheim wie als Kind bei meiner Familie.

Später am Abend gingen der Shaikh und ich wieder durch die stillen Straßen, von einem seiner Derwische begleitet. Irgendwo an einer Kreuzung verabschiedete der Derwisch sich, und der Shaikh und ich gingen allein weiter. In seiner Wohnung waren alle noch wach, und alle waren da, auch der Schwiegersohn und die Enkel des Shaikh. Ich war sehr überrascht, sie dort lächelnd um den Tisch versammelt zu sehen. Sie wußten, daß ich am Morgen abfahren würde, und wollten noch ein Weilchen mit mir zusammensein. Und es wurde noch einmal ein sehr schönes Beisammensein. Jalal, der Schwiegersohn des Shaikh, schien mich in sein Herz geschlossen zu haben und zeigte das auch. Ich mochte ihn auch und nahm diese Sympathie als ein Zeichen von Gott: So unwürdig ich war, schenkte er mir doch seine Güte und sandte mir überall, wohin ich kam, einen Freund. Unter vielen Salaams verabschiedeten wir uns für die Nacht.

Früh am nächsten Morgen gingen der Shaikh und ich zur Tekiya. Ich ließ meine Reisetasche in seinem Haus, weil ich annahm, ich würde dort noch einmal vorbeikommen, aber als wir mit den Morgengebeten fertig waren, blieb kaum noch Zeit, und ich mußte schnellstens zur Bushaltestelle. Ich versuchte dem Shaikh zu verstehen zu geben, daß ich meine Tasche noch daheim hatte, doch das beunruhigte ihn offenbar weiter nicht. Da kam wohl wieder mal die alte Tawakkal-Prüfung. Aber es konnte ja auch sein, daß der Shaikh mich einfach nicht verstanden hatte. Als ich gerade in den Bus einsteigen wollte, fuhr die Tochter des Shaikh mit dem Auto vor und hatte meine Tasche bei sich. Da hatte der Shaikh sie also rechtzeitig gebeten, sie zu bringen. Er übergab mir die Tasche wortlos. Als ich einen Platz gefunden hatte und saß, war inzwischen seine Frau gekommen und stand neben ihm. Ihre Töchter kamen noch dazu, dann mein neuer Freund Jalal und Shaikh Qadri, den ich bei Shaikha Ana getroffen hatte. Da hatte ich sie im Fensterrahmen als ein nettes Erinnerungsbild, wie sie dastanden und ihre Salaams winkten. Wenn ich an Ohrid denke, kommt dieses Bild mir in den Sinn und erinnerte mich an all die Freundlichkeit, die sie mir entgegenbrachten. Ich verabschiedete mich mit Niyaz, als der Bus aus dem Depot auf die Straße rollte, und mußte über mich lächeln, als ich die Tasche neben mir fühlte.

Es war eine schöne Fahrt zurück nach Skopje, wo ich dann die Busfahrkarte nach Istanbul kaufte. Der Bus stand schon in der Haltebucht für die Abfahrt, und der Fahrer und etliche Reisende waren damit beschäftigt, das Gepäck zu verstauen. Es war wie überall an solchen Orten, spielende und herumtollende Kinder, die sich auf die Fahrt freuten, Mütter, die dafür sorgten, daß sie nicht vor einen Bus liefen, und wohl hofften, sie würden allesamt sofort einschlafen, wenn sie erst einmal im Bus wären. Die großen Gepäckfächer waren vollgestopft, und die Leute nahmen ihre kleineren Sachen mit in den Bus, zwängten sich seitwärts durch den Gang. Und wie üblich gab es auch jemanden, der einfach nicht ohne seinen Koffer sein mochte und ihn drinnen mit viel Gerumpel und Gerücke an irgendeiner unmöglichen Stelle unterbrachte. Aus den Lautsprechern drang türkische Musik, gelegentlich unterbrochen von irgendeiner Ansage des Fahrers.

Es wurde eine lange Busfahrt, fast vierundzwanzig Stunden, aber es war interessant, Land und Leute zu sehen. Die türkischen Leute im Bus gaben mir einen Vorgeschmack von türkischer Eigenart. Sie waren herzlich und erdverbunden, lächelten gern und verloren Gott nicht aus den Augen. Eine Familie schloß sofort Freundschaft mit mir, und als der Bus einmal in einem parkartigen Gelände Halt machte, verpflegten sie mich aus ihren Vorräten und ließen nicht zu, daß ich meinen eigenen Proviant verzehrte. Sie wiesen ihre Kinder an, mir die Hand zu küssen und mich als Onkel anzusprechen, und nicht weil ich etwas Besonderes war, sondern weil ich ein Erwachsener und ein Muslim war. Ich war tief beeindruckt von der Lebensart dieser Leute, die von so natürlicher und von Herzen kommender Höflichkeit waren, genauso, wie es sein sollte. Das gab mir Anlaß zu einiger Selbstbetrachtung und ließ mich hoffen, meine eigene Verfassung auch immer weiter zum Besseren wenden zu können.

Der Bus hielt immer wieder mal an, damit die Leute sich an einem Straßenstand erfrischen oder auch auf die Toilette gehen konnten. Den längsten Aufenthalt hatten wir an der bulgarischen Grenze, wo wir für die Zollinspektion alle aussteigen mußten. Die Zöllner waren grob und arbeiteten betont langsam, kehrten in fast allen Taschen das Unterste zuoberst und überließen es uns, das Chaos wieder einigermaßen zu ordnen. Wir taten das, was man in einem fremden Land besser tut: wir hielten den Mund und übten uns in Geduld, bis die Plage von selbst zu Ende ging. Hinter der Grenze atmeten alle erleichtert auf, und der Rest der Reise war dann eine Kleinigkeit. Wir erreichten die türkische Grenze nach Mitternacht und kamen ohne allzu große Verzögerungen durch den Zoll. Die türkischen Zöllner waren weitaus angenehmer als ihre bulgarischen Kollegen. Sie taten ihre Arbeit nüchtern und ernst, aber ohne Schikanen, und sie hießen uns im Land willkommen. Ohne Störungen rollte der Bus weiter durch die Nacht, und als der Morgen graute, näherten wir uns Istanbul.

Die Sonne lag wie ein orangeroter Ball auf dem Horizont und trat schön und klar aus dem Blaßblau des Himmels hervor. Seegeruch lag in der Luft, als die Stadt vor uns auftauchte, hier und da sahen wir in der Ferne Wasserflächen, als wir durch die Vororte fuhren. Der Bosporus und das Goldene Horn sind nur eines der vielen Wunder Istanbuls. Überall sieht man die schönsten Moscheen, wunderbar auf Hügeln und Inseln gelegen, aber auch an den Straßen und Seitenstraßen, große und kleine, berühmte und unscheinbare. Vom Depot aus ging ich zu Fuß und sah Straßenhändler, Baklava-Lädchen, Restaurants, Autos, Busse und Touristen aus aller Herren Länder.

Ich war auf der Suche nach Shaikh Muzzafer, den ich in den Staaten kennengelernt hatte. Er hatte uns mit einigen seiner Derwische in unserer Tekiya besucht und uns das Licht seiner Anwesenheit geschenkt. Er führte als Beyazit Jami einen Buchladen in der Nähe einer Moschee, und die war nicht schwer zu finden. Im Laden traf ich den Mann, der ihm dort half, Derwisch Ibrahim. Mit seiner Hilfe fand ich ein billiges Hotelzimmer in der Nähe. Meine Zeit in Istanbul verbrachte ich mit Besuchen beim Shaikh oder saß mit den Derwischen zusammen, die seinen Laden frequentierten. Wenn der Shaikh zugegen war, strömten sie nur so in den Laden, und jemand, der wirklich Bücher kaufen wollte, fand kaum noch Platz. Ein Teeverkäufer kam regelmäßig mit einem Tablett klingelnder Tassen und einer Teekanne vorbei. Wir tranken Tee und lachten und tauschten Geschichten über den Pfad aus, die wir gehört hatten. Ich lernte in dieser Runde auch einen Mann kennen, der mir sagte, Shaikh Nun sei kürzlich in Istanbul gewesen, inzwischen aber nach Konya weitergereist. Ich blieb zwei Tage in Istanbul und konnte am Donnerstag die Nacht des Halveti-Zikr miterleben. Über zweihundert Derwische versammelten sich zu diesem wöchentlichen Treffen in der Tekiya. Es war ein wirkliches Fest, in diesem Meer der Seelen zu sein. Es war so wunderbar und erhebend, solch ein Tanz der Herzen – mit Worten ist es nicht zu beschreiben.

Ich machte einen Abstecher nach Ankara, besuchte das Grab des großen Shaikh Hajji Bayram Wali und gelangte schließlich nach Konya. Ein Dolmush, ein kleiner Taxibus, fuhr mich zu einem Platz unweit der Moschee von Shemsi Tabriz, möge Gottes Segen mit ihm sein, dem hochverehrten Lehrer von Hazreti Jalaluddin Rumi. Ich nahm die Waschungen vor und trat ein. Das Grab hatte seinen ganz eigenen abgegrenzten und leicht erhöhten Bereich. Ich trat so nah heran, wie es möglich war, entbot meine Salaams und sprach Gebete für diese erleuchtete Seele. Manches ging mir da durch den Sinn, und ich sagte Gott dem Allmächtigen Dank, daß er einen so unwürdigen Schüler wie mich in den Fußstapfen eines so erhabenen Lichtwesens gehen ließ. Eben erscholl der Ruf zum Gebet (*Azan*), und ich blieb zum Beten dort stehen. Ich hatte gehofft, Shaikh Ahmet hier zu begegnen, denn er war der Hüter des Grabes und auch ein Imam. Er war jedoch nicht da, und so verließ ich die Moschee nach dem Gebet und überlegte, wie ich ihn finden könnte. Ich setzte mich auf eine Bank vor der Moschee, schaute mir die Leute an und war froh, in Konya zu sein, der Heimatstadt der Wirbelnden Derwische. Ich dachte an die Zeit mit Shaikh Ahmet in der Tekiya daheim, an die Koranstunden und seinen Bericht an unseren Shaikh über unsere Lernunwilligkeit. Ich

dachte an seinen Abschied und wie sehr wir ihn dann vermiß-
ten.

Zwei Jungen hatten sich mir genähert, als ich in solche
Gedanken versunken dort saß. Sie waren neugierig, fragten
mich nach meinem Namen und woher ich komme. Ich gab
ihnen Antwort und fragte sie dann, ob sie Shaikh Ahmet
kannten.

«Khoja Ahmet?» fragten sie wie mit einer Stimme.

Ich nickte.

«Wir kennen», sagten sie. «Komm, wir bringen.»

Ich nahm meine Tasche und folgte ihnen die Straße hinun-
ter, dann um eine Ecke, durch einen schmalen Durchgang
zwischen den Gebäuden und eine im Halbdunkel liegende
Treppe hinauf. Irgendwo stand auf einem Schild: Turksoy
Apts. An diesen Namen erinnerte ich mich aus Briefen. Wir
waren richtig, nur fünf Minuten von der Moschee entfernt.
Die Jungen klopften schon an, und einen Augenblick später
stand Shaikh Ahmet in der Tür und bat mich mit seinem
vertrauten herzlichen Lächeln herein.

Beim Tee überbrachte ich ihm die Salaams meines Shaikh
und der anderen Schüler. Shaikh Ahmet erkundigte sich nach
jedem einzelnen, er nahm sogar sein Fotoalbum zur Hand
und fragte: «Wie geht es diesem hier? Und dem da?» Ich gab
ihm Antwort auf alle Fragen. Ich erzählte ihm von der Reise
nach Prizren und Istanbul und von meinen Plänen, nach Da-
maskus und dann zum Hajj nach Mekka weiterzureisen. Zu-
vor, sagte ich, wolle ich ein paar Tage in Konya bleiben, um
in der Moschee von Hazreti Shems sein zu können und um
die Gräber von Hazreti Rumi und Sadruddin Konevi, dieses
berühmten Shaikh, Schüler von Shaikh al Akbar, zu besu-
chen. Als ich erwähnte, Shaikh Nun sei in Prizren gewesen,
sagte Shaikh Ahmet, er sei auch in Konya gewesen, aber
inzwischen nach Istanbul zurückgekehrt.

«Ich würde vorschlagen», sagte er, «daß Sie einen Tag in
Konya bleiben, dann aber wieder nach Istanbul fahren. Mein
Sohn Mustafa wird mitfahren und Sie zu Shaikh Nun brin-
gen.»

Am nächsten Tag ließ Shaikh Ahmet mir die große Konya-
Führung angedeihen. Mir war es, als gingen wir vom einen

Ende der Stadt bis zum anderen. Wir sahen jede historische Stätte, die von einiger Bedeutung war. Wir sprachen von Moscheen und Tekiyas, von Derwischen und von Hazreti Jalaluddin. Wir verbrachten einige Zeit in der zum Museum umgebauten Tekiya, und ich sah vieles von dem, was ich mir erhofft hatte.

Am Abend fuhr ich in Begleitung Mustafas mit dem Bus nach Istanbul zurück. Am nächsten Vormittag begleitete ich ihn bei seinen Erledigungen. Von seiner kalligraphischen Begabung abgesehen, war er wie sein Vater ein Hafiz («Bewahrer», einer, der den ganzen Koran auswendig kennt) und ein begnadeter Qari (Koranrezitator). So hatte seine Arbeit viel mit der Jugend zu tun und mit Koranschulen, die von Moscheen unterhalten wurden. Als er mit seinen Dingen fertig war, nahmen wir einen Bus und erreichten nach mehrmaligem Umsteigen eine Gegend im Randbereich der Stadt. In einem kleinen Laden kauften wir ein Brot und etwas Käse. Von da aus gingen wir einen recht steilen Hügel hinauf. Oben stand ein neues Gebäude, das Shaikh Nun als Tekiya diente. Mustafa zeigte mir alles und sagte, ich solle mich wie zu Hause fühlen. Wir unterhielten uns noch eine Weile, dann verabschiedete er sich und sagte, Shaikh Nun werde irgendwann am Abend eintreffen, so Gott wolle.

Ich verbrachte den Nachmittag relativ friedvoll allein. Irgendwann erschien ein Derwisch und sagte, er sei gekommen, um mich zum Shaikh zu bringen. Als wir aber da ankamen, wo wir ihn treffen sollten, war er nicht da. Man sagte uns, der Shaikh werde mich am nächsten Morgen empfangen. So blieb ich für den Rest des Abends in der Obhut des Derwisch. Wir aßen zusammen zu Abend, und zum Gebet nahm er mich mit in eine Moschee, die in der Nähe seiner Wohnung lag. Am nächsten Morgen brachte er mich in eine einfach ausgestattete Stadtwohnung, in der Shaikh Nuns Bruder wohnte, der uns an der Tür empfing und begrüßte. Dieser freundliche Herr brachte mich ins Empfangszimmer, wo ich Platz nahm.

«Der Shaikh spricht noch die freiwilligen Morgengebete», sagte er. «Er wird in ein paar Minuten bei Ihnen sein.»

Schon wenige Augenblicke später trat der Shaikh ein. Ich

stand auf, um ihn mit Niyaz und Handkuß zu begrüßen. Seine Erscheinung füllte das Zimmer aus, und man erkannte ihn sofort als Mann des Lichts. In seinen Augen leuchteten Liebe und durchdringende Klarheit, und die langen, silbrig-weißen Haare seines Bartes umrahmten wie Sonnenstrahlen sein Gesicht. Auf dem Kopf trug er den zu einer Kugel ge-wundenen Turban und am Körper einen bodenlangen grünen Umhang.

«Mein Name ist Muhyiddin, Shaikh Effendi», sagte ich.

«Sie sind Shaikh Muhyiddin», sagte er lächelnd.

«O nein, Shaikh Effendi, ich bin nur ein Murid», sagte ich und rätselte, ob er wohl von meinem Potential sprach oder ob ich in seinen Worten eine Zurechtweisung für einen Hochmut sehen sollte, der ihm, aber nicht mir sichtbar war.

«Ich weiß, wer Sie sind, und ich weiß, wie ich Sie zu nennen habe», sagte er. «Aber lassen Sie uns einstweilen über andere Dinge sprechen.»

Der Shaikh sagte, er habe eine Reihe von Vorträgen in verschiedenen Moscheen der Stadt zu halten, und ich sollte ihn dabei begleiten. Wir würden außerdem die Gräber der Heiligen besuchen und an einer Gedenkfeier in einer Tekiya teilnehmen.

«Ich weiß auch, daß Sie bestimmte Fragen haben; wir wer-den uns damit heute abend befassen. Im Augenblick habe ich noch andere Dinge zu tun.»

Während dieser Zeit in Istanbul war ich meist in Gesell-schaft von Shaikh Nun. Ich gewann einen Eindruck von der unglaublichen Gangart eines Shaikh, während wir uns in ei-ner für mich nicht übersehbaren, geschweige denn vorher-sehbaren Weise mal hierhin, mal dorthin wandten. Ich war, so schien es mir, dem Geheimnis jenes Derwisch auf der Spur, der mir vor sechs Jahren, bei meiner ersten Reise in den Osten, vom Großshaikh Daghistani aus der anderen Welt ge-sandt worden war.

«All die Jahre», sagte Shaikh Nun, «habe ich ein *Amanat* (anvertrautes Gut, Pfand) bei mir getragen, das eigentlich Ihres ist. Ich habe diese Last gern getragen, bin jetzt aber froh, daß Sie da sind, um sie zu übernehmen.»

Als ich fragte, wie es zu so etwas komme, sagte der Shaikh:

«Der Großshaikh war ein Seelenfänger. Er sah Sie an jenem ewigen Ort, der *Ezel* genannt wird, und erwählte Sie zu einem der Seinen.»

Ich staunte. Das war alles so unglaublich. Der Shaikh brachte es mir löffelweise bei.

Am Tag vor meiner Abfahrt war ich mit dem Shaikh in der Hügel-Tekiya zusammen, wohin Mustafa mich am ersten Tag gebracht hatte. An diesem Tag gab er mir ein langes persönliches Muhabbat, eine Darlegung zur Linie der Shaikhs der Naqshbandi-Tariqat. Er erläuterte mir die Rolle der Tariqat bei der Läuterung des Herzens und für die Verbreitung des inneren, spirituellen Islam. Er nannte mir die Namen sämtlicher *Awliya* (heiliger Shaikhs) zwischen ihm und dem Propheten, Friede sei mit ihm. Er sagte, es sei nun für mich der Tag, das anvertraute Gut zu empfangen. Ich glaubte zu verstehen und fragte nach den Implikationen. Ich sagte, ich hätte andere Tariqat-Bindungen und sei glücklich, meinen eigenen Shaikh als Führer zu haben. Shaikh Nun sagte, ich könne ganz ohne Sorge sein.

Als ich ihm ein Foto meines Shaikh zeigte, sagte er: «Ich habe ihn schon gesehen. Er ist gut, kein Zweifel. Er ist ein Sohn des Großshaikh.»

In Wahrheit hatte ich keine Ahnung, was es bedeutete, daß mein Shaikh ein Sohn des Großshaikh sei. Zweierlei nahm ich jedoch an: daß mein Shaikh irgendwie zu Großshaikh Daghistani in Beziehung stand und daß das Naqshbandi-Bayat eine Art Beförderung darstellte. Also nahm ich das Gelübde guten Gewissens an. Doch kaum hatte der Shaikh seine Hände von meinen zurückgezogen, da senkte sich eine schwere, dunkle Wolke des Zweifels auf mich herab. Ich spürte etwas Unheilvolles drohen. Hatte ich einen Fehler gemacht?

Ich blieb noch einen weiteren Tag in der Nähe des Shaikh. Als ich mich verabschiedete, sagte er, alles werde sich richtig fügen, doch die Wolke blieb. Ich gab mir redlich Mühe, sie zu vertreiben, unter ihr hervorzukommen oder sie zu vergessen, aber es ging nicht. Diese Wolke folgte mir für den ganzen Rest der Reise. Sie folgte mir durch die Straßen von Damaskus, um die Ka'ba in Mekka und durch die Straßen von Medina, wo der Prophet einst lebte und wandelte.

Shaikh Nun gab mir Anweisungen für die Reise nach Syrien und versicherte mich auch der Unterstützung seiner beiden dortigen Repräsentanten (*Muqaddim*). Diese beiden Männer waren für die Pflege des Grabes von Shaikh Daghistani verantwortlich und lebten in seiner früheren Wohnung, einer einfachen Bleibe unter den Armen, hoch an einem felsigen Hang. Shaikh Nun schickte mich direkt zur Moschee und dem Grab von Shaikh Muhyiddin Ibn 'Arabi, den man auch Shaikh al Akbar nennt. Vom Grab und der Moschee des Großshaikh Daghistani aus ging ich fast täglich zum Gebet in die Moschee von Shaikh al Akbar. Ich empfand sehr deutlich die spirituelle Lebendigkeit der Stadt, doch die politische Lage war gespannt. Mit der Hilfe der Muqaddims, Abdus-Salam und Ibrahim, konnte ich die Ommayid-Moschee besuchen und darin das Grab von Hazreti Yahya, Friede sei mit ihm, der Johannes der Täufer ist. Ich besuchte die Gräber etlicher Gefährten des Propheten, Friede sei mit ihm, darunter auch das von Hazreti Bilal Habashi, dem ersten Muezzin, und das von Hazreti Zainul Abidin, des Enkels von Hazreti Ali. Danach fühlte ich mich zur Weiterreise bereit.

Ich nahm ein Flugzeug nach Djidda, wo ich zwei andere Murids aus der Heimat traf, und zusammen absolvierten wir die Riten des Hajj. Sie blieben nach dem Hajj noch für ein paar Tage in Medina, und ich nahm einen Flug zurück nach New York. Sechs Wochen war ich unterwegs gewesen und freute mich nun wieder auf zu Hause. Shaikh Jami war da und mein Shaikh und viele der Schüler. Kurz nach meiner Ankunft waren sie alle in der Wohnung eines der Derwische versammelt. Als ich hereinkam, standen sie auf und sangen zu meiner Begrüßung ein Lied. Welch ein wunderbarer und herzlicher Empfang, so umringt von den lächelnden Gesichtern der beiden Shaikhs und meiner Brüder und Schwestern auf dem Pfad. Für einen Moment war mir das Herz übervoll, doch dann kam die Wolke wieder. Es war gewiß nicht die Zeit, mit einem Geständnis an den Shaikh heranzutreten, aber zweifellos würde ich mich ihm früher oder später stellen müssen. Mir graute vor diesem Augenblick.

Ein paar Tage später kam Shaikh Jami zum Essen in unsere Wohnung. Unser Shaikh war unterwegs, und Shaikh Jami half uns bei den Vorbereitungen zum *Matem*, den zehn Tagen, in denen der Tötung des Imam Hussein, Enkel des Propheten, und seiner Familie und Gefährten in Kerbela gedacht wird. Mit Shaikh Jami war leichter zu sprechen. Ich erzählte ihm die ganze Geschichte meines Dilemmas. Er hörte geduldig zu, wirkte dann aber außerordentlich bekümmert. Sein Gesicht verfinsterte sich, und etwas Schweres und Zähes verbreitete sich im Zimmer. All das verstärkte natürlich mein eigenes Unbehagen, die Depression und dieses Gefühl von Verlust.

Shaikh Jami, der mir meine Verfassung anmerkte, runzelte die Stirn, beugte sich herüber, faßte mich an und sagte: «Ich kann mir gar nicht vorstellen, daß Shaikh Nun so etwas tut. Als er in Prizren war, hielt ich ihn für einen ehrenwerten Shaikh. Jetzt habe ich meine Zweifel. Haben Sie eine Ahnung, was nun zu tun ist?»

«Vielleicht könnte ich an Shaikh Nun schreiben», sagte ich. «Ich könnte ihn bitten, mich vom Bayat zu entbinden.»

«Ich werde mit Ihrem Shaikh darüber sprechen», sagte Shaikh Jami. «Dann werden wir sehen.»

Ein paar Tage später kam der Shaikh zum Beginn des Matem zurück. Ich ging ihm zur Straße am Fuß des Hügels entgegen. Das Herz schlug mir bis zum Hals, als ich ihn ansprach: «Shaikh Effendi, ich – ich – ich nehme an, Sie haben mit Shaikh Jami gesprochen?»

«Allerdings», sagte er, «und ich muß Ihnen sagen, daß Sie von diesem Augenblick an nicht mehr mein Murid sind! Shaikh Nun ist jetzt Ihr *Rehber* (Führer). Sie werden weiterhin auf der Tariqat und in dieser Tekiya willkommen sein, aber von jetzt an ist meine Beziehung zu Ihnen nur noch die eines Bruders.»

Wie vernichtet stand ich vor ihm, ein sprachloses Häuflein Elend. Seine Worte fielen mir wie Blitz und Donner ins Herz.

Alles, was ich hätte sagen können, vorwegnehmend, fuhr er fort: «Ich bin anderer Meinung als Shaikh Jami bezüglich dieses Briefes, mit dem Sie um Widerruf des Bayat bitten wollen. Man spielt nicht mit dem Tasawwuf! Ich würde eher vorschlagen, daß Sie an Shaikh Nun schreiben und sich bedanken. Ich wollte Sie zum Derwisch machen, aber nun hat er Sie zu *seinem* Derwisch gemacht. Immerhin finde ich es interessant, daß Sie von meinen fünf Murids, die in der Türkei waren, der einzige sind, der in diese Falle gegangen ist. Die versuchen doch nur, Sie Ihrem eigenen Hazreti Pir Hayyati wegzunehmen. Aber vielleicht ist das ja alles die *Hikmat* (Weisheit) Allahs. Ich muß jetzt gehen. *Assalaamu alaikum.*»

Er ließ mich am Boden zerstört dort an der Straße zurück. Jedes seiner Worte vertiefte mein Entsetzen und ebnete die verkohlten Reste meiner Welt zu schwelender Asche ein.

Der Shaikh war zur Eröffnung des Matem bei uns und gab uns dann in die Obhut von Shaikh Jami. Shaikh Jami blieb die ganzen zehn Tage in der Tekiya. Jeden Nachmittag führte er das Muhabbat über die Ereignisse in Kerbela, den Schauplatz der Tötung. Wir folgte dem Imam Hussein, möge Gott sich seiner erfreuen, und den zweiundsiebzig *Shahids* (Märtyrer), die bei ihm waren in den Tagen bis zu dem furchtbaren Gemetzel, das Yazid anrichtete. Mein eigener Schmerz hatte zwar keinen hehren Grund, doch immerhin war er tief genug, und so fiel es mir nicht schwer, mich mit dem großen Leiden des Hazreti Imam Hussein zu identifizieren. Ich bekam eine Ahnung von der Entschlossenheit und Opferbereitschaft, die von jenen Seelen verlangt ist, welche im Dienst der Wahrheit stehen. Tiefer wurde mein Schmerz noch dadurch, daß ich mich als Verräter an meinem Shaikh fühlte, dem einzigen Menschen auf der Welt, der mich wirklich liebte. Niemand kannte mich besser, und niemand hatte mich je so bedingungslos angenommen. Niemals war ich mehr ich selbst gewesen und niemals so offen und zugänglich für einen anderen. Die Liebe meines Shaikh wollte nichts für sich selbst. Sie schien einfach auf mich herab, so vorbehaltlos wie das Licht der Sonne, in welcher Verfassung ich auch sein mochte. Im spirituellen Sinne war der Shaikh mir Mutter und Vater, meine Anlagen schützend, lenkend und nährend. Er war Sonne und Mond für mich, einen wüsten Erdball, der sich ohne ihn sinnlos um sich selbst drehte. O, wie das wehtat! Ich verbrachte diese Matem-Tage in meinem ganz eigenen Chaos. Ich erzählte niemandem davon. Wie hätte ich es mitteilen sollen? Shaikh Ahmets glühende Tränen der Liebe hatte ich nicht, aber doch meinen ganz eigenen Ozean der Qual. Ich weinte seine Wasser in der Finsternis meiner Nächte und füllte ihn bis zum Überfließen mit den eisblauen Tränen des Verlusts.

Jeder Schmerz, jedes Leid, das dir in Körper und Herz dringt, zieht dich bei den Ohren zum gelobten Ort. Er hat dich aus jeder Richtung heimgesucht, um dich zurückzuziehen zum Richtungslosen.

William C. Chittick, The Sufi Path of Love:
The Spiritual Teachings of Rumi

Shaikh Jami reiste nach dem Matem ab, weil andere Tariqat-Angelegenheiten ihn riefen. In New York war eine *Hadrah* (Zusammenkunft) geplant, aber sie würde erst im November stattfinden, und bis dahin waren es noch zwei Monate. Bis zu diesem Treffen sah ich weder meinen Shaikh noch Shaikh Jami. So schleppte ich meine Last durch die Tage und sah keine Aussicht auf Erlösung. Aber ich schrieb in dieser Zeit einen Brief an meinen Shaikh. Es war der schwierigste Brief, den ich je geschrieben hatte. Ich schüttete ihm mein Herz aus in ehrlichem Bedauern und bat ihn, mich als seinen Murid zu behalten.

Ich hörte kein Wort bis zur Hadrah in New York City. Es war angekündigt worden, daß mehrere Derwische bei diesem Treffen als Hauptuntergebene des Shaikh (*Wakil*) eingesetzt werden würden. Shaikh Jami würde die Zeremonie leiten. Auf der Fahrt nach New York ging ich davon aus, daß ich ihn anschließend für lange Zeit nicht sehen würde. Und da weder er noch mein Shaikh weiteres zu Shaikh Nun hatten verlauten lassen, war wohl anzunehmen, daß ich das Rufai-Bayat nicht erhalten würde, von dem Shaikh Jami in Prizren gesprochen hatte. Ich dachte, es werde wohl mein Schicksal sein, weiterhin in diesem wüsten Wirrwarr zu leben.

Als ich in New York angekommen war, ließ Shaikh Jami mich zu sich rufen. «Ich möchte nur wissen, wo Ihr Herz ist», sagte er. «Sie sollen wissen, daß Ihr Shaikh und ich Sie sehr lieben. Wir möchten Sie als unseren Derwisch, und das möchte auch Hazreti Pir.»

«Shaikh Effendi», sagte ich, «ich empfinde eine so tiefe Zuneigung zu Hazreti Pir. Und ich liebe Sie und meinen Shaikh. Ohne Sie bin ich verloren.»

«Dann haben Sie noch eine besondere Aufgabe zu bewältigen», sagte Shaikh Jami. «Danach, heute abend, werde ich Sie zu einem Rufai-Derwisch machen.»

Das war nun eine überraschende Wendung. Als ich fertig war mit dem, was er mir auftrug, schickte er mich nach oben in ein anderes Zimmer. Ich trat ein – und blickte direkt meinem Shaikh ins Gesicht. Er saß mit einigen Derwischen an einem Tisch. Er nahm ein Stück Kuchen von seinem Teller und streckte mir die Hand hin. Einen Moment lang blieb ich wie erstarrt stehen, war aber auf sein Nicken hin mit ein paar schnellen Schritten am Tisch, um den Kuchen entgegenzunehmen. Dann wies er mir einen leeren Stuhl ihm gegenüber an.

«Ich habe Ihren Brief bekommen», sagte er. «Und ich nehme Ihre Entschuldigung an. Aber wir haben noch so manches zu besprechen. Sie müssen noch viel lernen über Tariqat.»

Ich erzählte ihm von meinem Gespräch mit Shaikh Jami, und er gab sein Einverständnis zu dem Vorhaben. An diesem Abend erhielt ich die zweite Schneide meines Zulfikar, das Bayat eines Rufai-Derwisch. Die schwere, dunkle Wolke, die mir von der Türkei an gefolgt war, hob sich endlich ein wenig, doch die Schwierigkeiten waren noch nicht ganz überwunden.

Bald danach fand ein langes und sehr wichtiges Gespräch mit meinen Shaikh statt. Er klärte mich über viele Tariqat-Fragen auf. Er unterrichtete mich über Pirs und Shaikhs und über das Wesen eines Bayat. Und er erinnerte mich an meinen eigenen Pir, Hazreti Hayyati.

«Dies war Ihre erste Bestätigung», sagte er. «Es ist Ihre erste goldene *Silsila* (Kette), die Sie – über mich – mit Hazreti Pir verbindet. Es ist die erste Öffnung, und Sie werden keinen Frieden haben, wenn Sie sie nicht in Ehren halten. Diese erste Verbindung bleibt grundlegend, und was auch immer später kommen mag, ist zusätzlich. Sie sind dieser Verbindung ein Leben lang verantwortlich. Sie sind ja nicht von der Straße zu Shaikh Nun gekommen, sondern als einer aus diesem Kreis. Ihre Lage ist ungefähr die eines franziskanischen Priesters, der Dominikaner wurde. Es geht hier also um die Konversion eines Konvertierten. Vielleicht ist es jetzt Zeit, an Shaikh Nun zu schreiben. Sie können ihm mitteilen, daß ich nicht bereit bin, Ihre Sache zu vertreten, denn ich trage schon die *Sanjak* (Fahne), die unser Pir mir gab. Ich vertraue Sie dem Urteil seines Herzens an. Sie müssen ihn fragen, von welcher Tariqat Sie sich trennen sollen, aber Sie müssen wissen, daß ich nicht für die Durchtrennung Ihrer goldenen Silsila zu Hazreti Pir Hayyati die Verantwortung tragen kann.»

Plötzlich wurde mir das Herz wieder schwer. Mein Dilemma war doch noch nicht ganz gelöst. Irgendwie hing ich immer noch in der Schwebe zwischen zwei Shaikhs zu beiden Seiten des Ozeans.

«Sie müssen außerdem wissen», fuhr der Shaikh fort, «daß nicht ich Sie in diese Verwirrung gestürzt habe. Was Ihnen geschieht, ist Allahs Ratschluß, um Ihnen weiterzuhelfen zur *Ma'rifat* (Erkenntnis).»

Ich nahm an, daß diese Worte über Ma'rifat sich auf irgendeine ferne Zukunft bezogen. Mir war eher, als hätte ich kaum Tariqat erreicht, das Stadium, auf dem der Pfad sich öffnet, und so konnte ich nicht mitreden über Ma'rifat oder auch nur über das vorausgehende Stadium, das *Haqiqat* genannt wird, das Sehen des Wirklichen. Zum Glück weiß ich aber inzwischen dies: Murids verstehen ziemlich wenig, während sie den Pfad gehen. Das Verstehen ist in gewisser Weise gar nicht Sache des Murid. Ihnen obliegt es zu dienen und sich fraglos zu unterwerfen. Am Ende, so Gott will, werden die Antworten sich einstellen, und alles wird klar sein. So schrieb ich also auf der Suche nach einem Ausweg meinen ersten Brief an Shaikh Nun. Ich bat ihn respektvoll, das Bayat zurückzunehmen.

Binnen eines Monats hielt ich seine ganz entschiedene Antwort in Händen. Sie lautete, kurz gesagt: Kommt überhaupt nicht in Frage! Und machen Sie sich gefälligst klar, daß das hier kein Kinderspiel ist!

Als ich meinen Shaikh mit hängendem Kopf vom Inhalt dieses Briefes informierte, ließ er mich trotzdem weiterhin im wesentlichen allein mit diesem Dilemma und all seinen Nöten und Konflikten ringen.

Er erinnerte mich jedoch an Dinge, die er früher schon gesagt hatte: «Wie ich schon sagte, kann ich die Verantwortung für den Bruch Ihrer ersten goldenen Silsila zu Hazreti Pir nicht übernehmen. Ich habe auch nicht verlangt, daß Sie Ihr Naqshbandi-Bayat noch einmal überdenken sollen. Ich habe Ihnen sogar gesagt, daß es eine Höherstufung bedeutet. Ich vertraue Sie also weiterhin dem Urteil von Shaikh Nun an.»

«Aber wie ist es mit dem Hizmet?» fragte ich. «Alles zusammen ist wirklich ziemlich schwer. Was soll ich tun?»

Völlig ungerührt von solchem Gejammer erwiderte er: «Das ist wie mit verschiedenen Nationalküchen. Die Grundzutaten sind in der französischen, italienischen oder deutschen Küche die gleichen, mögen diese ansonsten auch noch so verschieden sein; so ist auch Ihr Hizmet überall das gleiche. Jede Cuisine ist auf ihre Art köstlich, aber ißt man sie durcheinander, dann bekommt man Bauchweh. Sie stehen also vor dem Problem, was sie behalten und was Sie aufgeben sollen. Sie müssen von Shaikh Nun erfahren, von welcher Tariqat Sie sich trennen müssen. Schreiben Sie ihm noch mal.» Sehr ernst fuhr er fort: «Sie gehen in der Tawakkal-Frage jetzt durch ein sehr tiefes Tal. Wußten Sie, daß es gegenwärtig keinen einzigen *Mutawakkal* (Schüler im Stand des Vertrauens) in unserem ganzen Kreis gibt?»

So setzte ich mich also wieder hin, um zu schreiben. Diesmal bat ich flehentlich um Gottes Beistand. Im Vollbewußtsein dieser Zerrissenheit zwischen den Shaikhs, legte ich Herz und Seele in dieses Schreiben. Als ich den Brief in den Kasten warf, sprach ich Friedensgebete (*Salawat*) für Hazreti Muhammad und vertraute die Entscheidung in dieser Sache Gott an.

Es vergingen etwa zwei Monate, bis ich Shaikh Nuns Antwort erhielt. Es war Frühling, als der Brief kam. Diesmal war der Tonfall milder. Shaikh Nun erklärte, der Zikr sei allen Tariqats gemeinsam, nur bestehe die Methode seiner Tariqat darin, ihn stumm und nur im Herzen zu üben. Er sagte auch, er habe in seinem ersten Brief so schroff geantwortet, weil ein Shaikh es gar nicht gern sieht, wenn die Murids vor ihren Problemen davonlaufen. Er fügte liebevolle Salaams an meinen Shaikh hinzu und schloß mit der Einladung zu einem Besuch.

Der Flieder entlang des Weges über das Tekiya-Grundstück wollte gerade aufblühen. Ich hatte mein Dilemma durch die stillen Wintertage getragen und fragte mich zweifelnd, ob es wohl je wieder Frühling werden würde. Jetzt, plötzlich, berührte der Flieder mein Herz wieder mit seinem Duft, die Lebensgeister regten sich, und neue Hoffnung keimte auf. Als ich mit dem Shaikh sprach, war dieser Duft noch um mich.

«Wenn Sie jetzt an Shaikh Nun schreiben», sagte er, «müssen Sie ihm sagen, daß wir seinen gütigen Brief mit der Erklärung des wunderbaren Hizmet, das er Ihnen in Istanbul erwies, erhalten haben. Sagen Sie ihm, ich sei sehr bewegt von seiner Güte und Großzügigkeit, solch einen Schatz mit uns zu teilen. Sagen Sie ihm, daß wir dankbar seine Belehrung über den Zikr des Herzens entgegennehmen, um die Schönheit der Gemeinsamkeit zwischen den Tariqats noch zu vertiefen.

Sie haben meine Erlaubnis, seinen Anweisungen zu folgen, und als ein Zeichen unserer Liebe und Achtung ihm gegenüber werden wir alle Nutzen zu ziehen versuchen aus dem, was er Ihnen sagte. Sagen Sie unserem geliebten Hajji Shaikh Nun Effendi, daß wir seine Einladung als sehr gütig empfinden und die erste sich bietende Gelegenheit nutzen werden, um die Familie des Propheten zu besuchen und seine Hände zu küssen, die die *Sanjak sherif* (edle Fahne) hält und die Wahrheit von der Einheit Allahs über alle Länder verbreitet. Wir sehen erwartungsvoll der Gunst entgegen, in seiner Gegenwart zu sitzen und vom Licht des Propheten, das sein Schatten ausstrahlt, erleuchtet zu werden. Sagen Sie Shaikh Effendi, wir verstünden seine Worte so, daß Zikr ohne Herz wie eine Rose ohne Duft ist. Und sagen Sie ihm, daß wir großen Nutzen ziehen aus der Weisheit seiner Belehrung.

Senden Sie ihm auch meine Salaams mit liebevoller Hochachtung. Ich küsse meine Hand und lege sie ihm auf Herz und Stirn als Ausdruck meiner Liebe und tiefen Achtung gegenüber der Naqshbandi-Tariqat und seiner erhabenen Stellung. Sagen Sie Shaikh Effendi, daß seine Unterweisung viele Lebenserinnerungen in mir wachruft. Die dürren Blätter der verstreichenden Tage bedecken die Straßen unserer Reise durch diese Dunya-Welt. Seine Worte kommen wie der Windhauch, der die Blätter bewegt und den kleinen locken-köpfigen Jungen, der einst bei seiner Großmutter saß und Hizmet lernte, nun auch hier sitzen und den *Sherif* (der Platz, der einem zusteht) mit mir in unserer Tekiya teilen läßt. Sagen Sie ihm, daß ich ihm danke für den Sherbet der Erfrischung aus der Wüste, die er durchwandert, dürstend nach Liebe zu Allah.

Senden Sie ihm Salaams und liebevolle Hochachtung für die gesamte Gemeinschaft der Armen, die in seinem Land um die Fahne des Propheten geschart ist.»

All das gab ich genau so an Shaikh Nun weiter. Die ganze Erfahrung blieb noch sehr lange in mir lebendig. Nach Jahren noch war ich mir nicht ganz sicher, ob sie wirklich zu Ende sei. Ich war so enttäuscht von mir selbst, und es war mir peinlich, daß ich mich in diese unmögliche Lage zwischen den Shaikhs gebracht hatte. Das schien nun vorbei zu sein, auch der Shaikh sagte das, aber es blieben doch Reste von Schuldgefühl und Zweifel zurück. In einem Gespräch mit dem Shaikh kam die Sprache wieder auf dieses Thema.

«Shaikh Nun ist sehr weise», sagte er. «Und wie Sie gesehen haben, kann alles mögliche passieren. Ihr Glück war, daß Sie in Ihrem Loyalitätsdilemma völlig ungeteilt blieben in Ihrer Loyalität gegenüber Allah und Seinem Propheten, Friede sei mit ihm. Sie sehen, die Tawakkal-Frage kommt immer wieder auf. Das ist nichts, was man auf einen Schlag bewältigen kann. Es wird immer wieder behandelt, bis es so fest im Herzen verwurzelt ist, daß man sich bereitwillig ergibt. Dann können die Dinge geschehen. Shaikh Nun und ich haben Sie absichtlich in dieser Verwirrung gehalten. Sie fragen sich jetzt, ob es abgeschlossen ist. Sie brauchen sich nicht ständig Vorwürfe zu machen. Mir ist klar, daß Sie nur ein Rätsel zu lösen versucht haben. In Wirklichkeit war das alles schon am Anfang abgeschlossen. Sie sind von keinem der Pirs zurückgewiesen worden. Beide haben Sie in Ezel gesehen, an diesem ewigen Ort der Endlosen Zeit.»

Damit rundete sich nun allmählich die Lehre der dritten Reise. Sie war mir wie eine endlose Geschichte vorgekommen. Das Geheimnis des Großshaikh hatte sich durch sieben

Jahre meines Lebens gezogen. Bei dem Versuch, dieses Geheimnis zu lüften, hatte ich beinahe meinen Shaikh verloren.

In der Zeit, in der Shaikh Ahmet bei uns zu Besuch gewesen war, hatte unser Shaikh in einem seiner letzten Muhabbats eigentlich alles deutlich genug gesagt: «Von *vor* aller Zeit her sind Sie bis hierhin gelangt. Jetzt sollte es für Sie nur noch um das gehen, was *nach* der Endlosen Zeit ist. Wem es um Dunya geht, der bekommt Dunya. Wem es um Akhirat geht, der bekommt Akhirat. Aber Sie müssen wissen, daß Sie sich der *Batin*(unsichtbaren)-Welt der inneren Bedeutung nur nähern können, wenn kein Körnchen Hochmut mehr in Ihnen ist. Was heißt das schon, wenn Sie mal Zahnweh oder Schwierigkeiten mit den Augen haben? Hüten Sie sich, solche Probleme vor Allah zu setzen und ihnen mehr Beachtung zu schenken als Ihm. Seien Sie dankbar in dem Wissen, daß solche Plagen in der Dunya-Welt Geschenke Allahs sind. Und denken Sie daran, daß *Qiyamat* kein Märchen ist, dieser Tag, an dem die Sonne schmelzen wird und die Menschen betteln werden, die Erde möge sie verschlingen, um nur ja nicht dem Grauen ihrer Zerstörung ausgesetzt zu sein und die Folgen ihrer Taten erleiden zu müssen.»

Die ganze spirituelle Reise beschreibt also den Weg der Seele von Ewigkeit zu Ewigkeit oder, wie der Shaikh sagte, von der Endlosen Zeit vor dem Abstieg der Seele auf die Erde bis zur Endlosen Zeit nach dem Aufstieg der Seele zurück zur Ewigkeit. Wenn der Sucher sich als solch einen Reisenden erkannt hat, gewinnt er Einsicht in diese Wahrheit. Könnte er das Leben aus göttlicher Perspektive sehen, so würde ihm nicht verborgen bleiben, wie dieses Leben mit all seiner Süße und Bitterkeit mit der Schnelligkeit des Windes verfliegt. «Die Zeit verstreicht schnell wie die Zeit», hatte der Shaikh einmal gesagt. Ja, wenn wir wieder in der Ewigkeit stehen, wird nur ein Augenblick vergangen sein. Deshalb ist der gegenwärtige Augenblick hier auf dieser Erde unser wertvollstes Gut. Jetzt, wenn auch nur für einen Augenblick, ist uns Zeit gegeben, und ich mühte mich jahrelang zu lernen, wie man sie nutzt. Vielleicht weiß ich es immer noch nicht. Das Rätsel des Großshaikh war eine großartige Erfahrung für mich, doch ich hätte es mir gar nicht erst zum Anliegen machen sollen, dieses Rätsel zu lösen. Es war nicht die Absicht des Großshaikh, mich zu sich hinzuziehen – es ging stets nur um Gott den Allmächtigen, ob ich es verstand oder nicht. In diesem Zusammenhang stieß ich auf den folgenden Rat eines Suchers, der das Ziel der Reise erreicht hatte. Das Werk aller Shaikhs und der Sinn der Tariqat ist darin enthalten. Möge Allah uns Ohren geben, die hören, und das hohe Streben (*Himma*), das uns zum richtigen Handeln führt:

«Dringen Sie in den Kern der Sache», sagte er. «Das Leben ist so kurz! Vergessen Sie Ziele, Trancen, alles Gieren nach Offenbarung, Himmelsreisen, Wundern – all das spirituelle Spektakel. Machen Sie einfach weiter in dem Bemühen, das Brandzeichen Allahs auf Herz und Hirn zu vertiefen, damit alle sinnliche, träge, satanische Finsternis und Schmutzigkeit des weltlichen Denkens durch die ‹Energie› und das Licht der Sonne Seines majestätischen Namens, Allah, aus Ihrem Menschsein vertrieben wird. Zikr verändert die Dinge, es wirkt tatsächlich, und eines Tages ist das ‹Klick› da.»
Faqir Nur Muhammad, *Irfan*

Dieser Rat fügte alle Bruchstücke zusammen: der Besuch von Shaikh Ahmet und seine Koranunterweisungen; Shaikh Jami beim Matem und seine Worte über den Imam Hussein; der Großshaikh Daghistani und sein Bemühen, mir zu zeigen, daß die Ewigkeit real ist; Shaikh Nun und seine Lehre von der Einheit der Tariqats und von der Schönheit des stummen Zikr; und mein Shaikh mit seinen Belehrungen über die Eitelkeit und die Tricks des Ego, über Engagement und Zielstrebigkeit, über Loyalität, Vergebung und Liebe. Der oben zitierte Ratschlag, der die Lehren meiner dritten Reise abschloß, ist ausreichend für jeden Schüler, der ihn hören und ihm in seinem Leben einen festen Platz verschaffen kann. Der Sucher muß wissen, daß Gott der einzige Führer und das einzige Ziel ist. Das Dilemma zwischen den beiden Shaikhs ließ mich erkennen, daß ich das eigentlich Wichtige gänzlich verfehlte, solange ich der Derwisch dieses oder jenes Shaikh zu sein begehrte. Ich hatte nichts anderes zu sein als der Derwisch des Allerhöchsten Gottes.

11. *Das Feuer*

Qulna ya naru kuni bardan
Wir sagten: «O Feuer, sei kühl!»

Im Frühherbst meines siebten Jahres auf dem Pfad berief der Shaikh eine besondere Zusammenkunft ein. Es ging um die Zeremonie für die Eröffnung einer neuen Tekiya. Das war ein fröhlicher und festlicher Anlaß, denn auch die Tage des Eid-Festes fielen in diese Zeit. Shaikh Jami und mein Shaikh waren da, zumindest einen Teil der Zeit, und es herrschte ein Gefühl von Nähe und Gemeinschaft und Herzensfreundschaft. Über uns der blaue Himmel der noch fast sommerlichen, langen Tage. Der Kreis der Schüler wuchs, der Zikr war eine Wohltat, und auch dieses neue Haus zeugte von Wandel und Wachstum. Weitab aller Betriebsamkeit lag es eingebettet in die Wälder des kanadischen Ostens. Sogar das Bauholz stammte aus eben diesen Wäldern, und die Bauarbeiten wurden von einer Handvoll Schüler ausgeführt, die zwar nicht vom Fach, dafür aber von großer Einsatzbereitschaft waren. Ein Derwisch vertrat dort den Shaikh, und die Schüler reisten aus ihren Heimatstädten an, um sich am Dienen (*Hizmet*) zu beteiligen und am Segen (*Baraqa*) der Arbeit teilzuhaben.

Ich saß mit zwei anderen Schülern im Auto, ein zufriedener Passagier, der sich freute, diese Reise machen zu können. Wir waren in den frühen Morgenstunden aufgebrochen, um zu der vom Shaikh angesetzten Zeit dort zu sein. Die Fahrt verlief ohne Zwischenfälle, und wir lachten und plauderten oder genossen das Schweigen. Die kanadische Landschaft zog vorbei wie ein grandioser Film, wunderbare Hügellandschaften und atemberaubende Gewässer. Die Bäume, deren Laub in diesem weichen Morgenlicht in allen Pastelltönen von Gelb, Orange, Braun und Rot leuchtete, flogen vorbei wie riesige Blumensträuße.

Wir erreichten die Tekiya kurz vor Mittag. Shaikh Jami und einige andere Schüler, die vor uns angekommen waren, empfingen uns sehr herzlich. Einige von uns setzten sich zu ihm, um sein Muhabbat zu hören. Es waren auch ein paar Leute aus der Moschee von Ottawa da, und später kam unser Shaikh, der im Gespräch mit einigen Schülern spazierengegangen war. Er bestritt das weitere Muhabbat zusammen mit Shaikh Jami, verblüffte uns wie immer mit seinem Wissen und seiner Weisheit und ließ uns einmal mehr schmerzhaft deutlich werden, wie weit wir noch zu gehen hatten.

Gebete und Zikr erfüllten diesen Tag wie jeden anderen, und da es Freitag war, kamen auch noch die Jumah-Gebete hinzu. Nach dem Jumah begannen die Eröffnungszeremonien. Sie waren schlicht gehalten und ganz auf die Bestimmung des Gebäudes ausgerichtet: Es sollte dem Gottes-Dienst, dem Vorbild des Propheten und der Einheit des Glaubens gewidmet sein, jener Ur-Erklärung des Islam, die da lautet: «Es gibt keinen Gott außer Gott.» Nach der Zeremonie gab es draußen etwas zu essen, und dann machten wir uns an die Arbeit. Manche von uns hatten sich vorgenommen, Opferungen auszuführen, wie es in diesen Eid-Tagen üblich ist. Einige halfen bei der Beschaffung der Schafe, die als Opfertiere (*Qurban*) dienen würden, andere, die sich damit auskannten, gingen beim Fesseln der Beine und nach der Schlachtung beim Abziehen und Zurichten zur Hand. Die Shaikhs und wir übrigen standen im Kreis um diese Szene. Wir sprachen den Zikr, *La ilaha ill' Allah*, während der Opfernde das Messer zog, und da wurde mir plötzlich der ganze Ernst dieses Vorgangs wieder bewußt. Ein Koranvers kam mir in den Sinn, so klar und scharf wie die Messerklinge:

Weder ihr Fleisch noch ihr Blut gelangt zu Gott, wohl aber eure Gottesfurcht. So hat er sie [die Opferkamele] euch dienstbar gemacht, damit ihr Gott dafür preiset, daß

er euch rechtgeleitet hat. Und bring denen, die fromm
sind, gute Nachricht.

Koran 22,37

Am Nachmittag kündigte der Shaikh an, am Abend werde es
Schaf am Spieß geben. Ein paar von uns kümmerten sich um
Feuer und Drehgestell. Die letzte Opferung wurde in der
Abenddämmerung vollzogen, und eines der Schafe drehte
sich bereits über dem Feuer. Wir sprachen das Sonnenunter-
gangsgebet (*Salatul Maghrib*) und versammelten uns dann
draußen um die Feuerstelle. Sie wärmte uns, denn die Nacht
wurde kühl, und es kam die spielerische Fröhlichkeit auf, die
man nach einem Tag voller Arbeit empfindet.

Die beiden Shaikhs trugen uns auf an diesem Abend. Sie
überwachten und tranchierten den Braten, richteten jedem
liebevoll sein Mahl auf einem Teller an. Ich beobachtete diese
beiden Männer des Lichts, die so natürlich und gelassen dort
walteten, so warm wie die Flammen und noch lichtvoller. Sie
halfen uns, die Dunkelheit aus unserem Leben und unseren
Herzen zu vertreiben und die Flammen des inneren Feuers zu
schüren. Shaikh Jami würde noch am selben Abend nach
New York fliegen, aber er wollte zum Matem, dem Geden-
ken an die Ereignisse, die zum Tod des Imam Hussein führ-
ten, wieder bei uns sein, bevor er in seine Heimat zurück-
kehrte. Ich erinnerte mich an die Matem-Feier vor einem
Jahr. Ich erinnerte mich an die schmerzhaften Worte des
Shaikh, als er mich in meiner Verlorenheit dort unten an der
Straße stehenließ. Ich erinnerte mich an den Rückhalt, den
Shaikh Jami mir gegeben hatte in den Monaten, als die Briefe
zwischen mir und Shaikh Nun über den Ozean hin und her
gingen. Da war ich mitten im Feuer gewesen, und alles, was
mir wertvoll war, schien in Rauch aufzugehen. Es war eine
Zeit der Reinigung und des Wachstums gewesen. Lob und
Dank sei Gott für die Lehren, die mir da durch Schmerz und
Leiden zuteil wurden. Es ist wahrlich so, wie ein Weiser ein-
mal gesagt hat, daß die Läuterung durch das Feuer geschieht.

Solange Maria die Schmerzen der Geburt nicht fühlte, ging
sie nicht auf den Baum des Glücks zu. «Und die Wehen

veranlaßten sie, zum Stamm der Palme zu gehen» (*Koran* 19,23). Der Schmerz brachte sie zum Baum, und der dürre Baum trug Frucht. Der Körper ist wie Maria, und jeder von uns hat einen Jesus in sich. Kommt der Schmerz, so wird unser Jesus geboren werden. Kommt der Schmerz aber nicht, so wird Jesus auf derselben verborgenen Straße, auf der er kam, an seinen Ursprung zurückkehren. Wir werden dann seiner beraubt sein und die Wohltat nicht empfangen.

Hazreti Rumi

Die tanzenden Flammen des Feuers hatten ihr Werk getan und legten sich zur Ruhe auf ihrem Bett von Glut. Nach dem Hauptgang unseres Mahls zogen wir uns zur Kühle des Gebets und zum flammend heißen Nachtisch unseres Zikr in die Tekiya zurück. Es war eine wahrhaft sufische Nacht der Kraft, des Gedenkens und des Feierns, ein gemeinsamer Tanz aller Versammelten und unserer beiden geliebten Shaikhs am Saum eines endlosen Ozeans des Lichts entlang.

Am nächsten Tag standen wir alle früh auf. Nach dem morgendlichen Gebet und Zikr gab es Frühstück, und dann gingen wir draußen an die Arbeit. Ein altes und baufälliges Gebäude, eine Art kleine Scheune oder großer Schuppen, sollte auf Anordnung des Shaikh eingerissen werden. Es stand am Rand einer großen freien Fläche, knapp hundert Meter von der Tekiya entfernt. Eine Reihe hoher Bäume und etliche Zaunpfähle bildeten eine Art Verbindung zwischen den beiden Gebäuden.

Ich war unter den Schülern, die sich mit Feuereifer daranmachten, den Schuppen einzureißen. Etwas abseits von der Stelle wurden zwei Scheiterhaufen errichtet. Einige Schüler zerrten die abgerissenen Bretter und demontierten Balken zu den Feuern, manche arbeiteten etwas mehr in Richtung Tekiya an anderen Projekten. Es wurde ein heißer Tag, und die Sonne brannte auf uns herunter. Das nähergelegene der beiden Feuer strahlte ebenfalls Hitze ab, in Wellen, die wabernde Schatten auf den Boden warfen und uns in Schweiß badeten. Am späten Vormittag war das Gebäude immer noch nicht ganz eingestürzt. Bald würden wir Arbeitskräfte verlieren, denn manche Schüler konnten nicht länger bleiben. Der Shaikh hatte seinem Wakil (Stellvertreter) aber gesagt, das Gebäude würde noch am selben Tag dem Erdboden gleichgemacht werden; wir wußten das, und einige begannen schon daran zu verzweifeln, daß wir es schaffen würden – ein bohrendes Gefühl von Niederlage breitete sich aus. Irgendwann stieß dann der Shaikh zu uns, der mit einem seiner Stellvertreter unterwegs gewesen war. Natürlich war das der Augenblick, der alles in Bewegung setzte.

> Als Mose zu seinen Angehörigen sagte: «Ich habe ein Feuer wahrgenommen. Ich werde euch Nachricht darüber bringen oder ein brennendes Stück Glut. Vielleicht könnt ihr euch wärmen.»
>
> *Koran* 27,7

Der Shaikh fragte seinen Wakil ganz direkt: «Können wir es nicht auch abbrennen? Wie soll ich sonst mein Versprechen halten, daß es heute verschwindet? Jede andere Methode dauert zu lange.»

Wir hielten den Atem an. Der Derwisch schaute den Shaikh an.

«Hmmm», brummte dieser und zeigte auf die Baumreihe, die direkt zur Tekiya hinführte. «Könnte natürlich sein, daß die Tekiya abbrennt. Jedenfalls brauche ich Ihre Erlaubnis, schließlich ist es ja Ihr Haus.»

Der Derwisch schaute ihn mit unbewegter Miene an. «Einverstanden», sagte er. Sonst wurde kein Wort gesprochen.

Der Shaikh bat um Streichhölzer und legte Feuer an einen Rest Heu, der noch unter den Brettern lag. Er wies einen der Schüler an, ringsum weitere Feuer unter dem Holz zu entfachen und die Brandstiftung auf sich zu nehmen, falls die Polizei Fragen stellen sollte. Unmittelbar darauf wandte der Shaikh sich ab, ging den Weg zur Tekiya hinüber und verschwand im Haus. Minuten später prasselte und brauste das Feuer, daß die Erde zitterte. Wir standen wie gebannt da und starrten in die orangefarbenen und blauen Flammen, die fünfzehn Meter hoch aufloderten. Das Feuer sog Luft an, als wäre es ein riesiges, gieriges Vakuum, es spie kleine Flammenzungen bis an die trockene Rinde der Bäume, wo sie zerplatzten wie Feuerwerk.

> Als er dann hinkam [zum Feuer], wurde ihm zugerufen: «Gesegnet ist, wer sich im Feuer und in seiner Umgebung befindet. Und gepriesen sei Gott, der Herr der Menschen in aller Welt!»
>
> *Koran* 27,8

Was wir nicht wußten: Unterwegs zur Tekiya hatte der Shaikh bei einer anderen Gruppe arbeitender Schüler im Vorübergehen und mit Bestürzung in der Stimme die Bemerkung fallen lassen, irgendsoein verdrehter Städter habe Feuer gelegt.

Unten am Feuer starrten immer noch alle, die dort gearbeitet hatten, wie hypnotisiert in die Flammen. Manche Flammenfinger langten bedrohlich bis in die Baumkronen hinauf, und einer der Murids fragte den Wakil, ob er den am nächsten stehenden Baum fällen dürfe, damit wenigstens die anderen geschützt blieben.

«Nein», sagte der Wakil. «Rührt nichts an.»

In der anderen Gruppe von Schülern, die die Bemerkung des Shaikh gehört hatten, fragte man sich inzwischen, was zu tun sei. Zwei von ihnen, ihrer inneren Stimme folgend, sprangen in ein Auto, um Hilfe zu holen. «Wir holen die Feuerwehr!» schrie einer noch aus dem Fenster des davonbrausenden Wagens.

«Nein, warte!» schrie jemand ihnen nach, aber es war zu spät. Ich schrie innerlich mit diesem Schüler, denn so verständlich diese Reaktion war, die Feuerwehr, fand ich, hatte hier nichts zu suchen. Nun brach ein wildes Durcheinander los, weil alle jetzt ihrer inneren Stimme folgen wollten – und es waren viele. Was, wenn man abwartete und die Tekiya abbrannte? Wenn man sah, wie die Flammen in die Bäume hinauffleckten, war es wirklich schwer zu glauben, daß der Shaikh wußte, was er tat. Hat Gott die Sache in der Hand? Der Shaikh? Ich? Zweifle ich, obwohl ich äußerlich ruhig bin, oder weiß ich, daß alles in Ordnung ist, auch wenn es der schiere Widersinn zu sein scheint?

Jeder war in diesem Augenblick gezwungen, sich selbst zu erforschen, und jedem wurde so das Maß seines Zweifels deutlich.

Lege kein Feuer ans Dickicht und bleibe still, mein Herz. Zieh deine Zunge zurück, denn deine Zunge ist eine Flamme.

Hazreti Rumi

Die Bäume, die dem Feuer am nächsten standen und daher am meisten gefährdet waren, verloren kaum ein Blatt. Trocken, wie sie waren, blieben sie fast unverändert stehen mit ihrem Herbstlaub. Auch die Stämme, ein wenig rußgeschwärzt, blieben völlig unversehrt. Es war, als würden sie die Flammen zurückwerfen oder hätten etwas in sich, das sie kühlte.

Dann kam ein Augenblick, in dem plötzlich jeder wußte, daß alles unter Kontrolle war. Das Feuer lag ganz in den Händen des Allmächtigen Gottes, und jeder, mochte er noch so gezweifelt haben, hatte dieses wunderbare Wirken mit seinen Augen und in seinem Herzen verfolgt. Als die Feuerwehr kam, war in keinem der Bäume auch nur ein einziges Flämmchen zu entdecken, und obgleich das Feuer hier und da noch ein wenig aufflackerte, war eigentlich für jeden zu sehen, daß keinerlei Gefahr bestand. Aber sie hatten nun mal ihren Job zu tun und stürmten mit ihrem gesamten Arsenal, von der Motorpumpe bis zur Axt, den Brandherd, um eine Feuersbrunst zu bekämpfen, die man gut als Kartoffelfeuer hätte benutzen können.

«Da haben Sie aber verdammt Glück gehabt, Mister», sagte einer der Feuerwehrleute zu eben dem Murid, der sich auf Befragen schuldig zu bekennen hatte. «Wenn das Feuer größer geworden wäre, um diese Jahreszeit, hätten Ihnen hier alle Bäume abbrennen können.»

Bevor sie wieder abrückten, fragte einer noch den Wakil, der hier wohnte, ob er überhaupt einen Erlaubnisschein für offene Feuer habe.

«Nein», sagte er. «Womit muß ich rechnen?»

«Das haben wir nicht zu entscheiden; wir haben nur das Feuer zu löschen. Aber wir melden uns wieder bei Ihnen.»

Als später dem Shaikh Bericht erstattet wurde, hörte ich ihn jemanden fragen: «Warum haben Sie nicht verhindert, daß die Feuerwehrleute so über mein brennendes Herz trampeln?»

Diese Feuer-Unterweisung warf sehr viele Fragen auf. Mancher, der nicht in der Nähe gewesen war, wollte zunächst natürlich wissen, wer das Feuer gelegt hätte. Dann erhob sich die Frage, ob man handeln soll, wenn man den Eindruck von Lebensgefahr hat. Und war es richtig, die Feuerwehr zu rufen, oder nicht? Als dann bekannt wurde, daß der Shaikh das Feuer gelegt hatte, kamen noch mehr brennende Fragen auf. Um es kurz zu machen, das Feuer erinnerte wieder einmal an die wichtigsten Punkte: Glaube und Vertrauen, Liebe und Läuterung, Preisgabe und Verlust.

Siraj-Edin unterscheidet in seiner mystischen Erörterung der Koranstelle, in welcher Hazreti Musa, der Prophet Moses, Friede sei mit ihm, den Seinen die Kunde vom Feuer bringt, drei Grade des Glaubens: *'Ilmul Yaqin*, das Wissen von der Gewißheit; *Aynul Yaqin*, das Auge der Gewißheit; und *Haqqul Yaqin*, die Wahrheit der Gewißheit. Wenn «Feuer» hier für «Göttliche Wahrheit» steht, so sind jene im niedrigsten Stand des Glaubens, die die Kunde vom Feuer durch den Propheten Moses erhielten, nachdem dieser es gesehen hatte. 'Ilmul Yaqin ist also ein bloßes Für-wahr-Halten aufgrund von Gehörtem.

Den zweiten Grad des Glaubens, das Auge der Gewißheit, trifft man bei denen an, die das Licht der Flammen selbst gesehen haben, nachdem man es ihnen zeigte. Den höchsten Grad erreichen die, deren Wissen daraus erwächst, daß sie selbst im Feuer verbrennen. Sie haben die Wahrheit der Gewißheit und dürfen sich am Feuer wärmen oder gar von ihm verzehrt werden.

Die Lehre, die unser Shaikh uns dort beim alten Schober erteilte, war in vieler Hinsicht der Lehre des Propheten Moses ähnlich. Es gab die verschiedensten Weisen der Wahrnehmung und das Versagen der Logik, es gab die verborgenen Möglichkeiten, die in Alarmiertheit und Panik lagen, und es gab das bestürzte Staunen angesichts dieser gewaltigen, verzehrenden Flammen. Wie auch bei den Menschen um Moses, gab es unter uns Murids dieses Ringen mit dem Zweifel. So gab es unter uns die, die im niedrigsten Grad des Glaubens waren, ähnlich den Seelen, die im Wissen von der Gewißheit (*'Ilmul Yaqin*) sind. Es waren diejenigen unter uns, die vom Feuer erfuhren, aber den geschilderten Verlauf nicht glauben konnten, weil sie nicht selbst zugegen gewesen waren. Viele von diesen waren völlig ohne Vertrauen (*Tawakkal*) und dachten vielleicht sogar, der Shaikh habe irgendwelche Kunstgriffe angewendet.

Dann gab es Schüler vom zweiten Grad des Glaubens, der dem Auge der Gewißheit (*Aynul Yaqin*) entspricht. Sie mußten, um glauben zu können, das Feuer mit eigenen Augen sehen und mußten mit ansehen, daß den Bäumen tatsächlich nichts geschah. Manchen von ihnen bot sich in diesem Feuer die Gelegenheit, ihre innere Verfassung zu verbessern und ihren Glauben zu vertiefen. Manche wagten den Sprung, der in diesem Augenblick möglich wurde, andere standen unentschlossen da, bis das Risiko – und damit auch ihre Chance – nicht mehr bestand.

Es gab auch einige vom dritten Grad des Glaubens, dem bei den Menschen um Moses die Wahrheit der Gewißheit (*Haqqul Yaqin*) entspricht. Sie lebten im Stand des Glaubens (*Iman*) und Vertrauens (*Tawakkal*) – ihr Glaube hing nicht mehr davon ab, ob sie Augenzeuge waren oder nicht. In der Lehre vom brennenden Schober konnte man vom Feuerbrand gewärmt werden, ob man nah oder fern war. Gottesnähe und Gottesferne werden nicht in Metern oder Meilen gemessen. Sie sind das Maß der Gnade und der Offenheit des Herzens, und das war es wohl, was der Shaikh uns hatte zeigen wollen.

Die Feuerwehr war gerade abgerückt, als der Shaikh zu uns kam. Man sah nur noch ein großes Loch, das ehemalige Fundament, jetzt voller Asche und verkohlter Reste. Er schaute sich die Sache an, fragte nach dem Ablauf der Aktion und hörte sich unsere Berichte an.

Einer der Schüler fragte: «Shaikh Effendi, wenn ich hier stehe und das Wunder sehe, bin ich überzeugt und voller Glauben; wenn es vorbei ist, bin ich offenbar da, wo ich vorher war. Wie kommt das?»

«Sie brauchen wohl noch mehr Wunder», sagte der Shaikh lächelnd und wandte sich von der Brandstelle ab. Er setzte sich auf einen Stapel Backsteine und sprach weiter. Die beiden anderen Gruppen von Schülern, die an anderen Stellen des Grundstücks gearbeitet hatten, kamen näher, als sie seine Absicht bemerkten.

Er sprach über viele Dinge, während er dort saß, aber eine seiner Bemerkungen ließ mich ganz besonders aufhorchen. Er sagte: «Es gibt alte traditionelle Shaikhs in der Tariqat, und Sie können diesen Weg einschlagen, wenn Sie möchten. Jeder von ihnen kann sich in der Gangart fortbewegen, die er sich wählt, aber ich bin ein Shaikh dieses Jahrhunderts, und wenn Sie mit mir gehen wollen, müssen Sie Ihre Schritte schnell setzen.»

Ich stutzte und wußte nicht gleich, weshalb diese Worte mich so beeindruckten. Ich weiß jetzt, daß ich, während er sprach, ein tiefes Verlangen empfand, unter denen zu sein, die mit ihm gehen können. Dann fragte ich mich auch, was diese Worte mit dem Feuer zu tun hatten. Den größten Teil des Nachmittags waren wir so um den Shaikh geschart, an der Brandstelle, aber auch in der Tekiya. Es war uns sehr wichtig, einander unsere Ansichten über die Ereignisse des Tages mitzuteilen und die Belehrungen des Shaikh aufzunehmen. Ausnahmsweise durften auch wir Schüler beim Muhabbat unsere Ansichten mitteilen, und so lernten wir auch noch durch die verschiedenen möglichen Betrachtungsweisen. Der Abend dämmerte, und von der Tekiya aus konnte man die Stelle sehen, wo der alte Schober gestanden hatte. Nur eine dünne Rauchsäule kündete noch von dem Geschehen. Als ich so dasaß und den anderen Suchern zuhörte, die die Rätsel und Wunder des Tages um und um wendeten, ihr Herz erforschten, ihre Ansichten mitteilten und auf die eine Frage zu kommen hofften, die alles klären würde, fiel mir ein Teil eines Prosagedichts von Hazreti Rumi ein, das auch den Titel «Die Frage» trägt:

Ein Derwisch zum anderen: Was ist deine Schau von Gottes Gegenwart?
Ich habe nichts gesehen.

Doch um des Gesprächs willen werde ich dir eine
Geschichte erzählen.

Gottes Gegenwart ist dort vor mir, ein Feuer zur Linken,
ein lieblicher Bach zur Rechten.
Die einen gehen auf das Feuer zu und in das Feuer, die
anderen zum sanft fließenden Wasser hin.
Niemand weiß, wer von denen gesegnet ist und wer nicht.
Wer ins Feuer geht, erscheint plötzlich im Bach.
Ein Kopf geht unter im Wasser, und dieser Kopf schaut aus
dem Feuer.
Die meisten Menschen hüten sich, ins Feuer zu gehen,
und bringen sich so selbst hinein.
Die das Wasser der Lust lieben und nur dem nachhängen,
sind unversehens Opfer dieser Umkehrung.
Und die Verwirrung geht noch weiter:
Die Stimme des Feuers spricht die Wahrheit, wenn sie sagt:
Ich bin nicht Feuer.
Ich bin Quelle. Komm hinein in mich und mach dir nichts aus den
Funken.

Wenn du ein Freund Gottes bist, ist Feuer dein Wasser.
Du solltest dir wünschen, einhunderttausend Motten-
flügelpaare zu haben,
damit du sie dir verbrennen kannst, ein Paar jede Nacht.
Die Motte sieht Licht und fliegt ins Feuer. Du solltest
Feuer sehen und auf das Licht zugehen. Feuer ist, was welt-
verzehrend ist an Gott.
Wasser, weltbewahrend.
Ein jedes gibt den Anschein des anderen. Was diesen
deinen Augen
wie Wasser scheint, das brennt. Und was sie als Feuer
sehen,
darin zu sein, ist Erlösung ...
Einen Zauberer sahst du, der Reis in einer Schale
erscheinen ließ als kleine wimmelnde Maden.
Vor einer Zuschauerschar, mit einem Hauch, ließ er
Schwärme von Skorpionen erscheinen, die nicht da waren.
Um wieviel erstaunlicher Gottes Kunststücke.

Generation um Generation liegt darnieder, geschlagen,
glauben sie,
doch sie sind wie eine Frau unter einem Mann, ihn
umschlingend.
Eine winzige Stäubchen-Sekunde des Denkens an Gottes
Umkehrung von Behagen und Pein
ist besser als alles Teilnehmen an Ritualen. Dieser Splitter
Einsicht ist Substanz.
Feuer und Wasser selbst jedoch:
nebensächlich, vorgespiegelt.

In diesem Gedicht war ausgesprochen, worauf es ankam,
wenn ich mit dem Shaikh gehen wollte: «Die meisten Men-
schen hüten sich, ins Feuer zu gehen, und bringen sich so
selbst hinein.» Gedanken an Gewinn und Verlust hatten das
Bild beherrscht vor diesem tosenden Feuer, das in die Bäume
hinaufleckte. Der Weg des Shaikh jedoch besteht darin, ein-
fach ins Feuer hineinzugehen. Wer es augenblicklich tun
kann, mit dem schnellen Schritt des Glaubens, wird es so
kühl haben wie Hazreti Ibrahim (der Prophet Abraham) im
Feuer Nimrods. Tatsächlich ist das Feuer der einzig sichere
Ort. Wann werde ich endlich lernen?

Wenn du ein Freund Gottes bist, ist Feuer dein Wasser. Du
solltest dir wünschen, einhunderttausend Mottenflügelpaa-
re zu haben, damit du sie dir verbrennen kannst, ein Paar
jede Nacht.

Doch ach, es gibt keine hunderttausend Nächte. Die Zeit ist
jetzt, und der Feuerbrand kommt und geht. Als ich wieder
einmal hinausschaute, sah ich unten an der Brandstelle eine
kleine Flamme, wo eben noch die Rauchsäule gestanden hat-
te. Wie wunderbar! Die Feuerwehrleute waren so beunruhigt
gewesen, sie wissen so viel über das Feuer und doch so we-
nig. Wasser kann dem Feuer der Liebe nichts anhaben, die
Flamme der Liebe stirbt nicht.

Die süße Romanze wird süß bis in den Grund ihres Seins,
des Äthers Flüchtigkeit selbst noch verfliegt:

Jenseits von jenseits, weißt du, wo das ist?
Jenseits der Welle, das stille Strömen.

Möge Gott uns Augen geben, die Dinge in der Wahrheit ohne Schleier (*Haqiqat*) zu sehen. Möge er mir das Herz meines Shaikh zeigen, als wäre es ein Feuerbrand von dem flammenden Busch, den Gott Moses zeigte, um ihn die wahre Liebe erkennen zu lassen, diese sengende Liebe, die uns verzehrt und doch nicht untergehen läßt. Die Blüte vergeht, doch der Duft bleibt im Herzen derer, die sie berührt haben.

12. *Das Schwert*

Ein Gladiator muß siegen oder sterben.

Im Spätsommer meines sechsten Jahres auf dem Pfad erging eine Anweisung des Shaikh an alle Schüler. Jeder sollte ihm als Geschenk ein Schwert, einen Dolch oder ein Messer bringen. Für Machart und Qualität der Waffen wurden keine Bedingungen gestellt, und wir erfuhren nicht, worum es bei dieser Aufgabe ging. Jeder hatte seine Wahl ganz für sich allein zu treffen. Mir stand bei dieser Anweisung augenblicklich das Bild eines Schwerts vor Augen, das ich finden mußte. An einem Samstagmorgen machte ich mich auf die Suche. In einem Gebrauchtwarenladen fragte ich den Inhaber, ob er zufällig irgendwelche Schwerter hätte. Er sah mich einen Moment lang spöttisch an und verschwand dann in einem Nebenraum. Gleich darauf erschien er mit einem länglichen Paket, in weißes Tuch eingeschlagen.

«Das wird Ihnen gefallen», sagte er und wickelte bedächtig das Tuch ab. Zum Vorschein kamen drei ungewöhnliche Stücke: ein herrlicher japanischer Dolch mit gebogener Klinge, ein fast hundert Jahre altes deutsches Schwertbajonett und ein sehr kleines, aber kunstvolles Silbermesser. Alle drei entsprachen eigentlich nicht dem, was ich im Sinn hatte, aber das deutsche Schwert kam meiner Vorstellung noch am nächsten. Es war ein wenig zu klein, nicht so fein gearbeitet und ausgewogen und nicht so scharf wie das Schwert, das ich zu finden gehofft hatte. Es war, kurz gesagt, nicht von der Perfektion meines Ideals, aber ich wußte trotzdem ganz klar, daß es das richtige war. Als ich es aus der Scheide zog, war ich eins mit ihm. Es war wie eine natürliche Verlängerung meines Arms. Es war handlich, weder zu kurz noch zu lang, und ich hatte den Eindruck, ich könnte damit kämpfen, wenn es nötig wäre. Ich wußte über Schwerter und Messer nur das, was ich empfand – und nahm es. Ich öffnete mich ganz dem Lauschen, folgte den Strömungen des Augenblicks, ließ mich nicht von plötzlichen kleinen Zweifeln ablenken oder von flüsternden Fragen, die ich doch nicht beantworten konnte. Die Unterweisung hatte begonnen, und sie sollte uns – durch die Feuer-Episode und darüber hinaus – für drei Jahre auf dem Pfad begleiten.

Alle Schüler des Shaikh widmeten sich dieser Aufgabe mit Feuereifer. Sie stürmten unentwegt abgelegene Antiquitätenläden, Haushaltswaren- und Waffengeschäfte und die Kramläden, in denen Armeebestände verkauft werden. Und was da zusammenkam, war einfach staunenswert, ein unglaubliches Arsenal an Schwertern und Dolchen aller Art aus Frankreich, Deutschland, Italien, Japan, Syrien... Viele waren wunderbar gearbeitet, das Heft mit Einlegearbeit, die Klinge ziseliert. Die meisten waren einfach praktisch und von guter Qualität, alle jedoch rasiermesserscharf und blankpoliert. Ich legte mein Schwert zu den anderen Waffen oben im Muhabbat-Raum, wo der Shaikh sie begutachten wollte. Eines der Schwerter wählte er aus für einen Platz an der Wand des Muhabbat-Raums. Es war ein wirklich atemberaubendes Stück aus Indien, lang und geschmeidig, mit einer in Silber eingelegten Inschrift. Dieses beeindruckende Stück, das in seiner glatten, goldbesetzten schwarzen Scheide von eher zurückhaltender, subtiler Ausstrahlung war, nahm seinen Platz an der Wand neben dem *Sherif* (Sitz des Shaikh) ein, als hätte es schon immer dort gehangen.

Doch auch alle anderen Schwerter, Dolche und Messer bekamen ihren Platz. Viele hingen später in der Wohnung des Shaikh an den Wänden, andere in der Tekiya oder in den *Khanqas* (Klausurhäuser), und die Anordnung bestimmte allein der Shaikh. Diese Übung war eine der tiefsten, ungewöhnlichsten und wichtigsten, die uns je vom Shaikh aufgetragen wurden. Fast zwei Jahre vergingen, bevor er im Muhabbat direkt auf die Schwerter einging, doch während dieser Jahre erhielten wir ungeheuer aufrüttelnde, beklemmende, bestürzende Belehrungen über menschliche Beziehungen,

Liebe und Verhaftung. Eine einzige Ausnahme bildete ein Gedicht von Lermontov, das der Shaikh uns einen guten Monat nach dieser Schwerterschau beim Muhabbat rezitierte. Interessanterweise stand dieses Gedicht im Rahmen eines niederschmetternden Muhabbat über Liebe. Sein Titel war «Der Dolch»:

Ich gebe dir meine Liebe, mein stählerner Dolch,
meine ganze, ungeteilte Liebe übertrage ich dir, scharfer,
     kalter Freund.
Dich schmiedete ein Georgier,
und ein Tscherkesse schärfte dich für den Kampf.

Zum Abschied wurdest du mir von einer Hand geschenkt,
die zart war wie die Lilie,
und nicht Blut fiel als erstes auf dich,
sondern eine Träne, ein Juwel meines Kummers.

. . . . .

Du warst das Zeichen und Pfand der Liebe,
in Reinheit gegeben und nicht umsonst:
Von deiner Schärfe will ich immer sein,
mein stählerner Freund.

In der Zeit der Schwerter hatte der Shaikh mit einem in Fortsetzungen dargebotenen *Irshad* (Unterweisung) über Mu'min und Heather begonnen. Es war eine aus dem Leben gegriffene Geschichte von Liebe und Schmerz, eine Lehre unserer Zeit mit weitreichenden Implikationen. Auf «Kanal Tariqat» gesendet, war es die Seifenoper unseres eigenen Lebens, die der Shaikh selbst fortspann und in unregelmäßigen Abständen darbot. Die Geschichte legte uns selbst unseren Blicken bloß und zwang uns, die Begierden und Sehnsüchte des eigenen Herzens deutlich zu sehen – aber es schwang noch etwas anderes, Erschreckendes mit, die Möglichkeit des Untergangs einer ganzen Kultur. Vor dem Hintergrund des Beziehungsdramas menschlicher Liebe ging es um die Themen:

Leidenschaft, Begierde, Sicherheit und Erfüllung, unwahre und wahre Liebe, Verhaftung und Trennung, Enttäuschung, Verrat und Verlust. Der Shaikh rückte uns damit unbehaglich nah und erzeugte eine schwer zu ertragende Hitze. Die meisten Schüler drückten sich irgendwie, wollten sich nicht eingestehen, daß irgendeiner der an diesem Drama Beteiligten auch nur entfernt etwas mit ihnen oder ihrem Leben auf dem Pfad zu tun haben könnten. Die Hauptpersonen waren diese vier:

Mu'min (wörtl. «Einer, der Glauben hat»): Einer der besten und am meisten geliebten Schüler des Shaikh, Heathers Mann. Seine Vergangenheit weist dunkle Punkte auf, doch er ist von Grund auf gewandelt, ein Mann von großem spirituellem Potential, der Heather tiefer und rückhaltloser liebt, als er je mals irgend jemanden oder irgend etwas geliebt hat. Von geradezu tragischer Beständigkeit, öffnet er sich einer Liebe, die nichts als Katastrophen über sein Leben, sein Herz und seine Seele bringt. Mehr tot als lebendig, ringt er mit allen Kräften darum, die Traurigkeit, den inneren Wirrwarr und die enttäuschten Hoffnungen hinter sich zu lassen.

Heather: Mu'mins Frau. Ohne besondere Reize, zerbrechlich und schutzbedürftig wirkend, ist sie unter dem Mantel der Verletzlichkeit eine von ihren Leidenschaften getriebene Femme fatale. Wenn sie geängstigt, verletzt, wütend oder erschreckt ist, läßt sie sich von ihren Leidenschaften mitreißen, und da ist kein Halten. Schutzlos ihren Begierden preisgegeben, setzt sie stets auf das Kurzlebige, immer auf der Suche nach Neuem. Von Schale und Schatten der Liebe fasziniert, fürchtet sie doch die Liebe selbst. In Mu'min begegnet ihr die einzige Liebe, die je an ihre eigene Befähigung zu wahrer Liebe gerührt hat, und zutiefst erschrocken von dieser Berührung sucht sie das Weite. Vor der Flamme von Mu'mins Hingabe davonlaufend, stürzt sie sich Hals über Kopf in das Inferno ihres eigenen inneren Chaos und schlägt dabei Mu'mins Herz in tausend Stücke.

Juan: Dealer, Betrüger, Meister des schillernden Blendwerks. Hinterhältig und rückgratlos, liebt er Illusion und Irreführung, zettelt Intrigen an, macht jedem das Leben zur Hölle, der seinen Verführungskünsten erliegt.

Der Shaikh: Der Meister-Lehrer, der Führer, Licht vom Lichte der Propheten, zur Wahrheit Lenkender, Diener Allahs, Herz der Liebe und Tor zum Licht.

Erster Akt, erste Szene

Mu'min begegnet Heather. Er ist von ihrer Schlichtheit und Zerbrechlichkeit berührt und angezogen und wünscht sich, sie umsorgen zu können. Niemand versteht, was er an ihr findet, ein strahlender junger Mann, begabter Architekt, erfolgreich in seiner Arbeit, von tiefer spiritueller Lebendigkeit – und jetzt in Heather verliebt. Sie ist ohne besondere Schönheit, ohne spirituelles Interesse, ohne große Ambitionen, und doch kommen sie und Mu'min zusammen. Die große Vernarrtheit beginnt, und Mu'min sieht nichts anderes mehr als Heather. Der Funke wird eine Flamme, er faßt eine tiefe Zuneigung, und sein Herz heftet sich an sie.

Fragte man ihn, was er an einer eigentlich so reizlosen Frau finde, so würde er wohl mit Majnun, dem Helden eines persischen Märchens, antworten: «Um Lailas Schönheit zu sehen, muß man mit Majnuns Augen schauen; um meine geliebte Heather zu sehen, muß man mit Mu'mins Augen schauen.»

So also begann die Zeit der jungen Liebe, dann kam die Ehe und eine Zeit des wirklichen Glücks für die beiden.

Erster Akt, zweite Szene

Zwei Jahre sind vergangen, und in Mu'mins Herz ist die Liebe immer weiter gewachsen. Was einst Funke, dann Flamme war, ist jetzt ein loderndes Feuer. Heather jedoch wird unruhig, und plötzlich verändern die Dinge sich. Ohne Vorwarnung läßt sie sich plötzlich mit Juan ein, einem Mann aus ihrer Vergangenheit. Mu'min kommt nach Hause und findet sich ausgeschlossen, während Juan drinnen bei Heather ist. Er tobt draußen vor der Tür, während Juan drinnen angstschlotternd unters Bett kriecht. Heather verfällt auf die absurde Idee, die Polizei zu rufen, und siehe da, Mu'min wird abgeführt! Mu'min ist völlig am Boden zerstört und stirbt den ersten Tod des Herzens. Kurz danach teilt Heather ihm mit, daß sie ausziehen wird. Nachdem sie bei Juan eingezogen ist, ruft sie Mu'min an und sagt ihm, sie liebe ihn immer noch und er fehle ihr. Allen Ernstes lädt sie Mu'min ein, zu ihr zu kommen, fügt dann aber hinzu, er könne höchstens eine halbe Stunde bei ihr sein, denn Juan werde bald nach Hause kommen.

«Du mußt dich entscheiden!» schreit Mu'min wütend, verletzt und enttäuscht ins Telefon. «Er oder Ich! Also?»

Heather schweigt lange, und Mu'min legt auf. Zutiefst aufgewühlt, sucht er den Shaikh auf und fragt: «Soll ich sie zurückholen?»

Für Heather wenden sich die Dinge unterdessen zum Schlechteren. Nach genau zwei Wochen läßt Juan sie fallen. Wütend zeigt sie ihn als mutmaßlichen Drogendealer an, und er wird verhaftet. Einem Nervenzusammenbruch nahe, wird sie in eine psychiatrische Anstalt eingeliefert. In ihrer Verzweiflung versucht sie Mu'min zu erreichen und den Kontakt zu ihm wiederherzustellen. Sie gesteht alles. Sie gesteht Mu'min, daß sie schon immer mit anderen geschlafen hatte, mit Männern und Frauen, «aber du bist der einzige, Mu'min, den ich je wirklich geliebt habe.» Sie würde gern ihre Mutter anrufen, aber ihre Mutter ist tot. Auch dort eine häßliche Geschichte von einer mißbrauchten Tochter. Heather ist zum Thanksgiving bei Mu'min, und sie verleben eine schöne Zeit miteinander. Mu'mins Herz hat für einen Augenblick Frieden, und Heather offenbart ihm: «Mu'min, ich bin es nicht wert, so geliebt zu werden.»

Juan wird nach drei Tagen aus der Untersuchungshaft entlassen.

Zweiter Akt, erste Szene

Mu'min sitzt allein in seiner Wohnung. Heather ist zwiege-
spalten, betrauert ihre Trennung von Juan. Sie ist mit ihren
Nerven am Ende und wird abermals in die Psychiatrie einge-
liefert. Sie ruft Mu'min an, und er besucht sie. Das Herz
voller Liebe, steht er an ihrem Bett, legt ihr die Hand auf den
Kopf und bittet Gott, ihr zu helfen und zu vergeben. Sie bittet
Mu'min, ihr ein paar Dinge aus der Wohnung zu holen, und
er geht los. Als er wiederkommt, findet er Juan an ihrem
Bett. Da platzt ihm der Kragen, und er geht auf Juan los und
droht ihm an, ihn krankenhausreif zu schlagen. Juan ergreift
die Flucht. Heather gibt Mu'min ihren Ehering zurück, Mu-
'min ist sprachlos vor Bestürzung. Am Schluß der Szene ist
Mu'min wieder allein in seiner Wohnung, aber jetzt trinkt er.
In tiefen Trübsinn versunken, tritt er jetzt in das Stadium der
Resignation ein. Er zieht sich von allen Menschen zurück; der
Shaikh ist der einzige, mit dem er spricht. Das Telefon läutet,
doch Mu'min starrt es nur mit leerem Blick an, rührt sich
nicht.

Zweiter Akt, zweite Szene

Heathers Geburtstag rückt näher. Das ist eine Zeit voller
Erinnerungen, denn es war der wichtigste Tag für sie, und
Mu'min hatte es immer verstanden, etwas Besonderes daraus
zu machen. Er ist vollkommen besessen von seiner Liebe und
Trauer, kann Heather nicht vergessen, so sehr er sich auch
bemüht. Er kann seine Gebete nicht sprechen und seinen Zikr
nicht üben. Er kann nicht essen und nicht schlafen. Er kann
weder vor noch zurück. Er ist wie eingesperrt in die Zelle
leidenschaftlicher Liebe, ein Gefangener seiner selbst, und
kein Weg des Entkommens zeigt sich ihm. In dieser Ver-
zweiflung ruft er Heathers Psychiater an, um zu fragen, wie
es mit ihr steht. Der Psychiater sagt, er müsse Heather von
diesem Anruf unterrichten; sie werde sicherlich davon wissen
wollen. Nun muß Mu'min sich auch noch wegen seiner Un-
besonnenheit Vorwürfe machen, denn Heather hatte ihn ge-

beten, solche Anrufe zu unterlassen. Sie hat allerdings zur Zeit ganz andere Probleme. Nachdem sie etliche Arbeitstage versäumt hat, gibt es jetzt Schwierigkeiten mit ihrer Versicherung, die ihr die Finanzierung ihrer Ausbildung ermöglicht hat.

«Aus der Dunya-Perspektive gesehen», sagte der Shaikh, «ist Heathers Prognose nicht so gut. Die Welt kennt kein Erbarmen mit den Kranken und Schwachen.»
    Damit endet der zweite Akt.

Pause

Irgendwann nach dem Ende des ersten Akts waren wir einmal mit dem Shaikh in der Tekiya zusammen. Das Eid-ul Adha stand bevor, und die Geschichte von Heather und Mu'min beschäftigte uns alle sehr. Der Shaikh ließ uns keine Möglichkeit, an ihr vorbeizukommen. Immer wieder mal hatte er jemanden von uns angerufen und irgendeine überraschende Wendung der Geschichte mitgeteilt oder besonders bizarre Verhaltensweisen von Heather oder Juan, die Mu'min in neue Qualen stürzten. Immer häufiger begegneten wir einander mit der Frage: «Hast du schon das Neueste von Heather und Mu'min gehört?» Diese Geschichte hatte eine ganz eigene Art, sich in unserem Leben und Herzen auszubreiten. Jeder von uns erkannte in einem der Charaktere oder in diesem und jenem Ereignis etwas wieder. Jedem begegnete an irgendeiner Stelle sein eigenes persönliches Grauen. Es war eine endlose Folter. Die meisten wünschten sich wohl, die Geschichte möge endlich zu Ende gehen, doch der Shaikh ersparte uns nichts.
    Er sagte: «Wohin der Tasawwuf uns führen wird, hängt davon ab, was aus Heather und Mu'min wird. Ich frage Sie: Wird Heather zu Mu'min zurückkehren, oder ist dies das Ende einer typisch amerikanischen Geschichte? Ich möchte, daß Sie sich ganz auf die Analyse dieser Geschichte einlassen, und zwar auf der Ebene des äußerlich Manifesten (*Zahir*). Gehen Sie die Sache nicht als Mystiker an, denn da sind wir einfach nicht.»
    In seinem Muhabbat unmittelbar vor dem Eid-Fest sprach

er kaum direkt von Heather und Mu'min, doch sie waren natürlich jedem gegenwärtig, als der Shaikh sagte: «Ich möchte Ihnen von unerwiderter Liebe sprechen. Die Menschen gehen ihren Leidenschaften nach und meinen, ihre Gefühle seien echte Liebe. Wer wirklich in der Liebe ist, sieht sich nicht manipuliert. Früher oder später wird einer der beiden in Schmerzen sein.

In so vielen Gesichtern, die uns auf der Straße begegnen, sehen wir kein Leben. Ihre Wunden sind Narben geworden, und für Liebe ist da kein Platz mehr. Es ist vielleicht besser, allein dazuliegen. Jede Beziehung ist ein kleiner Tod, körperlich und geistig. Jeden Vorbeikommenden erkunden zu wollen, ist eine Falle... Wunschdenken. Man mag sich äußerliche Vorteile verschaffen, aber seien Sie sicher, daß die Hölle voller Menschen sein wird, die Schmerzen zufügen im Namen der Liebe.»

Dann rezitierte er ein Gedicht:

O seliger Morgen, der
mit einem Schwall von Licht in meine kleine Zelle dringt,
du kannst nicht Wunden schlagen...,
denn ich ruhe schon in meinem Grab.
Doch vielleicht kannst du ein Feuer entfachen
aus dem einen Funken unter der Asche,
wie du jetzt schon Leben entfachst
im Veilchen am Boden, im Flieder,
im Baum...

«Liebe», fuhr er nach kurzem Schweigen fort, «ist alles, was einem widerfährt, der in der Liebe ist. Alles hat mehr Bedeutung. Sie aber, die aus dem Funken unter der Asche ein Feuer entfachen wollen – teilen Sie diesen Funken nicht mit jedem, sonst ist er bald erloschen. Wer sich Vorteile verschafft und mit dem Funken spielt, zieht schwere Strafe (*Azab*) auf sich. Tun wir anderen nicht weh, wie Mu'mins Frau es tut. Es gibt kein tieferes und stärkeres Gefühl als Liebe, aber gebrauchen wir das Wort nicht leichtfertig. Man kann nicht Drogen, Alkohol und Essen lieben, wie Heather sagt.

Und jetzt muß ich Sie fragen: Besteht Hoffnung? Wir studieren hier den Tasawwuf des Lebens. Wer keine Narben der Liebe hat, ist entweder verrückt oder tot. Aber in jeder wahren Liebe muß etwas von Ergebung sein. Kalkulation verdirbt die Spontaneität. Vorsichtig sein, das schon, aber Bedingungen stellen – nein. Wenn Sie sich einem Menschen ergeben, den das kalt läßt, wird er über Sie hinwegtrampeln. Hier kann man niemandem die Schuld geben. Die Niederlage beruht auf falscher Einschätzung. Behüte Gott uns vor Tod und Begrabenheit.

> Mein Herz sah den April viele Male.
> Den Mai niemals.

Und wie können wir das Herz offenhalten? Indem wir die Balance halten zwischen *Wujud*, *Nafs* und *Ruh* – Existenz, Seele und Geist. Halten Sie sich offen für das Schöne. Halten Sie sich an das Einfache. Wahren Sie das Kind. Doch Tote haben Angst, ihr Herz zu öffnen.

> Mutter, dein Sohn leidet
> den köstlichsten Schmerz.

Lust ist schön nur in der Vorahnung. Verstehen Sie denn nicht? Ich versuche, Sie zu einer *Jamat* (Gemeinschaft) von Liebenden zu machen. *Ashq Muhammad wa ashq Allah* – Liebe zu Muhammad und Liebe zu Gott. Dunya ist nichts, was von einer Spinne erschüttert werden könnte. Unterschätzen Sie die Kraft der Spinne nicht. Öffnen Sie Ihr Herz, und ich werde hineinfließen wie ein mächtiger Strom in ein neues Bett. Sollen wir uns nicht öffnen und aussetzen; oder sollen wir von Wunde zu Wunde gehen? Hundert weitere Erfahrungen, hundert weitere Narben... Das ist eine knifflige Chirurgie, doch Liebe, die in einem narbenübersäten Herzen geboren wird, heilt Narben.

> Immer noch wünsche ich mir etwas in dieser kleinen
> Zelle ohne Hoffnung –
> Ein kleines Lächeln auf den Lippen des Geliebten,
> im Wasserglas eine kleine Rose.

Ich meine, irgend etwas fehlt... trotz dreihundertfünfzig
Schwestern – Arzt, der ich bin – bin ich immer noch liebedur-
stig, unstillbar..., aber ich werde nichts erschleichen oder
abweisen.

Drum, seliger Morgen, der
in meine kleine Zelle dringt mit einem Schwall von Licht,
kannst du nicht Wunden schlagen, aber
die Liebe wiederbringen diesem leidenden Hiob.»

Am Eid-Tag, in seiner Khutba, spitzte der Shaikh das Thema
von menschlicher Liebe und Begierde noch weiter zu:
«Es bestand kein Unterschied zwischen Ismail und Isaak.
Was an ihnen verschieden war, hatte nichts mit dem Opfer zu
tun und mit dem Propheten Abraham, Friede sei mit ihm.
Wie er, mit seiner Entschlossenheit, müssen Sie heute den
Entschluß fassen, der Nafs die Kehle durchzuschneiden. Ha-
gar wurde nicht fallengelassen, und wie es für Hagar war,
wird es für Sie sein: Eine Quelle beginnt zu sprudeln, wenn
alle Hoffnung verloren scheint. Abraham war einer der ganz
wenigen. Sein Vater und seine Freunde waren gegen ihn,
doch er war nicht allein. So ist das auch mit uns. Was auch
immer Sie vor Gott setzen, Sie verlieren es und Gott auch –
aber bei Gott gibt es Vergebung. Loslassen, alles Ablenkende
ausräumen, den Brunnen der Begierde in uns austrocknen.
Das ist Ihre vordringlichste Aufgabe. Die Menschheit ist in
einem Zustand der Verlorenheit, die Gesellschaft ist in einem
Zustand der Verlorenheit, unsere Gesetze gründen in Un-
recht. Wie können wir das Geheimnis von Verlust und Verlo-
renheit ergründen? Wie kommen wir auf die Straße ohne
Grenzen? Halten Sie sich offen für mich, und meine Liebe
wird in Sie einströmen wie ein Fluß in ein neues Bett.
    Wir müssen uns über das Ziel des Lebens und über das
Entwerden (*Fana billah*) Klarheit verschaffen. Hallaj erfuhr
sowohl die menschliche als auch die göttliche Liebe. Aber in
menschlicher Liebe, wie wir sie kennen, ist meist einer der
Betrogene, nämlich der, der auf lohnendere Ziele und grüne-
re Weiden aus ist. Als bestünde das Leben darin, den idealen
Partner zu finden. Es gibt Gründe für Freundschaft und Ehe,

wir finden da Geborgenheit und Austausch. Das Zusammenleben ist zudem praktisch und vereinfacht manches. Aber die Sache mit der großen, trunkenen Liebe, einfach drauflos, könnte am Ende etwas sein, das dringend der Hilfe bedarf. Die Ehefrau mit dem Geliebten, der Ehemann mit der Sekretärin – ist das eine glückliche Gesellschaft? Was kann diese Gesellschaft wirklich glücklich machen? Gott der Allmächtige! Der Koran sagt von den durch Sünde Verhärteten: *Summun, bukmun, 'umyun, fahum la yarji'un* – ‹taub, stumm und blind, wollen sich nicht auf den Pfad zurückkehren›. Und doch, unter besonderen Umständen können auch solche Verhärtungen durch Gottes Wunder aufgelöst werden.

Wie, frage ich Sie, ist es möglich, daß normale Menschen, im Vollbesitz ihrer geistigen Kräfte, die Zeichen nicht sehen, die schon in den Nachrichten, in den Medien so klar und deutlich sind? Liegt es nicht auf der Hand, daß in der Sphäre des Menschen alles seine Grenzen hat? Was uns unglücklich macht, ist der Wunsch, endlos so weiterzumachen. Das kommt denen zustatten, die auf Vorteil aus sind. Sie müssen wissen, daß nichts, nicht einmal Liebe, durch *unser* Bemühen erlangt wird. In Wahrheit ist alles Gottes Barmherzigkeit. Tekiyas existieren, damit wir wahrhaft lieben lernen und von unseren Begierden unabhängig werden können. Ichbezogenheit, den eigenen Bedürfnissen Vorrang geben, auf Vorteil aus sein, alle Möglichkeiten ausschöpfen wollen – das ist es, was die Liebe nicht wachsen läßt. Wie können wir einander mit ganzer Liebe lieben, gewähren und empfangen, ohne etwas zu erwarten? Viele Shaikhs haben uns die Antwort gegeben, das waren die *'Ashiqin*, die nicht in die Liebe verliebt waren, sondern eine Liebe erfuhren, die über der Ebene menschlicher Beziehungen steht... Wie lange wollen Sie noch ausprobieren, ob der Fels härter ist als Ihr Kopf? Er *ist* härter! Und wenn Sicherheit und Geborgenheit so wichtig sind, warum folgen die Menschen dann immer wieder ihren Leidenschaften, die doch keine Befriedigung bringen? Man trinkt, und je mehr man trinkt, desto durstiger wird man. Hören Sie: Haram (unrechtes Handeln) führt auf lange Sicht nie zum Glück, denn das Gesetz der Natur muß in Übereinstimmung sein mit Gottes Gesetz. Wo das nicht der Fall ist, wird Enttäuschung unausweichlich sein.» Nach kurzem Schweigen zitierte er einen Vers aus dem *Rubaiyat*:

Ein Innehalten, für einen Augenblick
der Geschmack des Seins aus dem Quell inmitten der Wüste –
und sieh, die Geisterkarawane hat das Nichts erreicht,
von dem sie ausging. O eilt euch!

«Diese Geisterkarawane erzählt uns von den Begrenzungen unseres Lebens. Es ist die Qudrat-(Kraft-)Karawane. Ihre Qudrat-Zeit ist da. Eilen Sie sich, Ihr Leben zu ändern, damit es nicht an Ihnen vorbeigeht. Wann fangen Sie an zu leben und wahrhaft zu lieben? Es ist möglich, doch nur wenn alles Grobe überwunden ist. Grobheit und Verfeinerung, das ist die Sache, um die es geht.» Hier gab er uns ein Gedicht, in das wir uns vertiefen sollten:

Ich weiß nicht, was es ist,
das sich öffnet und schließt,
doch jede Faser meines Seins
versteht.
Der Duft deiner Gegenwart
ist süßer als tausend Rosen.
Niemand, auch nicht der Regen,
hat so kleine Hände.

Später an diesem Tag setzte der Shaikh sein Muhabbat fort. Er begann mit den ersten Zeilen aus Shakespeares Sonett 29:

When in disgrace with Fortune and men's eyes
I all alone beweep my outcast state . . .

«Warum», fragte er uns, «bejammern wir unsere Ausgestoßenheit? Im Schatzhaus zu bleiben, ist nur möglich, wenn wir unsere Liebe transzendent machen! Als Hazreti Jibreel (der Engel Gabriel), Friede sei mit ihm, zusammen mit dem Propheten, Friede sei auch mit ihm, an die Grenzen der materiellen Existenz kam, sagte er: ‹Hier kann ich nicht weitergehen. Wenn ich diese Stelle überschreite, werde ich verbrennen.›

‹Ich brenne schon, ich kann hier nicht anhalten›, sagte der Prophet, und brennend trat er über die Grenze der materiellen Existenz in eine andere Welt. Sind Liebe zu Dunya und Liebe zu Gott miteinander zu vereinbaren? Ja. Suchen Sie die Gesellschaft derer, die auf die Liebe aus sind, die unsere menschliche Begrenztheit transzendiert. Diamanten findet man nicht im Schlamm. Diesen Rat gebe ich allen, die nicht auf dem Pfad sind: Suche die Dinge nicht da, wo sie nicht zu erwarten sind. Aber wie setzen wir hier oben die Schritte? Wie bekommen wir Ohren, die das Gras wachsen hören?»

Nach kurzer Pause fuhr er fort: «Nirgendwo ist der Himmel klarer als über dem Menschen, der sein Herz Gott öffnet. Was für Lippen ich da küsse! Aber wem habe ich so viele Jahre meines Lebens gegeben, in denen ich Demonstrationen der Liebe brauchte? Was ist die Wehmut in denen, die die Straßen bevölkern und sich ihre Lebendigkeit zu beweisen versuchen? In den Stand der Liebe kommen Sie, wenn Sie Ihre Begierden beschneiden und Ihre Dankbarkeit vermehren. Hier liegt der Unterschied zwischen lebendig und tot sein. Hier findet man beständige Liebe. Diese andere Liebe, die Eifersucht und Unfreiheit zuläßt, schlägt damit Nägel in ihren Sarg. Deshalb folge ich dem alten Brauch und lasse jeden Frühling einen Vogel frei.

Im heutigen Muhabbat geht es darum, daß Liebe die intensivste aller menschlichen Empfindungen ist und alles Nicht-Grobe verkörpert. Wo sie grob ist, schlägt sie Wunden. 'Ashq verlangt keine Erwiderung. Nur Geben. Freiheit des Geliebten gewährleistet die Freiheit des Liebenden und anders herum. Ich frage den iranischen Geldwechsler, wie man zu einem schönen Mädchen ‹Ich liebe dich› sagt. Er erwidert: ‹Es gibt keine solchen Worte, die ihr zu sagen wären.› Wenn Sie in der Liebe sind, gehen Sie mit wie Rubine brennenden Augen durch die Straßen. Sie verstehen die Klage der Rohrflöte. ‹Was ist das Zeichen der Liebe?› fragt Hazreti Rumi. ‹Es ist der unglückliche Ausdruck, das schlaflose, gelbe, eingefallene Gesicht.› Paßt mein Gesicht dazu? Ja.» Der Shaikh schloß die Augen und sprach Hazreti Rumis letzte Verse an Hazreti Shems:

Manchmal, Geliebter, frage ich mich,
ob du bloß ein Traum warst
in langer Winternacht,
ein Traum von Frühlingstagen
und von goldenem Licht,
das seine Strahlen
in ein frostkaltes Herz scheinen läßt,
ein Traum von Wein,
der das trunkene Auge füllt.

Und so, Geliebter, frage ich mich,
ob ich diesen Rubin-Wein trinken
oder lieber weinen soll – jede Träne eines Meißels Schneide,
der dein Gesicht eingraviert ist,
eine Perle im Rosenkranz des Gedenkens an deinen
Namen...
Es gibt so viele Weisen, dich zurückzurufen,
ja, und wärst du auch ein bloßer Traum.

«Aber in der Dunya schlafen die Liebenden. Dunya ruft. Der
Liebende sagt: ‹Sieh mich an, bevor ich gehe. Du bist der
Durst meiner Seele, meinem Sein eingeschrieben.› Aber am
nächsten Tag sind da verschiedene Leute: der eine der von
letzter Nacht, der andere Sie. Und weiter geht es auf der
Straße der Leidenschaft. Im Land der Illusion werden Sie von
einem Bett ins nächste geschubst. Prost, ihr irren Schatten!
Wann werden wir begreifen, daß menschliches Leben und
menschliche Zeit ihre Grenzen haben? Wir sehen die Leute
Hand in Hand, und was sie tun, scheint zu sagen, daß sie in
der Liebe sind. Man sieht, daß sie sich wünschen, der Augen-
blick möge verweilen. Anstatt ihn im Schatz der Seele zu
verwahren; anstatt anzunehmen, daß die Begrenzung des Le-
bens *yaqin* (gewiß) ist und daß der Tod *yaqin* ist. Und den-
noch besteht Hoffnung für uns im Augenblick des Todes und
unter den hoffnungslosesten Umständen. Shaitan (Satan)
möchte beweisen, daß Gott unrecht hatte, als Er Sein Ver-
trauen einem aus Lehm gemachten Menschen schenkte. Aber
eigentlich: Was soll das? Lehm, Feuer, Licht – all das ist noch
nicht Gott. Bauen Sie auf Gott und vertrauen Sie einander.

Vor allem aber: Setzen Sie das Werk Gottes über Ihre persönlichen Interessen. Gott wird nicht in Ihr Herz dringen, solange ein Götze darin wohnt. Wenn Sie das, was Ihnen Freude macht, mit Gottes Gesetz in Einklang bringen können, dann gut. Wenn nicht, dann wenden Sie sich davon ab, und denken Sie an Omar Khayams Vers von der Geisterkarawane. Das Klopfen in der Wand, das Ihre Stunde anzeigt. Eilen Sie sich!»

Dritter Akt, erste Szene

Auf Heathers Geburtstag folgt eine Zeit des Schweigens. Mu'min ist schwach und gibt sich Mühe, irgendwie zurechtzukommen. Als er einmal nach Hause kommt, findet er vor der Tür eine kleine Schachtel. Sie enthält all die Dinge, die er ihr während ihrer Zeit in der Klinik gebracht hatte, darunter eine Karte und ein kleines Stoffhündchen namens Puppy. Auf einem dazugelegten Zettel liest er:

> Mu'min,
> versuch bitte zu verstehen.
> Ich möchte nicht, daß Du mir Puppy
> zurückgibst. Ich war schrecklich. Du
> hast Besseres verdient, immer schon.
> In Liebe
> Heather

Mu'mins Herz zerbirst, als wäre es aus Glas. Er kann diese Nachricht nur so verstehen, daß nun alles endgültig aus ist. Eine Nachbarin, eine nette russische Dame, sagt ihm noch, Heather sei gegen elf Uhr vormittags gekommen, ohne Mantel und Handtasche, und da sonst niemand im Wagen zu sehen gewesen sei, müsse sie wohl selbst gefahren sein. Mu'min hört es kaum. Zu Tode getroffen, versinkt er nun ganz in seinen Schmerz, gerät in einen saugenden Strudel der Verlorenheit – bis er schließlich die Hand seines Shaikh sucht. Mehrmals bittet er um Hilfe und fragt, was er denn tun könne, und erhält endlich den Rat, Heather Rosen zu schicken und eine unpersönliche Karte, auf der nur stehen soll: «Trotz allem bist Du doch eine Freundin, wie man so leicht keine findet.»

Irgendwann in der Zeit des Schweigens und der Trennung vor Heathers Geburtstag berief der Shaikh eine Hadrah ein. Das war im sechsten Monat nach der Schwerter-Sammlung. In seinem Muhabbat verknüpfte der Shaikh das erstemal die beiden Stränge, die Schwerter einerseits und Heather und Mu'min andererseits. Er zog uns immer weiter in diese Belehrung hinein und durchtränkte unser Leben damit. «Was wird jetzt passieren?» fragte er uns. «Ruft Heather an. Kommt Sie zu Mu'min zurück? Was soll Mu'min tun? Besteht irgendeine Hoffnung?»

In dem Versuch, die Geschichte zu verstehen und zu deuten, kamen viele von uns auf den Gedanken, Mu'min und Heather stünden für den Shaikh und seine Schüler. Manche verabsolutierten das Paar und sahen Metaphern von göttlicher Liebe, obgleich der Shaikh sich anfangs bemühte, diese Betrachtungsweise auszuschließen. Doch wie die einzelnen die Sache auch sahen, die meisten waren, was den Fortgang und Ausgang der Geschichte anbetraf, eher pessimistisch. Für den Shaikh bekundete sich darin unser Mangel an Vertrauen und Verständnis. Ich selbst sah die Situation zwischen Heather und Mu'min nicht so hoffnungslos. Ich wollte, daß die Geschichte gut ausgeht und daß die Liebe alles überwindet. Ich identifizierte mich mit Mu'mins Beständigkeit und Liebesverlangen. Ich wollte glauben können, daß kein menschliches Herz sich der Liebe verschließen kann, wo sie in ganzer Wahrhaftigkeit dargeboten wird. Ich wollte, daß Mu'mins Liebe doch einen Widerhall findet in Heather, damit die Liebe – vielmer: mein eigenes romantisches Ideal – am Ende den Sieg davonträgt.

Irgendwann verschwammen diese scheinbar so klaren Linien, und plötzlich sah ich mich eher mit Heather identifiziert. Mir war, als kennte ich sie, aber sie enttäuschte meine romantischen Hoffnungen tausendmal. Plötzlich sah ich mein eigenes Ringen und mein eigenes Verlangen, und da war kein Unterschied mehr zwischen mir und Heather: Ich wünschte mir Liebe, ich fühlte sie ganz nah, aber die Jahre meines Lebens in der Tariqat flogen vorbei, und immer wieder zeigte sich, daß ich machtlos war gegen mich selbst. Ich wollte anders sein, wollte besser sein und trat doch auf der Stelle, blieb unentschlossen in der Schwebe, besaß weder den Willen noch die Kraft zu jener Gottesdienerschaft, der alles andere untergeordnet ist. Wie viele Fehler hatte ich im Laufe der Zeit gemacht, und wie oft hatte der Shaikh und nicht nur er in deutlichen Worten gesagt, es werde eine Zeit kommen, in der «die Pforten der Arche geschlossen sein werden»!

Der Shaikh begann sein Muhabbat bei dieser Zusammenkunft mit einem Vers aus der Suratul Baqara (*Koran* 2,14), den er zuerst auf Arabisch vortrug und dann übersetzte:

Und wenn sie die Gläubigen treffen, sagen sie: «Wir glauben.» Wenn sie aber mit ihren teuflischen Gesinnungsgenossen beisammen sind, sagen sie: «Wir halten es mit euch. Wir machen uns ja nur lustig.»

«Das», sagte der Shaikh, «sind die Leute, die allein oder zusammen mit ihren Genossen lieber schlafen, trinken oder Drogen nehmen. Die sind in der doppelten Finsternis, weisen aus freien Stücken die Hoffnung zurück. Sie stopfen sich die Finger in die Ohren und tun so, als hörten sie nichts, als wüßten sie von nichts. Der Schrecken der Schrecken ist für die, denen Dunya allzu viel bedeutet, der Tod. Um diesem Schrecken zu entgehen, überfluten die Amerikaner ihre Sinne; sie bestehen darauf, daß *alles* in der Dunya-Welt zu finden sein muß, und blockieren ihre Sinne mit Reizen, um nur ja vom Tod nichts mehr hören oder sehen zu müssen. Würden sie mal anhalten und sich besinnen, dann würden sie sehen, aber sie tun es nicht. Trotzdem gibt es kein Entkommen, da mag man sich die Ohren noch so zuhalten. Gott ist doch immer da. Sogar bei denen, die den Glauben vollkommen leugnen, findet Gott noch Sinnesbahnen und Kanäle.» Hier wiederholte der Shaikh die folgenden Zeilen:

Ich weiß nicht, was es ist,
das sich öffnet und schließt,
doch jede Faser meines Seins

versteht.
Der Duft deiner Gegenwart
ist süßer als tausend Rosen.
Niemand, auch nicht der Regen,
hat so kleine Hände.

«Gott weiß sich Zugang zu verschaffen, Ihm weicht man
nicht aus. Aber Sie müssen auch wissen, daß wir in einer Zeit
aktiver böser Kräfte und unerklärlicher Dunya-Ereignisse le-
ben, wenn auch keiner von Ihnen direkt davon bedroht ist. Es
ist zu hoffen, daß man in solchen Zeiten der Gefahr zurecht-
kommt, indem man einfach noch mehr auf der Hut ist. Au-
ßer Gebet, Zikr und *Fikr* (tiefe Meditation) gibt es noch Wor-
te der Kraft. Ich will hoffen, daß Sie ständig auf der Hut sind,
wenn Sie allein sind. Wenn Sie in Mu'mins Gesellschaft sind,
wird er Ihnen Inspiration sein und Sie ihm – und ich werde
mit Ihnen sein, auch in Ihren Fehlern und Schwächen.» An
dieser Stelle wurde er sehr ernst und direkt und sagte mit
großem Nachdruck: «Jeder von Ihnen, der ein Schwert
brachte, ist ein *Mujahid*, ein Kämpfer für den Islam. Ist je-
mand unter Ihnen, der sein Schwert niederlegen möchte? Tun
Sie es bitte jetzt, falls Sie Zweifel haben, denn ab morgen gibt
es kein Zurück mehr.» Er erzählte eine Geschichte:

Als König Abraha Mekka belagerte und die Erstürmung
der Stadt durch seine prächtige Elefantenarmee vorbereite-
te, erbeuteten seine Soldaten zweihundert Kamele, die Abu
Talib gehörten, dem Onkel des Propheten. Als Abu Talib
das entdeckte, packte ihn der Zorn, und er ging direkt in
das Lager der Feinde. Den Soldaten, die ihn aufhielten,
sagte er, er müsse den König sprechen, und wurde schließ-
lich zu ihm geführt.
Ohne Umschweife, mit Festigkeit und Adab, kam er so-
fort zur Sache: «Eure Soldaten haben zweihundert Kamele
eingefangen. Da es meine sind, bin ich hier, um sie zurück-
zuverlangen. Ich erwarte, daß Ihr sie herausgebt, und zwar
heute noch.»
Der König staunte über die Furchtlosigkeit dieses Mannes.
«Ich kann das kaum glauben», sagte er. «Ich bin hier, um

die Stadt zu zerstören, und Ihr kommt her, um Eure Kamele zurückzufordern.»

«Die Stadt Ibrahims», erwiderte Abu Talib, «untersteht Gott. Er wird für sie sorgen. Meine Kamele unterstehen mir.»

Der König gab die Kamele zurück, machte sich jedoch trotzdem an die Eroberung der Stadt. Doch die Stadt Ibrahims, *Alaihi salam*, unterstand Allah, und Er besiegte das Heer, wie im Koran im Kapitel «Der Elefant» nachzulesen ist.

Danach fuhr der Shaikh in seinem Muhabbat fort: «Für alle, die sich wirklich verpflichtet haben, besteht keine Gefahr. Diese Lehre ist für die Gemeinschaft und zielt auf Einheit. Shaitans Schliche werden ihr nichts anhaben können. Jeder von Ihnen muß in vorderster Linie des Kampfes ein Zeuge der Einheit Gottes sein. Die anderen, die tot sind, werden ihren Kreis um Sie bilden.»

An dieser Stelle kam der Shaikh auf den *Dajjal* (Antichrist) zu sprechen und auf seine hohe Zeit zum kommerzialisierten Weihnachtsfest. «Das ist die Psychose der glitzernden Dunya», sagte er mahnend. «Lassen Sie sich nicht hineinziehen. Bleiben Sie gemeinsam standhaft.» Fragen seitens der Schüler führten zu einer Diskussion über Jesus, Friede sei mit ihm, über seine Geburt und über Weihnachten im allgemeinen. Der Shaikh kam jedoch bald auf das frühere Thema zurück, auf Liebe, Leidenschaft und Begierde, auf Weltliebe und Gottesliebe. Zum Abschluß des Weihnachtsthemas erzählte er einen Nikolauswitz, über den ich zunächst lachte, dann aber monatelang nachdenken mußte, und den ich dabei immer weniger komisch fand. Der Witz enthielt in verdichteter Form das Wesentliche des ganzen folgenden Muhabbat, das Dilemma zwischen dem Verlangen nach Gott und dem Begehren der Nafs, des niederen Ich. Je mehr ich verstand, desto trauriger wurde ich. Eigentlich waren wir die Witzfiguren, die Sucher, die in dieser Zwickmühle festsaßen.

Bevor der Shaikh fortfuhr, ließ er einen der Derwische die ganze Geschichte von Mu'min und Heather vom Beginn bis zum Schluß der ersten Szene des dritten Akts rekapitulieren.

Der Derwisch rief uns all die herzzerreißenden Einzelheiten ins Gedächtnis.

Dann fuhr der Shaikh fort: «Kann Heather bei Juan sein, ohne sich zu binden? Sie wissen doch wohl, daß Allah in kein Herz kommt, in dem sonst noch jemand ist. Wie wir Ihn doch enttäuschen, und Er verzeiht uns trotzdem und schenkt uns Seine *Rahmat* (Barmherzigkeit). Was, wenn wir Heather nun als die Menschheit betrachten? Welche Hoffnung gibt es für die Wüste, wieder fruchtbar und lebendig zu werden? Welche Hoffnung haben wir als Menschheit, als *Ummat* (Nation), wenn wir ständig von einem Haram zum nächsten gehen? Was läßt uns hoffen, daß Allah uns nicht irgendwann einfach abschreibt? Wenn Mu'min trinkt, nimmt Gottes Erbarmen dann zu oder ab? Wir schauen instinktiv zu Gott auf, weil wir die Beschränktheit des menschlichen Lebens sehen, und wenn Gott uns nicht *yaqin* (gewiß) ist, dann doch jedenfalls der Tod. Was also hält uns davon ab, uns ganz von Allah ergreifen zu lassen? Warum ändert Heather sich nicht?

Und Mu'min, wie kann er, ein Muslim der Tariqat, überhaupt in solchen Schwierigkeiten sein? Hängt das vielleicht mit seinem Bild von Liebe zusammen? Ist seine Lage ein Zeichen der Schwäche oder der Stärke? Was wissen wir denn vom Klagelied der Rohrflöte, von Herzen, die am Getrenntsein zerbrechen? Mu'mins Liebe war die Nahrung für sein Leben. War das nur seine Nafs, oder erlebte er da wirklich etwas Außergewöhnliches? Es ist für die Satten nicht leicht, sich in die Hungernden hineinzuversetzen. Sind alle Männer hier dagegen gefeit, von einer Frau verführt zu werden? Wissen Sie, daß Nationen gefallen sind aus Mangel an Liebe? Wer wäre nicht angezogen vom Gefühl der Liebe? Urteilen wir nicht über Mu'min. Wir wissen nur, was wir sehen. Dieser Mann verlor seinen Verstand, seinen Job, sein ein und alles... ist das seine Nafs? Von reiner Liebe gingen die beiden aus, aber was kam dann, und wo fing es an? Mit Nationen geht das auch so im Laufe der Zeit. Es ist heute auch die Tragödie der muslimischen Welt: Haften an Dunya und kein spirituelles Leben.

Nehmen wir Mu'min als Exponenten der Liebe zu Gott, Heather als Exponentin der Liebe zu Dunya und Juan als

Vertreter des Antichrist. Allah ist in all dem der Schlüssel, Liebe zu Allah, aber diese Liebe kann zu Dunya-Liebe verkommen. Da war ein Punkt, an dem Mu'mins Liebe sich veränderte. Es gab einen Punkt, an dem Heather ihn versuchte. Wir müssen dahin kommen, daß Allah durch nichts mehr zu ersetzen ist. Von daher muß der Same aufkeimen. Was zählt da das Blut der Märtyrer? Armselig die Muslime, die sich von ihrer Nafs in den Tod führen lassen und nicht die Kraft aufbringen, alles abzuschütteln. Aus dem niedergetretenen Stengel sprießt etwas. Aus dem Stein springt der Funke. Als Muslime haben wir die Pflicht, an den Funken aus dem Stein, an Leben aus totem Gebein zu glauben. Öffnet weit die Tür eures Hauses, die Furcht ist tief unten im Grund vergraben. Möge Baraqa auf allen Schmerzen, allen Tränen, allem Schweiß, allem Hunger und aller Not ruhen. Erbarmen all denen, die Haram begehen, zerstören wir die Hoffnung nicht, auch nicht im Herzen des Missetäters. Hegen wir einfach gar nichts in unseren Herzen, die Gerechtigkeit liegt letztlich nicht bei Heather, sondern bei Gott. Ich hoffe, daß jeder von Ihnen ein Missionar der Einheit Gottes wird.»

Gegen Mitte Januar rief der Shaikh mich an. Es wurde kein sehr ermutigendes Gespräch. «An immer mehr von Ihnen erkenne ich Anzeichen der Hoffnungslosigkeit», sagte er in einem beunruhigenden Tonfall und nannte einige Schüler namentlich. «Die Liebe erstickt vor dem Haram, und viele halten immer noch fest an ihrer pessimistischen Erwartung für den Ausgang der Geschichte.» Zum Schluß, auf den Funken im Stein anspielend, wie ich dachte, sagte er noch: «Hoffnung ist nur für die, die glauben – aber gehören wir zu denen?»

Ich war wirklich bestürzt von diesem Anruf. Gespräche mit dem Shaikh gaben mir immer viel zu denken; vor allem fragte ich mich stets, inwiefern das, was er sagte, für mich galt. Es war bestimmt nicht ohne Grund, daß er mich angerufen hatte. Kaum zwei Wochen später erhielt die Geschichte von Heather und Mu'min ihre Auflösung. Der Shaikh sagte, keiner sei wirklich bereit, sich auf diese Lehre einzulassen. In seinem nächsten Muhabbat gab er die Deutung. Ich konnte nicht da sein, aber ein anderer Schüler teilte mir einiges von dem mit, was er gehört hatte.

Später wiederholte der Shaikh vieles davon, so daß ich es aus erster Hand hören konnte: «Es ist Zeit, erwachsen zu werden und zu *Haqiqat* (Wahrheit, Wirklichkeit, das Sehen ohne Schleier) zu kommen. Es ist Zeit, sich klarzumachen, daß es diese Möglichkeit in uns gibt. Es ist Zeit, über das Besorgtsein um Halal und Haram (rechtes und unrechtes Handeln) hinauszugehen und einfach nur noch Ihre Schritte zu Gott hin zu lenken. Mu'min und Heather sind dazu da, unseren Gesichtskreis zu erweitern. Die Geschichte ist für uns zu Ende, für sie geht sie weiter. Die Dinge, die hier angesprochen sind, gehen jetzt über *Zuhurat* (Bereich des Erscheinenden) hinaus und haben eine andere Ebene erreicht. Jetzt ist die Zeit der Trennung, für sie und für uns.»

Im gleichen Muhabbat sprach der Shaikh auch von der Schwertschmiedekunst. «Das Erz wird aus dem Berg gefördert und dann stark erhitzt. Dieses Ausbrennen der Schlacken nennt man Einschmelzen. Aus diesem Prozeß gehen Roheisenblöcke verschiedener Härtegrade hervor. Diese Blöcke werden in Stücke gebrochen, die man nach Verwendungszwecken sortiert, und dann zu Rohlingen geformt. Hat das Metall am Anfang zu viele Unreinheiten, eignet es sich nicht für Schwerter. Im Feuer erweist sich, was aus einem Stück werden wird, denn wenn das Metall dem Feuer widersteht, kann es geschmiedet werden. Das Anfertigen eines Schwertes vollzieht sich also in Stufen. Zuerst wird das Erz gefördert und eingeschmolzen, das so erzeugte Metall kommt zum Grobschmied, der es zu Bändern oder Stangen formt. So kommt das Metall zum Meisterhandwerker, zum Schwertschmied, der es zu einer Klinge schmiedet, härtet, in seinem Heft befestigt und erprobt, bis es ein für den Kampf geeignetes Schwert ist.»

In allem, was er über Schwerter sagte, hatte der Shaikh immer wieder besondere Betonung auf das Härten gelegt. Mehr als einmal hatte ich Äußerungen wie die folgende gehört: «Der Schwertschmied erhitzt das Schwert auf der Esse bis zur Rotglut. Dann schmiedet er es mit dem Hammer und kühlt es durch Eintauchen in Wasser. Wenn das zu schnell geschieht, wird das Metall brüchig.»

Seine Worte berührten mich zwar sehr, aber ich wußte

nicht recht, wie ich sie auf Mu'min und Heather oder gar auf mich selbst anwenden sollte. Jedenfalls gingen mir die Schwerter und die Worte des Shaikh nicht aus dem Kopf, und so kam ich schließlich auf die Idee, mich einmal etwas gründlicher mit dem Härten zu befassen. Je mehr ich las, desto mehr Übereinstimmungen sah ich zwischen dem Schwertschmied und dem Shaikh und zwischen Schwertern und Murids.

Der wesentliche Teil dieser Arbeit ist das Härten. Man entdeckte, daß man erhitztes Eisen durch Eintauchen in Wasser härten konnte. Das Hämmern und das anschließende Kühlen gaben der Klinge Härte und Biegsamkeit, aber das richtige Härten war eine sehr heikle Arbeit. War die Klinge zu hart, so splitterte sie leicht, war sie zu weich, wurde sie schartig. Man erkannte, daß eine richtig gehärtete Eisenklinge sich zu einer dauerhaften und stoßgeeigneten Spitze ausschmieden ließ. Große Geschicklichkeit und viel Erfahrung waren nötig, um die richtige Härte zu erreichen. Das Härten war oft ein eifersüchtig gehütetes Geheimnis, das in einer Familie von Generation zu Generation vererbt wurde. Das glühende Eisen mußte eine ganz bestimmte Farbe im Feuer erreicht haben, dann wurde es mehrmals in Wasser oder Öl getaucht. Man erprobte es durch Schläge auf einen Stein oder indem man ein Loch in eine Eisenplatte stieß. Mit einer wirklich guten Klinge konnte man die Klinge des Gegners durchschlagen. (Und da ein Kampfschwert tauglich sein mußte, den Kopf des Gegners mit einem Hieb abzuschlagen, erprobte man die Klinge an Leichnamen oder zum Tode Verurteilten.) Diese schwere Arbeit und das Geheimnis des Härtens machten solch ein Schwert sehr wertvoll; der Ausgang eines Kampfes hing sehr weitgehend von der Güte der Rüstung und der Waffe ab.

Julius Palffy-Alpar, *Schwert und Maske*

Nach diesen Forschungen verstand ich besser, weshalb der Shaikh auf das Härten soviel Wert legte. Offenbar hatten die meisten meiner Sucher-Gefährten und ich selbst das Erzstadium, die Schmelze und die Grobschmiede überstanden und waren in die Hände des Schwertschmiedes, unseres Shaikh, gelangt. Nun wurden wir dem Feuer ausgesetzt, wurde unser Metall erprobt, um zu ermitteln, von welcher Güte es war. Die Auflösung der Geschichte von Mu'min und Heather war eine Art Härtung durch Abkühlung, denn unsere Herzen waren mit Mu'mins Herz im Feuer gewesen. Wir waren unter dem Hammer des Schwertschmiedes gewesen, aber durchaus noch keine fertigen Waffen, noch nicht für den Kampf geeignet.

Winter, Frühling und ein Großteil des Sommers vergingen, ohne daß ein Wort über Mu'min und Heather gefallen wäre. Im Spätsommer gab es dann doch wieder Neuigkeiten, obwohl die Geschichte ja die Ebene des Zahir (Welt der Erscheinungen) verlassen hatte.

Dritter Akt, zweite Szene

Nach Monaten der Trennung von Mu'min wird Heather in einem Buchladen gesehen. Gesund und munter, hängt sie am Arm eines Mannes, ihn umschlingend wie ein Turban die Kappe. Der Shaikh, der wußte, daß sie dort sein würde, schickt zwei Schüler, die sie beobachten und ihm dann berichten sollen. Für die beiden ist klar, daß Heather sich irgendwie freigestrampelt hat und stark wie eh und je ist. Mu'min, der immer noch zu kämpfen hat, um wieder zu sich zu kommen und seinen Schmerz zu überwinden, weiß nicht mehr, wo sie ist und was sie macht.

Im Herbst, ungefähr einen Monat vor dem Niederbrennen des alten Schobers, wurde erneut eine Hadrah einberufen. Es herrschte ziemliche Unruhe unter uns Schülern, denn der Shaikh hatte gesagt, eines unserer Klausurhäuser (*Khanqa*) werde möglicherweise geschlossen. Viele meinten, das hinge mit der Geschichte von Heather und Mu'min zusammen und mit dem Umstand, daß wir mit unserer Dunya-Verhaftung nicht weiterkamen. Bei dieser Zusammenkunft war es unter vielen anderen Dingen, die der Shaikh erörterte, vor allem die folgende Geschichte, die mich besonders beeindruckte:

Ein Mann kam zu einem Shaikh und bat ihn um das Bayat der Einweihung. Er wartete zehn Jahre darauf, angenommen zu werden, dann trat er wieder vor den Shaikh hin und wiederholte seine Bitte. Der Shaikh wiederholte, was er beim ersten Mal gesagt hatte, nämlich daß er noch nicht so weit sei. Der Mann bat ihn inständig, doch endlich anfangen zu dürfen. «Nun gut», sagte der Shaikh schließlich, «du magst anfangen, aber für dein Bayat mußt du noch folgendes tun: Verlaß deine Frau und verkauf dein Land und deinen Besitz. Mit dem Geld kaufst du einen kostbaren Stein, den du mir bringst.» Der Mann tat, wie ihm gesagt wurde, und kam mit einem Diamanten wieder, der so groß wie ein Ei war. Der Shaikh zerschlug den Stein mit einem Hammer, bis er nur noch Staub war, den er in den Wind streute.

Später nahm der Shaikh den Mann zum abendlichen Zikr in die Große Moschee mit. Gegen Mitternacht kam die Polizei in die Moschee, und die Leute stoben auseinander, weil Zikr um diese Zeit nicht erlaubt war, während die Polizisten versuchten, so viele wie möglich einzufangen. Auch der Shaikh sprang auf, sagte dem Mann, er solle ihm folgen, und rannte durch die Moschee. So lief der Mann also hinter dem Shaikh her und die Polizei hinter beiden. Bei der dritten Runde sprang der Shaikh mit schnellen Sätzen ins Minarett hinauf, Murid und Polizei hinterdrein. Oben an der Brüstung wartete der Shaikh nicht lange, sondern sprang hinab. Der Murid zögerte einen Augenblick, und in dieser Sekunde faßte ihn die Polizei. Nach langen Verhören durch die Polizei wurde er dem Kadi vorgeführt und erkannte in ihm den Shaikh wieder. Der Kadi-Shaikh sprach den Mann frei und gab ihm, bevor er den Gerichtssaal verließ, seinen Diamanten zurück, vollkommen heil. «Hier ist dein Diamant», sagte er. «Nimm ihn. Geh wieder zu deiner Frau und kauf dein Land zurück. Ich gebe dich noch einmal frei.»

Ich nahm nicht an, daß der Shaikh diese Geschichte nur so zur Unterhaltung erzählte, und versuchte zu ergründen, was sie für mich bedeutete. Wie der Murid in der Geschichte war ich nun fast zehn Jahre bei meinem Shaikh, wenn auch die Zahl der Jahre wohl keine so große Rolle spielt. Aber die Jahre vergingen, und auch ich war eigentlich noch nicht «so weit» und rannte immer noch in der «Moschee» herum. Vielleicht würde mein Shaikh auch bald die Spitze des Minaretts erreichen und verschwinden – und was dann?

Im Laufe des nächsten Jahres hatte ich wenig persönlichen Kontakt zum Shaikh, aber er war in ziemlich regelmäßigen Abständen bei uns in der Tekiya. In etlichen anderen Tekiyas leitete er Zusammenkünfte und hielt Muhabbats, und ich nahm teil, sooft es mir möglich war. Nach der Zeit des Feuers verging ein ganzes Jahr, in dem kein Wort über Mu'min und Heather verlautete. Zum Matem war der Shaikh bei uns in der Tekiya. In der Matem-Zeit war früher schon von Mu'min und Heather die Rede gewesen, und tatsächlich kam es auch diesmal wieder dazu. Irgendeine Beziehung mußte zwischen ihrer Geschichte und der des Imam Hussein bestehen, doch sie blieb mir ein Rätsel. Während ich darüber nachsann, fiel mir ein Gespräch ein, das ich im Vorjahr am Ende des Matem mit dem Shaikh am Telefon geführt hatte. Beim Matem damals hatte ich erstmals ein wenig von dem Grauenhaften dort in Kerbela und von den Bedrängnissen des Imam Hussein erfaßt. Wirklicher Kummer ergriff mich, und ich weinte.

«Von diesem Matem», sagte ich zum Shaikh, «nehme ich etwas mit.»

«Und was ist das?» fragte er.

«Tränen für den Imam Hussein», sagte ich.

«Größer als Ihre Tränen für den Imam Hussein», erwiderte er, «sollten Ihre Tränen für Mu'min sein.» Damit entbot er mir seine Salaams und überließ mich mir selbst.

Nun, ein Jahr später, griff er die Geschichte also wieder auf:

Vierter Akt, erste Szene

Nach etlichen Monaten des Schweigens und der Trennung sieht Heather Mu'min in einem Straßencafé. Sie stürzt zu ihm hin und möchte ihn umarmen. Mu'min, in dem ein kaltes, stummes Grauen hochsteigt, verfärbt sich gelb. Er reißt sich mit einem leichten Ruck los und spricht nur ganz wenige, aber klare Worte: «Bitte, Heather, laß mich.» Ihre Überraschung verbergend, steht Heather eine Minute lang wartend und sprachlos da, faßt sich dann und geht. Später, allein mit dem Shaikh, erzählt Mu'min, vor zehn Jahren, in der Schweiz, habe er eine Freundin nach der anderen gehabt, und ein Mädchen habe einmal zu ihm gesagt: «Du wirst mal einer begegnen, die dir das Herz bricht.»

«Die Geschichte von Heather und Mu'min», erläuterte der Shaikh später, «ist die größte Geschichte des Jahrhunderts. Sie ist größer als die von Laila und Majnun oder Romeo und Julia – und sie wird eben jetzt geschrieben.» Das war in der Zeit der Schwerter das letzte, was der Shaikh zu der Geschichte sagte. Einen Monat später fand wieder eine Zusammenkunft statt. Das war ein Tag tiefgreifender Belehrungen. «Wir werden euch schwere Worte geben», war einer der ersten Sätze des Muhabbat. Und genau das bekamen wir, schwere und bedeutungsschwere Worte. Der Shaikh sprach über viele Themen, über das Wunder des Koran, über ontologische Beweise des Islam, über Sphären der Schöpfung vom irdischen Bereich bis über den sternenleeren Himmel hinaus, und schließlich über· die Stationen des spirituellen Weges. Dieses letztere Thema fesselte mich am meisten; es hatte so viel mit den Kämpfen zu tun, die ich seit der Eröffnungsszene von «Mu'min und Heather» vor zwei Jahren, ja eigentlich seit meinem Eintritt in die Tariqat, zu bestehen hatte. Was der Shaikh zu diesem Gegenstand sagte, half mir später, die Lehre der Schwerter zu verstehen:

«Es wird eine Zeit kommen, da *Ruhul Quddus*, der Heilige Geist, Sie erfüllt. Dann werden Sie ausziehen und vor anderen für die Wahrheit zeugen. Doch Sie müssen die Stationen durchlaufen. Die erste ist *Maqamul Nafs*, die Station der Nafs. Es ist die Station des Egoismus, das Beherrschtsein von Instinkten, Leidenschaften und Erfolgsstreben, die Station der unerfüllten menschlichen Begierden – nach Essen, nach Geld, nach Autos, nach Erfüllung unserer Wünsche.

Die zweite ist *Maqamul Qalb*, die Station des Herzens. Wenn man die Stelle erreicht, wo Dinge, die vorher Befriedigung gewährten, schal und leer werden, beginnt diese Tür sich zu öffnen.

Die dritte ist *Maqamul Ruh*, die Station des Geistes. Hier muß man sehr wachsam sein. Die Stationen sind nicht säuberlich getrennt, sondern überschneiden sich. Bei dieser Station muß man sich vor Überheblichkeit und Selbstgerechtigkeit hüten.

Nach Maqamul Ruh kommt *Haqiqat*, die Station der Wirklichkeit.»

Dann sprach der Shaikh noch von *Maqamul Sirr*, der Station des Geheimnisses, und weiteren Stationen. Doch hier muß ich mit dem großen Shaikh und Dichter Hafiz sagen: «Es ist besser für Muhyiddin, wenn er nicht weiter vom Geheimnis spricht, doch erinnern wir uns derer, die das Geheimnis besitzen.» Das sind die Propheten und Heiligen, und die erreicht man, außer durch Gottes Gnade, nur durch den Shaikh. In diesem Muhabbat sprach der Shaikh auch in klaren Worten vom Ergründen Gottes und über das Fortschreiten von einer Station zur nächsten. Das Schwergewicht seiner Darlegung lag, wie nicht anders zu erwarten, auf der Station der Nafs.

Er sagte: «Hazreti Hallaj Mansur flüsterte Gott zu: ‹Es gibt nur einen Schleier. Der bin ich selbst. Bitte, Allah, nimm mein Ich weg.› Die Probleme der Maqamul Nafs sind Depression, Unglücklichsein, Angst um die Familie, ich, ich, ich. Ich will dies, ich will das. In allen anderen Maqams ist ‹Ich› nicht da. Menschen in der Maqamul Nafs sind zwangsläufig unglücklich. Je mehr sie trinken, desto mehr wollen sie haben. Das ist ein unstillbarer Durst, als hätte man den Mund voll Sand. Sie trinken Dunya, Dunya – aber diese scheinbar so ungeheuer große Dunya, am Tag der *Quiyamat* (Auferstehung, Jüngstes Gericht) könnte man sie in einem Schuh verstecken.

Fünfundneunzig Prozent der Menschen sind auf der Station der Nafs, und damit meine ich auch die Muslime. Weder Gebet noch Wohltätigkeit machen sie glücklich. Um glücklich zu sein, muß man eine klare Absicht haben und ernsthaft etwas unternehmen. Wie kommt man über diese Station hinaus? Es gibt zwei Arten von Bedingungen, die eine Art nennt man offen, die andere geschlossen. Diese muß man erfüllen, ohne Hoffnung auf Gewinn, einzig mit der Hoffnung auf Allah.

Schieben Sie es nicht auf. Fangen Sie heute abend an! Geben Sie sich nicht mehr mit dem ab, was Sie sich wünschen. Wer sagt, daß Sie es haben sollen? Vielleicht liegt der Keim zu Ihrem Untergang darin. Mein Glück sollte darin bestehen, daß ich mich in das Mysterium meines Propheten verliere und Zeuge des Mysteriums Gottes bin. Die Millionen der Wall Street können mir nicht einen Augenblick jener Befriedigung verschaffen, die ich im *Tahajjud* (freiwillige Gebete der Nacht) finde. Wo ist der Fluchtweg ins Glück? Es gibt wunderbare Wege, wie kühles Wasser in der Wüste. Wenn man als Muslim, als einer, der vollkommene Unterwerfung übt, auf dem Sirat (Schmaler Pfad) steht, ist man in Wirklichkeit erhoben. Sich aus der Ichverhaftung befreien, das ist der Weg zum Herzen.

Die erste geschlossene Bedingung ist Unabhängigkeit von Dunya. Man erklärt im Namen Gottes, daß man unabhängig ist von ihr; das wird *Tajrid* genannt. Alles, was Sie flüstern, wird in *Sama* (den Himmeln) gehört. Fragen Sie: ‹Ist es gut für mich oder nicht?› Geben Sie die Dinge in die Obhut Gottes. Besitzen Sie nichts. Denken Sie daran: Als der Prophet nach Mekka zurückkam, aß er trockenes Brot und trank Essig mit Wasser. Der ganze Reichtum der Stadt stand ihm zur Verfügung, und er rührte nichts an. Nur die Götzen, die warf er um und entfernte sie aus dem Hause Gottes.

Sodann: Lassen Sie nichts von Ihnen Besitz ergreifen. Das ist *Tafrid*. Aber Vorsicht, es ist nie sicher, ob Gelingen oder Fehlschlag Sie erwartet. Seien Sie nicht wie Iblis, der zu Fall kam, weil er sich dem Tauhid (der Einheit – dem Überwinden des dualistischen Denkens) verschloß. Er spürte das Mysterium auf, aber konnte es nicht durchdringen und tat nicht den Schritt von sich zu Gott. Die offenen Bedingungen sind eine Hilfe gegen die Gefahr. Wir müssen uns auf uns selbst besinnen, wir müssen versuchen, in unser eigenes Mysterium einzudringen. Aber Tauhid muß gewahrt sein bei dieser

Selbsterforschung, denn Tauhid ist notwendig, wenn man den Sprung in die Ekstase wagen will. Sehen Sie zu, daß Sie Ihre Bedingungen Gottes Bedingungen anpassen. Wenn Ihre Seele Gott geweiht ist und Sie nichts anderes von sich Besitz ergreifen lassen, wenn Sie die Nafs besiegen und Ihre Unabhängigkeit und Besitzlosigkeit verwirklichen, gehen Sie weiter zur Maqamul Qalb (Station des Herzens) und darüber hinaus. Weihen Sie all Ihr Dienen Gott dem Allmächtigen, und erwarten Sie keine Belohnung.»

Ich wälzte all das tagelang in mir um und rang um Klarheit. Irgend etwas war greifbar nahe gekommen, wurde jedoch nicht ganz klar, und so kam auch das letzte Kapitel meines Buches zu keinem Abschluß. Der Shaikh hatte mich wiederholt gedrängt, das Buch abzuschließen. Aus irgendeinem Grund konnte ich es nicht. Nach zwei Monaten dieser Unentschiedenheit geschah etwas. Nach einem kurzen Besuch bei meinen Eltern hatte ich auf der Rückfahrt einen Unfall. Ich schlief ein und krachte gegen einen Telefonmast. Der Wagen war hin, aber ich selbst trug nicht einen Kratzer davon. Kurz danach überbrachte mir ein Derwisch eine Nachricht vom Shaikh, in der es hieß, ich sei ohne seine Erlaubnis verreist. Das verstieß gegen meine Verpflichtung, den Shaikh von allen Reisen zu informieren. Vor meiner Abfahrt war der Shaikh zwar in der Tekiya gewesen, aber ich hatte ihn nicht gesehen. Als ich später mit einem anderen Schüler sprach, der mit mir fahren wollte, erzählte er mir, der Shaikh habe ihm gesagt, es sei «keine gute Zeit». Ich entschloß mich trotzdem, allein zu fahren.

Wieder zu Hause, als der Derwisch mir die Nachricht gebracht hatte, sprach ich mit dem Shaikh.

«Was ist in Sie gefahren?» fragte er.

Ich sagte: «Ich hatte einen Hinweis durch den Rat, den Sie dem anderen Murid gegeben haben, aber ich habe ihn nicht beachtet.»

«Na, gottlob sind Sie am Leben», sagte er. «Aber dieser Unfall ist wirklich interessant. Sie waren fast in der Gegend der Tekiya. Ich gebe Ihnen den Rat, darüber nachzudenken und es für Ihr Buch zu verwenden.»

Der langen Kette von Rätseln und Fragen – die Schwerter,

Mu'min und Heather, der Imam Hussein, für das Tauhid zeugen, der Station der Nafs entrinnen – wurde nun ein weiteres Glied hinzugefügt: Welche Bedeutung hat der Unfall und der Verlust meines Wagens? Das war wirklich eine buntscheckige Folge von Ereignissen. Ich forschte und überlegte, und hier und da blitzte etwas auf, aber das Ganze wurde nicht klar.

Diese Phase unserer Schulung hatte vor über zwei Jahren begonnen, als der Shaikh um die Schwerter gebeten hatte. Diese Schwerter waren eigentlich der sichtbare Ausdruck der ganzen Unterweisung. Das Schwert war Symbol und Verkörperung dessen, was wir zu lernen hatten. Zwei Dinge hatte der Shaikh uns mit auf diesen Weg gegeben, nämlich das Gedicht von Lermontow und Zeit. Die vielen Monate, die ohne Muhabbat vergingen, waren eigentlich die Zeit, in der wir uns intensiv hätten fragen sollen, weshalb wir zu dieser Schwerter-Gabe aufgefordert worden waren. Es war die Zeit des Härtens, und wenn wir das erfaßt hätten, wären uns vielleicht unsere Verhaftungen und die Geschichte von Mu'min und Heather klarer geworden. Das Gedicht war voller Hinweise, doch es vergingen Jahre, bis ich merkte, wieviel es enthielt:

Ich gebe dir meine Liebe, mein stählerner Dolch,
meine ganze, ungeteilte Liebe übertrage ich dir, scharfer,
kalter Freund.

Es beginnt also damit, daß derjenige, der einen Dolch als Geschenk erhielt, seine ganze Liebe auf ihn überträgt. Er hält nichts zurück, denn er kennt den Zweck des Dolchs und weiß, wie er gemacht wurde. Wahrscheinlich kennt er auch den Schmied, dessen Name auf die Klinge graviert ist und für die handwerkliche Güte und Verläßlichkeit der Waffe steht.

Dich schmiedete ein Georgier,
und ein Tscherkesse schärfte dich für den Kampf.

Außer den hier genannten Personen ist da jedoch noch jemand, ein Wesen von Liebe und Adel, das dieses Geschenk machte. Der Empfänger dieses Geschenks kann nur weinen, als er seine unausdenkbare Kostbarkeit erkennt. Die Tränen kommen aus einem fühlenden und mitfühlenden Herzen, wohl dem Herzen eines Kämpfers.

> Zum Abschied wurdest du mir von einer Hand
>   geschenkt,
> die zart war wie die Lilie,
> und nicht Blut fiel als erstes auf dich,
> sondern eine Träne, ein Juwel meines Kummers.

Er weiß, daß das Geschenk in reiner Liebe gegeben wurde, ohne Erwartung, ohne heimliche Motive, ohne Hoffnung auf Gewinn. Warum also die Träne auf dieser Klinge, die ihm in solcher Liebe geschenkt wurde? Der Kämpfer weiß, daß er notfalls auch töten muß mit dem Dolch und daß dann Blut an seiner Klinge sein wird. Mit dieser Einsicht steht seine Verpflichtung nun gleichrangig neben seinem Mitfühlen, und dafür ist der Dolch das Symbol, wenn er ihm gelobt, seinem Weg treu zu bleiben und sich selbst ebenso bereit zu halten, wie diese Klinge scharf ist:

> Du warst das Zeichen und Pfand der Liebe,
> in Reinheit gegeben und nicht umsonst:
> Von deiner Schärfe will ich immer sein,
> mein stählerner Freund.

Etwa in der Zeit, als wir dieses Gedicht hörten, begann der Shaikh auch mit der Geschichte von Mu'min und Heather. Auch hier gab es auf den verschiedensten Ebenen viele Hinweise und Belehrungen. Am Anfang lenkte der Shaikh unsere Aufmerksamkeit mehr auf die äußeren Aspekte. Wir sollten uns, wenn auch nicht als unmittelbar Involvierte, auf die Erfahrung und Ergründung der Ereignisse einlassen. Durch Mu'min und Heather bekamen wir Gelegenheit, uns die Schönheit und die Enttäuschungen menschlicher Beziehungen zu vergegenwärtigen. Und das Schöne ist ja nicht einfach Illusion, denn Mu'mins Zeit mit Heather war wirklich schön, bevor die Katastrophe begann. Wie lange diese Zeit dauert, spielt keine so große Rolle; entscheidend ist, daß Menschen überhaupt die Möglichkeit haben, miteinander Freude und Glück zu finden. Es mag sogar möglich sein, ein ganzes Leben lang in solchem Miteinander zu leben; aber was der Shaikh uns eigentlich nahebringen wollte, ist der Umstand, daß solches Glück nie ohne Unterbrechungen und nie ganz ungetrübt sein kann, denn Vollkommenheit ist nur in Gott. Seine Worte dazu lauteten:

> Liegt es nicht auf der Hand, daß in der Sphäre des Menschen alles seine Grenzen hat? Was uns unglücklich macht, ist der Wunsch, endlos so weiterzumachen... Sie müssen wissen, daß nichts, nicht einmal Liebe, durch *unser* Bemühen erlangt wird. In Wahrheit ist alles Gottes Barmherzigkeit.

Dieses Verlangen nach Glück wird nirgends deutlicher als in Beziehungen, in der Suche nach einem Gefährten, nach Liebe, nach dem Frieden des Herzens. Aber es ist ein Verlangen, das oft sein Maß verliert und dann im Dienst von persönlichen Interessen, Egoismus und Gier steht und dazu führt, daß wir andere verletzen. In die Liebe also, Brennpunkt so vieler Hoffnungen, schleichen sich nur allzu leicht und dann sehr massiv die Motive der Nafs ein:

> Tekiyas existieren, damit wir wahrhaft lieben lernen und von unseren Begierden unabhängig werden können. Ichbezogenheit, den eigenen Bedürfnissen Vorrang geben, auf Vorteil aus sein, alle Möglichkeiten ausschöpfen wollen – das ist es, was die Liebe nicht wachsen läßt. Wie können wir einander mit ganzer Liebe lieben, wie können wir gewähren und empfangen, ohne etwas zu erwarten?

Das ist eine ungeheuer schwierige Lektion, denn jeder, der einmal wirklich geliebt hat, kennt auch den würgenden Schmerz von Verlust und Enttäuschung. Heather zeigt uns die Kehrseite der Liebe, nämlich die Begierde. Wir sehen, daß sie es nicht vermag, ganz zu sich selbst zu kommen und so weit loszulassen, daß sie sich Mu'min öffnen kann. Der Shaikh hatte uns den Hinweis gegeben:

Loslassen, alles Ablenkende ausräumen, den Brunnen der Begierde in uns austrocknen. Das ist Ihre vordringliche Aufgabe.

Es war ein schmerzhaftes Eingeschmolzenwerden. Als hätten wir im Leben nicht schon Schmerzen genug! Niemand hatte Lust, sich auf Mu'mins Schmerz einzulassen. Was als so vielversprechende Liebesgeschichte angefangen hatte, lief nun auf lauter Herzeleid hinaus. Wenn Heather doch bloß zurückkommen wollte! Aber auf dem Weg zu Gott gibt es keine wohlfeilen Mittel gegen den Schmerz. So sagt auch Shaikh al Akbar: «Für den Reisenden gibt es keine uneingeschränkte Geborgenheit, Sicherheit oder Seligkeit» – es ist nicht möglich, «endlos so weiterzumachen», wie der Shaikh es ausdrückte. Daß wir uns dagegen wehrten, unserem eigenen Unbehagen, unseren eigenen Begierden und Verhaftungen ins Auge zu blicken, führte schließlich dazu, daß die Geschichte aufgelöst wurde. Wenn man sich nicht stellt, gibt es keine Lösung von innen her. Wiederum sagt Shaikh al Akbar: «Das Herz erkennt keinen Herrn außer Ihm an. Denn du gehörst dem, was Herrschaft über dich hat.»

Eines Nachmittags, unmittelbar nach dem 'Asr-Gebet, wurde mir alles klar. Der Shaikh hatte uns die ganze Zeit einer Schulung unterzogen, die uns an das Tor zu Tawakkal führen sollte. Schulung und Disziplin bedeuten in der Tariqat die Läuterung des Charakters, indem man Heimsuchungen und Demütigungen durchsteht und sich entschlossen gegen die Achtlosigkeit durchsetzt. Die häufigen Attacken des Shaikh gegen unsere Hoffnung auf anhaltendes Wohlleben und gegen unsere Dunya-Verhaftungen waren Bestandteil dieses Läuterungsprozesses. Solch ein Angriff ist ein strategischer Akt der Liebe. Sein Muhabbat über die Mittel, der Maqamul Nafs zu entkommen, war reine Barmherzigkeit, wenn auch mitunter harte Barmherzigkeit. Und schon vorher hatte er es uns ja ganz deutlich gesagt:

Sie müssen heute den Entschluß fassen, der Nafs die Kehle durchzuschneiden. Hazreti Hajara (Hagar) wurde nicht fallengelassen, und wie es für sie war, wird es auch für Sie

257

sein: Eine Quelle beginnt zu sprudeln, wenn alle Hoffnung verloren scheint.

Jetzt hörte ich endlich, wie ich nie gehört hatte, was der Shaikh sagte. Seine Worte gruben sich in mein Herz ein und durchzogen meine Gedanken Tag für Tag:

> Was auch immer Sie vor Gott setzen, Sie verlieren es und Gott auch ... Bauen Sie auf Gott, und vertrauen Sie einander. Vor allem aber: Setzen Sie das Werk Gottes über Ihre persönlichen Interessen ... Wie lange wollen Sie noch ausprobieren, ob der Fels härter ist als Ihr Kopf? ... Wir müssen uns über das Ziel des Lebens und über das Erlöschen Klarheit verschaffen. Hallaj erfuhr sowohl die menschliche als auch die göttliche Liebe ... Die Geisterkarawane hat das Nichts erreicht, von dem sie ausging ... Wie können wir das Geheimnis von Verlust und Verlorenheit ergründen? ... Größer als Ihre Tränen für den Imam Hussein sollten Ihre Tränen für Mu'min sein ... Eilen Sie sich! ... Ihre Qudrat-Zeit ist da.

Was es heißt, die Achtlosigkeit aufzugeben, wurde mir durch den Verlust meines Wagens klar. Nachdem der Shaikh mir nahegelegt hatte, darüber nachzudenken, las ich in der Zeitung über einen Mann, der einen ähnlichen Unfall gehabt hatte. Er jedoch hatte schwere Bauchverletzungen davongetragen und war kurz nach dem Unfall gestorben. Ich hatte nur meinen Wagen verloren, aber es hätte auch mein Leben sein können. Der Shaikh hatte es interessant gefunden, daß ich ganz in der Nähe der Tekiya war. In der Tat: Es gibt eine Zeit, wo es nicht genügt, «in der Nähe der Tekiya» zu sein. Man muß dann vielmehr die Tekiya *sein*. Ein Augenblick, Millimeter der Trennung, und schon kann alles verloren sein. Es gibt für den Murid Zeiten, in denen ein wenig Achtlosigkeit ihm erlaubt ist, doch wehe, er merkt nicht, wenn andere Zeiten kommen, in denen er sich keine Achtlosigkeit erlauben kann. Die Unfähigkeit, hier genau zu unterscheiden, hat schon ganze Zivilisationen zu Fall gebracht und kann auch einen allzu sorglosen Sucher zu Fall bringen. Meine Achtlosigkeit hatte mich mein Auto gekostet. Doch das ist ein kleiner Preis für die Lektion eines Kriegers, ein kleiner Preis, wenn man dafür lernt, wie unermeßlicher Verlust im Reich der Ewigkeit zu vermeiden ist.

Der Unfall erschloß mir auch die Geschichte von Mu'min und Heather wieder ein Stück weiter. Der Shaikh hatte uns, während die Geschichte sich fortspann, immer wieder gefragt, ob sie wohl eine dieser typischen amerikanischen Stories sei. Als er uns das Ganze auslegte, gab er auch hierauf eine Antwort, indem er aufzeigte, daß die Geschichte eigentlich auf einer ganz anderen Ebene spielte. Nur auf der Zahir-Ebene war sie zu Ende. Amerikanische Geschichten dagegen, vor allem Seifenopern, spinnen sich gern endlos fort. Das ist, wie uns so oft gesagt wurde, das Kennzeichen der Dunya. «Endlos so weitermachen.» Auf einer Ebene leben Heather und Mu'min die Geschichte menschlicher Liebe mit ihren Freuden und Enttäuschungen, doch darüber hinaus geht es hier um einen Verlust, der von keinem Schüler gesehen wurde, bevor der Shaikh die Geschichte auslegte. Und auf dieser Ebene tändelt Heather mit einem Verlust von unvorstellbarem Ausmaß – mit dem Verlust einer Liebe von überweltlicher, überkosmischer Schönheit, aus Dimensionen, die das menschliche Herz normalerweise kaum auch nur ahnt, einer Liebe von unausdenklicher Weite, Tiefe und Verwandlungskraft, seltener vielleicht als die Wiederkehr des Halleyschen Kometen. Dieser Verlust könnte eine ganze Kultur treffen, wenn nicht gar eine ganze Zivilisation.

Der Shaikh hatte gesagt, meine Tränen für Mu'min sollten größer sein als meine Tränen für den Imam Hussein. Auch das war ein Hinweis auf die Größe des möglichen Verlustes. Der Imam Hussein bot den Leuten von Kufa die Gelegenheit, Kämpfer in der Streitmacht Gottes zu sein und als Zeugen einzustehen für den ursprünglichen Gehalt des alten Glaubens, nämlich die vollkommene Hingabe an Gott. Doch vergebens. Die Menschen zögerten wie der Murid hinter dem Shaikh, der vom Minarett sprang. Zu spät versuchten sie ihre Feigheit wiedergutzumachen, weinten und flehten zu Gott am Grab des Imam Hussein, dessen Ruf sie nicht gefolgt waren. Gott in seiner Barmherzigkeit erlaubte ihnen, ihr Leben auch jetzt noch einzusetzen gegen den Feind.

Das Angebot an den heutigen Sucher ist dasselbe wie eh und je: Dasselbe strahlende innere Licht, dieselbe unauslotbare Stille, derselbe Trunk, der allen Durst löscht, dieselbe allesverzehrende, grenzenlose Liebe aus dem Urgrund der Liebe, derselbe Rückhalt an hunderttausend Botschaftern des Lichts, dieselbe heilige Übermittlung, die Gott uns in Seiner nie endenden Großmut und Barmherzigkeit gewährt. Und auch an der Bedingung hat sich nichts geändert: Rückhaltlose Auslieferung unserer selbst und alles anderen. Auf dem Spiel steht jedoch mehr als je zuvor. Wenn du die Einladung verstanden hast, mein Sucher-Freund, wenn dein Herz hört, was einer ruft, der ein Reisender ist wie du, dann sei jetzt auf der Hut und eile dich, wie die Heiligen uns so dringend raten. Die Qudrat-Zeit, die Zeit der Macht, rückt mit Lichtgeschwindigkeit näher, und eine Gelegenheit wie diese wird sich nicht wieder bieten.

Als der Shaikh über die Schwertschmiedekunst zu uns sprach, sagte er: «Es ist Zeit, erwachsen zu werden und zur Haqiqat (Wirklichkeit) zu kommen – zu erkennen, daß es diese Möglichkeit in uns gibt.» Aber die Wirklichkeit ist nur durch Vertrauen zu erreichen, und Vertrauen gewinnt nur einer, der sich der Disziplin der Charakterläuterung, der Achtsamkeit und des Loslassens von Verhaftungen verpflichtet. Dann erst kommt man zum Vertrauen. Shaikh al Akbar sagt: «Selten wird einer ein Mensch werden, der anfängt, bevor er sich Disziplin angeeignet hat.» Und von Shaikh Suhrawardi hören wir:

Tawakkal (Vertrauen) meint: Wenn man seine Sache in vollkommener Gewißheit Gott anvertraut, wird für alles gesorgt sein. Tawakkal erwächst aus dem wahren Glauben, der Gewißheit ist, worin der Sucher weiß, daß alles Geschick und alle Bestimmung in Gottes Hand liegen. Das Vertrauen des Suchers ist nicht abhängig von Gründen oder vom Fehlen von Gründen, es ändert sich nicht aufgrund von Launen oder aufgrund der Freuden und Enttäuschungen des Lebens. Der Sucher sieht kein Sein außer dem Grund aller Gründe. Er wird ein Mutawakkil, ein wahrhaft Vertrauender, der die Stufe des Tauhid, der Einheit, erreicht hat. Bis zu dieser Stufe hin befindet man sich immer noch auf Stationen, wo man weiterer Vervollkommnung bedarf, indem man sich von Gründen unabhängig macht; damit sollte man sich befassen und immer weiter streben, und so Gott will, wird man das Tor zur Ruhe finden.

Die Schwerter-Lektion spricht von der Schulung eines Kriegers, von der Läuterung des Charakters und vom Ablegen aller Begierden und Verhaftungen. Der blanke Schliff der Klinge ist das Überwinden der Unachtsamkeit, das den Weg zum Vertrauen ebnet. Auf dem Yaqui-Weg des Erkennens wird der Sucher Carlos von seinem indianischen Lehrer Don Juan darüber aufgeklärt, was einen Krieger ausmacht, einen Menschen, der nicht mehr Lehrling und noch nicht ein Wissender ist: Beherrschung, Disziplin, langer Atem und kluge Zeitwahl. Was am meisten Energie verzehrt, ist die schwer auszurottende Angewohnheit, dem eigenen Ich allzu viel Bedeutung beizumessen, die «Selbstwichtigkeit». Diese Energie wird aber für die Begegnung mit dem Unbekannten benötigt, und deshalb kommt es für den Krieger darauf an, sie aus dieser Festlegung in der Selbstwichtigkeit zu lösen und umzuleiten. Dazu dient das, was in der Sprache des Yaqui-Weges «Makellosigkeit» heißt. Auch in der Tariqat ist vor dem Haqiqat-Stadium eben diese nur sich selbst wichtig nehmende Nafs der größte Energieverzehrer. Makellosigkeit besteht für den Tasawwuf-Krieger in der Vervollkommnung seiner Disziplin, die ihm ermöglicht, der Nafs und der Unachtsamkeit zu entkommen und ein Sohn des Augenblicks zu werden.

Der Sucher ist selbst das Schwert, vom Schwertschmied angefertigt. Der Krieger ist nichts anderes als das Schwert an der Wand. Am Anfang der Schulung hat man Holzschwerter und Raum für Fehler. Aber es kommt die Zeit im Leben eines Kriegers, da es nur noch diesen gegenwärtigen Augenblick gibt und der Kampf auf Leben und Tod geht. Der Krieger muß siegen oder sterben. Die letzte Szene, Ende des vierten Aktes, wird eben jetzt geschrieben, in deinem Leben und meinem. Möge Gott uns helfen, die Wahl zu treffen, die der Geschichte einen gänzlich unerwarteten Ausgang gibt, und

mögen wir nicht unter denen sein, die von dieser Welt über-
wältigt werden. Mögen wir zu dem kommen, was in einem
häufig gesungenen Derwischlied so klar und einfach gesagt
ist:

> *Janan gereksen*
> *Vuslet dilersen*
> *Challtatlu nefsen*
> *Seyfi Jalali.*

> Willst du deine Seele
> zur Einheit hinbewegen,
> so nimm das scharfe, wendige Schwert
> und zerstückle die Nafs.

Epilog:
Der Anfang

Ich war noch nicht lange ein Murid, als ich einmal an einem Herbstabend mit meinem Shaikh durch die Straßen der Stadt ging. Als wir an einem Friedhof vorbeikamen, sagte er: «Was der Mensch in Stein meißelt, damit es für Jahrhunderte hält, ist für Allah wie aufs fließende Wasser geschrieben.»

Jahre vergingen, bevor ich diese Worte wieder von ihm hörte. Kurz nach dem Ende eines Ramadan sprach er sie erneut, und plötzlich berührten sie mein Herz wie ein Windhauch, der süßen Jasminduft heranträgt. Es gibt keinen Frieden, es gibt keine Sicherheit, es gibt nichts Bleibendes außer Gott in Seiner Herrlichkeit und Erhabenheit. Über die Jahrhunderte hin haben die Menschen das Geheimnis zu ergründen versucht, wollten den Schlüssel zur Schatztruhe finden, um den Frieden eines Lebens ohne Zweifel und Angst spüren und schmecken und in seiner ganzen Tiefe erfahren zu können. Schon immer hat das menschliche Herz diesen Ort unzerstörbarer innerer Freude gesucht, den weder Ungewißheit noch Verzweiflung, noch Verlust bedrohen. Doch der Mensch blickt häufig in die falsche Richtung und meißelt in den Stein seines Bewußtseins die Idee ein, der materielle Stoff der Dunya-Welt werde ihm das Geheimnis erschließen. Diesem Stoff mißt er eine Wirklichkeit bei, die nur seinem Herrn zukommt, und so versäumt er die Gelegenheit, das zu finden, was er eigentlich sucht. Wisse, mein Bruder-Sucher, daß Liebe und nichts anderes der Schlüssel zum Schatzhaus ist. Wie auch Omar Khayyam in dem Vers sagt, den der Shaikh häufig zitierte:

Den Schlüssel fand ich nicht zu jener Tür,
trüb war der Blick durch einen Schleier mir.
Die Rede, schien's, war kurz von mir und dir,
doch dann nichts mehr von dir und mir.

Wie kommt man zur Liebe? – das bleibt die Frage jedes Su-
chers. Es gibt nur einen einzigen Zugang zu diesem unbe-
schreiblichen Zustand: durch die Tür, die Tawakkal heißt,
Vertrauen. Indem wir sie durchschreiten, gelangen wir an den
Rand eines Abgrunds. Man muß die Augen schließen, die
Hand in die des Propheten legen, das Herz in die Hände
Gottes geben – und springen. Das ist der Augenblick der
vollkommenen Selbstauslieferung, der Anfang. Alles muß
hier gegeben werden, ohne Zweifel, ohne Frage. Ein halbes
Geben gibt es nicht.

Möge Gott Erbarmen haben mit allen, die Ihn und sonst
nichts suchen. Und Preis sei Ihm, dem Herrn aller Welten,
dem Quell der Liebe, dem Freund der Sucher, dem Öffner
der Herzen.

Entel Hadi Entel Haqq
Leysel hadi illa Hu.

Anhang:

Worte des Shaikh

Wie demütig wir wären, wenn wir wüßten, wozu
wir leben.

Der Mantel der Armut wird Sie wärmer halten als
alle Pelzmäntel.

Es gibt keinen Grund, ohne Hoffnung zu sein...
niemals.

Fernsehen ist das gleiche wie das Goldene Kalb.

Versteinerte Menschen – lebende Fossilien, wan-
delnde Leichname, deren Herz keine Liebe berührt.
Selbstüberhebung. Alles in dieser Welt, was nicht
dem Weg Allahs entspricht, ist wertlos.

Der Mensch ruft dem Universum zu, daß er exi-
stiert, und das Universum antwortet: «Das ver-
pflichtet mich zu gar nichts.»

Das Handeln ist der einzige Mittler zwischen Gott
und den Menschen. Es wird keine Anwälte geben
am Tag des Gerichts (*Yaum al-Quiyamat*).

Heuchler (*Manufiqs*) erkennt man, wenn sie Unbe-
quemlichkeiten ausgesetzt sind: zu kalt, zu heiß –
keine Klimatisierung. Unbehagen schafft dem Geist
Behagen, aber nicht umgekehrt.

Wenn sie eine *Niyat* (Absicht) erklären, dann sehen
Sie zu, daß Sie sich auch daran halten.

Wenn Sie erwählt sind, so nehmen Sie den Tod an,
und Sie werden im Jenseits ein Erwählter sein. Er-
wählte sind die, die glauben.

Ein kleiner Regentropfen macht mit Geduld ein
Loch in den Stein, und die lange Reise beginnt mit
einem einzigen Schritt.

Worte sind begrenzt, Allah ist es nicht.

Adam, Friede sei mit ihm, wurde der Erde als ein
Juwel gegeben.

Gott kann nur durch Liebe erkannt werden.

Der Pfad des Murid ist übersät mit Herausforderun-
gen. Wann eine Initiative ergreifen, wann warten?
Wie zuhören, wie dienen?

Das Leben ist eine Handvoll Staub im Wüstenwind.

Die Wissenschaft beweist die Religion, da ist kein
Bruch.

Bevor Sie jemanden verlassen, überlegen Sie es sich
zweimal.

Leben ohne Liebe ist leer.

Wenn Sie irgendwo auf der Welt jemanden finden,
dem sie wirklich etwas bedeuten, dann bleiben Sie
bei ihm.

Gottloses Tun bringt Nationen in die Krise.

Je älter wir werden, desto schneller geht die Zeit.

Lernen Sie aus *Krieg der Sterne*. Hinter dem Berg *Qaf* sind Wesen, die anders sind als wir.

Das Herz eines Glaubenden ist größer als das Universum.

Die Saat des Bösen trocknet nie aus, und sie sprießt schneller als das Gute.

Ich gebe Ihnen die Überschrift «Vorsicht» für all Ihr Handeln.

Dunya ist ein Examen, bei dem man nur bestehen oder durchfallen kann. Kein zweiter Versuch.

Die Schwierigkeiten, denen wir im Leben begegnen, verursachen wir durch uns selbst.

Ihre kleinen Bedrängnisse sollen Ihnen helfen, den Rücken am Tag des Gerichts gerade zu halten.

Wenn dieses Leben preisgegeben ist, dann kann es geliebt werden.

Dieses Leben ist ein Geschenk der Liebe Allahs, das uns bei der Verwirklichung des nächsten Lebens hilft und uns die Schönheit Allahs nahebringt.

Was dem Herzen eingeprägt ist, ist der Seele eingeprägt.

Vorsicht vor denen, die kein Leid erfahren haben. Friede kommt nach langem Leiden.

Dunya ist wie ein schmutziges Fenster.

Die Pflicht eines *Mu'min*, eines Menschen, der glaubt, besteht darin, Leiden zu lindern.

Es gibt neunhundert Millionen Muslime, und doch ist ein Muslim so selten wie ein ausgestorbenes Tier.

Seien Sie dankbar für alles, was geschieht.

Vergessen Sie nie, daß Gott nichts verborgen bleibt. Wir können uns ja kaum voreinander verstecken.

Wer Vorbehalte hat gegenüber dem Propheten, Friede sei mit ihm, der hat auch Zweifel an Allah.

Hüten Sie sich vor den kurzlebigen Profiten dieses Lebens.

Auf diesem Pfad können Sie sich nicht als Gläubigen bezeichnen, ohne Wohltätigkeit zu üben.

Manche Leute sprechen ihre Gebete, und dann gehen sie und huldigen.

Was das Establishment angeht: Wenn Sie unabhängig und nicht involviert sind, sind Sie in Sicherheit, aber wenn Sie sich davon abhängig machen, wird es Sie vernichten.

Das Establishment lebt von seinem selbsterzeugten Überlegenheitsgefühl. Es ist wie eine Seifenblase, die auf eine Nadel zutreibt.

Sufis sind Muslime, die mehr schöpfen wollen aus der Barmherzigkeit Gottes, und schon Muslime sind ja Menschen, die sich Gott vollkommen ergeben.

Was hat es auf sich mit diesem wunderschönen Leben? Vor den Spiegel zu treten und immer mehr Falten und Zahnruinen zu sehen.

Wie sehr wir doch durch unsere Leidenschaften irregeführt werden!

Machen Sie *einen* Baum im Wald aus: Dieser Baum ist das Zentrum des Universums.

Sie können tun, was Sie wollen, aber erst dann, wenn Sie nichts mehr wollen.

Islam ist kein Aufkleber, den man an der Stirn trägt. Islam ist vollkommene, rückhaltlose Hingabe an Gott.

Unsere heutigen Götzen sind im Fernsehapparat, auf dem Bankkonto und im Kühlschrank.

Zum Mond fliegen – das gewährleistet noch nicht Erleuchtung.

Was auch immer Sie tun, um dem Pfad treu zu bleiben, Sie werden sich damit Feinde machen.

Haram ist so verlockend, daß es sogar die Liebe zu Gott vergrößern wird.

Mensch ist Mensch, Gott ist Gott – was wäre da sonst noch?

Der Mensch glaubt, er wäre der Mittelpunkt des Universums, um den sich alles dreht. Wo es um das Böse geht, da ist er der Mittelpunkt.

Sie töten Dunya, oder Dunya tötet Sie.

Shaikh al Akbar sagt: «Wer den Fuß auf den Pfad Gottes setzt, wird auch ankommen. Wenn du Gott nicht verläßt, wird Er dich nicht verlassen.»

Liebe führt zur Erlösung und nicht zu Erkenntnis.

Bemühen Sie sich um ein bescheidenes, maßvolles Leben, damit Sie zu denen gehören, die in der Gegenwart Gottes sein dürfen.

Jedermann trägt *Quiyamat*, das Endgültige Ende, in sich. Glauben Sie nicht, der Tag des Gerichts sei fern.

O Leichnam, der auf seine Waschung wartet, wo ist deine Kraft, wo ist deine Beredsamkeit?

Heuchelei hat keinen Platz auf dem Pfad Gottes.

Allah verspricht: Wenn Sie aufrichtig den Pfad gehen, können die Ihnen nicht schaden, die davon abgewichen sind.

Die Zeiten der Zurückgezogenheit sind dazu da, daß Ihr Ich Ihnen sichtbar werden kann.

Tawakkal heißt, Ihre Hand in die des Propheten legen und den Rest Allah überlassen.

Wenn Sie sehen, daß Götzen, welcher Art auch immer, in das Haus Gottes gelangen, dann nehmen Sie Benzin und legen Sie Feuer, und machen Sie zuerst den Imam einen Kopf kürzer.

Danken Sie Allah, ohne etwas zu erwarten.

Das Verlangen wächst allmählich, ohne daß Sie es merken. Allah führt uns Schritt für Schritt näher zu sich.

Sie sind nur so gut wie Ihr Gottes-Dienst.

Fehlschläge, die das Leben allenthalben bereitzuhalten scheint, könnten eine Gnade sein. Sie haben das nicht zu beurteilen. Sagen Sie: *Allahu 'Alim*. Erkennen Sie, daß Gott weiß und Sie nicht. Der Job, den Sie nicht bekommen haben, der Erfolg, der ausblieb. Vielleicht zeigt Allah Ihnen Monate später den Segen dessen, was Ihnen als Fehlschlag erschien.

Ihr Fasten schwebt zwischen Himmel und Erde, bis
Sie Zakat zahlen und vergeben. Entledigen Sie Ihr
Herz all dessen, was Sie gegen irgendeinen Muslim
gehegt haben.

Betrachten Sie die Propheten als Ihre Großväter. Sie
sind Ihnen sehr zugetan. Sie lieben uns, wie wir sie
lieben.

Das Herz ist das Mittel, die Liebe der Zweck. Den
Menschen muß man kennen, um ihn zu lieben, Al-
lah muß man lieben, um Ihn zu kennen.

Ruh, die Seele des Menschen, vergißt im Abstieg
und erinnert im Aufstieg.

Liebe und Vertrauen sind verwandt.

Verhätscheln Sie den Körper nicht zu sehr. Halten
Sie ihn am Zügel. Der Körper hat seine schönen und
weniger schönen Eigenschaften.

Auf Allah kommt es an. Wenn Sie sich Allah unter-
werfen, steht die Ewigkeit außer Zweifel.

Die Welt ist voller Beispiele der verblüffenden Weis-
heit Allahs.

Wer sind Sie, und wer bin ich? Wir sind sowohl
nichts als auch alles.

Öffnen Sie sich den Menschen in Ihrer Umgebung.
Da ist keiner, der nicht der Güte bedürfte. Wir ha-
ben alle das gleiche Geschick ohne Allah. Das zu
wissen, ist Grund genug für Mitgefühl.

Das Gebet ist unsere Telefonverbindung zu Allah.
Der Liebende sucht Münzen, wählt, wartet, daß der
Geliebte abnimmt.

Das Dienen schneidet von Ihnen stückweise ab, bis von Ihrem Ich nichts mehr da ist. Öffnen Sie den Durchfluß, und Allah erfüllt ihn.

Ein Gläubiger sollte nicht deprimiert sein. Allah verspricht den Sieg. Was Sie begehren, wird verwirklicht.

Jamat-ul Zaman, das sind die Menschen der Zeit: die Muslime, die Gott durch die Art ihres Auftretens ausstrahlen und stets bescheiden, reinlich und freundlich sein müssen.

Kalima (das Glaubensbekenntnis) ist Ihr sicherer Grund im Mahlsand.

Keine falsche Frömmigkeit! Nur Allah ist heilig. Wie sehr, das können wir uns nicht vorstellen.

Das Gewahrsein endet mit dem Ende dieser materiellen Welt.

Alles Begehren sollte an der Gebetsmatte enden.

Jeder hat eine Chance, aber was wir nicht wollen, bekommen wir auch nicht.

Sie können nur sehen, wenn Sie Ihre Augen öffnen für das Universum, die Natur, die Schöpfung, die Sie umgibt. Wie man das Glück findet? Einfach die Augen aufmachen.

Wir sind nicht anders als Menschen, die sich bereitmachen, Haram zu begehen. Die in ihren Häusern warten, bis es sieben ist, und dann ausgehen zu einer Nacht voller Haram. Alle Menschen haben die gleichen Begierden, alle suchen die gleichen Antworten.

Wenn Sie Gott nicht in Ihrem Herzen erkennen, dann
erkennen Sie Ihn wenigstens in Ihren Grenzen.

> Betrachten Sie die Propheten als eine Familie, die
> Welt als eins. Vergessen Sie die Trennungslinien zwi-
> schen Rassen, die Trennung durch Raum und Zeit.

Solange wir uns nicht vom Groben befreit haben und
wie Elefanten durch die Welt stampfen – wie wollen
wir da hören?

> Ergebung ist die höchste Religion. Es gibt nichts
> Höheres, als sich vor Allah niederzuwerfen.

Im Hause Allahs ist Raum für jeden. Geben Sie Ihrem
Bruder und Ihrer Schwester einen Platz, und Allah
wird Ihnen einen Platz geben.

> Glaube an Gott, Liebe zu allem Lebendigen, auch zu
> dem kleinsten Insekt.

Jedes Stück Brot hat zwei Hälften, damit es geteilt
werden kann.

> Das Leben dieser Welt ist wie eine Sternschnuppe. Sie
> wissen, wie alt Sie sind. Fangen Sie an zu leben und
> sich auf das kommende Leben vorzubereiten.

Bedrängnisse sind notwendig, sie waren es sogar für
die Propheten.

> Alle Propheten sind eins. Das Ganze der Schöpfung
> ist eins. Gott sagt im Koran, die Menschheit sei einst
> eine einzige Nation gewesen. Das sollte man sich
> einprägen.

Jeder möchte sich gern Gott nahen und das Unsicht-
bare erkennen. Doch Gott fordert dafür Ihr ganzes
Leben.

Freundliche Worte sind besser.

Geben Sie, was Ihnen am teuersten ist.

Am Anfang steht *Himma*, und wissen Sie, was Himma ist? Es ist Ihr Verlangen nach Gott und nichts anderem. Es ist das, was Sie durch die Stadien des Weges (*Tariqat, Haqiqat, Ma'rifat*) zur Erkenntnis der Wirklichkeit und weiter treibt.

Halten Sie sich offen für mich, und meine Liebe wird in Sie einströmen wie ein mächtiger Fluß in ein neues Bett. Öffnen Sie ihr Herz dem Shaikh für das Geschenk der Liebe.

Wer keine Narben der Liebe hat, ist entweder verrückt oder tot.

Mein Herz sah den April viele Male. Den Mai niemals.

Jahannum (die Hölle) wird voller Menschen sein, die Schmerzen zufügten im Namen der Liebe.

Alles, was der Murid für seinen Shaikh tun kann, ist, Allah zu lieben. Danach, einander zu lieben.

Was die Menschen unglücklich macht, ist der Wunsch, endlos so weiterzumachen. Was kann diese Gesellschaft zu einer glücklichen Gesellschaft machen? Allah!

Nichts ist allein durch Bemühen zu erlangen, auch die Liebe nicht. Nur durch Allahs Barmherzigkeit.

Tekiyas sind dazu da, daß wir lernen können, von unseren Begierden unabhängig zu sein.

Haram, das nach islamischem Gesetz Verbotene, führt letztlich nie zum Glück, denn das Gesetz der

274

Natur muß in Einklang mit dem Gesetz Gottes sein.
Wo es das nicht ist, folgt zwangsläufig Enttäu-
schung.

Bringen Sie sich in den Stand der Liebe, indem Sie
Ihre Begierden verringern und Ihre Dankbarkeit
vermehren.

Wenn Sie das, was Ihnen Vergnügen macht, mit
dem göttlichen Gesetz in Einklang bringen können,
dann gut. Wenn nicht, dann wenden Sie sich ab da-
von.

Was einem nahe ist, davon trennt man sich schwer.

Machen Sie sich keine Gedanken über Fortschritte.
Gesicht und Körper verändern sich, aber sehen Sie
Unterschiede von einem Tag auf den anderen? Seien
Sie ohne Sorge und nicht entmutigt, das Leben wird
seinen Lauf nehmen.

Wenn Sie auf einen Turm steigen, sehen sie mehr
Menschen, aber kleiner.

Wer nicht das Reich des Glaubens erreicht hat, lebt
nicht.

Wir müssen uns zusammennehmen, denn Dunya ist
los.

Über manche kommt Allahs Liebe wie eine Lawine.
Es fängt mit einem unscheinbaren Schneeball an.
Und manche Menschen wachsen, während sie fal-
len. Der Pfad wird breit, und manche gehen schnell.
Die Fähigkeit, Gott zu lieben, ist in uns allen, wie
unscheinbar auch immer.

Der Schlüssel zum Glück ist das Gottesgedenken.

Ich gebe Ihnen für Ihre Tränen dies: Die beste Art,
Ihre Tränen zu trocknen, ist der Sprung in den
Strom der Tränen. Es sind Ihre Juwelen auf der un-
steten Dunya-Schnur.

Wir müssen dem Vorbild des Propheten und seiner
Gefährten so nahe wie möglich kommen. Je ferner
wir ihm sind, desto ferner sind wir Allah. Indem wir
ihm nacheifern, bringen wir uns der ursprünglichen
Botschaft nahe. Nehmen Sie den Propheten Mu-
hammad an, und Sie nehmen auch alle Propheten
vor ihm an.

Halten Sie Türen und Fenster offen für den Hauch
von Allahs Gnade. Wach bleiben kann man nur,
wenn die Fenster offen sind.

Preisen Sie den Ozean, aber bleiben Sie in der Nähe
der Küste.

Glossar

Abu Bakr as-Siddiq: Der erste Kalif des Propheten Muhammad und der großzügigste seiner Gefährten. Als ein Mann von unvergleichlichem Wahrheits- und Redlichkeitssinn, Freund des Propheten von Kindheit an, erhielt er von diesem die direkte Übermittlung der inneren Lehren des Islam.

Adab: Wörtlich «gutes Benehmen». Spirituelle Verfeinerung, das rechte Handeln und Verhalten auf dem Pfad.

Ahlil bait: Die spirituelle Familie und das Haus des Propheten Muhammad. Im weiteren Sinne alle, die je für den Glauben an Einen Gott gezeugt haben.

Akhirat: Das Jenseits.

Ali Ibn Abu Talib: Vierter und letzter der rechtmäßigen Kalifen des Propheten Muhammad, der ebenfalls die inneren Lehren des Islam direkt vom Propheten übermittelt bekam.

'Alim: Ein Gelehrter oder Wissender.

'Amal: Werk, Tat.

Amana(t): Etwas, das man in jemandes Obhut gibt.

Amilus salihat: Redliches Handeln.

Ammara: «Zum Bösen antreiben», niedrigster Zustand der Nafs.

'Ashq: Leidenschaftliche Liebe, für gewöhnlich einem 'Ashiq zugeschrieben, einem «Gottliebenden».

Asma: Name.

Asma al husma: Gottes schönste Namen.

'Asr: Nachmittag. Auch Bezeichnung für das Mittagsgebet, kurz bevor die Sonne ihren höchsten Stand überschreitet.

Astaghfirulla: Möge Gott mir vergeben.

Auliya: Plural von Wali, Freund Gottes, Heiliger.

Ayat: «Vers»; auch Zeichen oder Hinweis.

Azab: Der Zorn und die Strafen Gottes.

Azan (auch *Adhan*): Der Gebetsruf des Muezzin, der fünfmal am Tag erschallt.

Baklava: Sehr süßes Gebäck mit Nußfüllung, typisch für die Türkei und Griechenland.

Baqa billah: Das «Verweilen in Gott» nach dem «Entwerden in Gott» (siehe *Fana billah*).

Baqara: «Kuh»; Titel der zweiten Sura des Koran.

Baraka(t): Göttliche Segensmacht, die durch heilige Menschen Orte oder Gegenstände übertragen werden kann.

Barzakh: Wörtlich «Trennwand». Das Zwischenreich zwischen Tod und Auferstehung.

Batin: Das innerlich Verborgene. Im absoluten Sinne auch eines der Attribute Allahs. Bezieht sich meist auf Dinge aus der unsichtbaren Welt des Geistes.

Bayat: Versicherung, Versprechen, Gelöbnis.

Buraq: Das Reittier des Propheten bei seiner Himmelsreise (*Miraj*).

Dajjal: Der Antichrist, der am Ende aller Zeit auftreten wird, um die, die ohne Gewißheit im Herzen sind, zu blenden und irrezuführen.

Dunya: Die materielle Welt der Phänomene und der Erfahrung.

Eid-ul Adha: Islamischer Feiertag zum Gedenken an das Opfer des Propheten Abraham.

Eid-ul Fitr: Islamischer Feiertag am Ende des Fastenmonats Ramadan.

Ezel: Der Ort in der Ewigkeit, an dem die Seelen mit einem «Ja» bestätigen, daß Allah ihr Herr ist.

Fajr: Die Morgendämmerung. Bezeichnet meist das Morgengebet.

Fana billah: Das Entwerden in Gott. Ziel der Reise eines Menschen, der seine schlechten Eigenschaften abgelegt hat.

Faqir: «Der Arme». Ein Sucher nach innerem Reichtum.

Fikr: Meditation, Kontemplation.

Fiqh: Islamische Rechtskunde.

Fitna: Prüfungen, Heimsuchungen, die Bedrängnisse des Lebens.

Fuqara (Plural von *Faqir*): Bezeichnet den Kreis der Gefährten des Propheten oder der Schüler eines Shaikh.

Hadith: Überlieferung des Propheten.

Hadrah: Eine Zusammenkunft, Versammlung.

Hafiz: Einer, der den gesamten Koran auswendig kennt und im Herzen bewahrt.

Hajara: Die biblische Hagar, Sklavenfrau des Propheten Ibrahim, die ihm den Sohn Ismail gebar.

Hajj: Die Pilgerreise nach Mekka.

Halal: Alles vom islamischen Gesetz erlaubte Handeln.

Halqa: Ein Kreis von Menschen, meist ein Shaikh und seine Schüler.

Halveti (auch *Khalwati*, abgeschiedene Derwische): Eine von zwölf Tariqats in der Linie von Shaikh Omar al Khalwati.

Haqq: Wahrheit; bezieht sich auch auf das rechtmäßige Eigentum eines anderen.

Haqiqa(t): Wirklichkeit. Das Stadium, in dem der Suchende die Dinge so sieht, wie sie wirklich sind.

Haram: Alles, was vom islamischen Gesetz verboten wird.

Hashr: «Versammlung»; Titel der neunundfünfzigsten Sura des Koran.

Hazreti: Ehrentitel für Menschen von hoher spiritueller Verwirklichung, wörtlich deren erhabene Erscheinung bezeichnend.

Hikmat: Weisheit.

Himma(t): Das hohe Streben; spirituelle Sehnsucht.

Hira: Berghöhle in der Nähe von Mekka, in die der Prophet sich zur Meditation zurückzog. Ort der ersten Koran-Offenbarung.

Hizmet (auch *Khidhmat*): Dienen. Im Tasawwuf ist alles Dienen Gottes-Dienst.

Hussein: Der Sohn des Imam Ali Ibn Abu Talib und der Tochter des Propheten, Hazreti Fatima. Ein hoher Wali, Bewahrer des reinen Islam. Starb mit zweiundsiebzig anderen in Kerbela den Märtyrertod.

'Ibadat: Gottesdienstliche Werke wie devotionale Handlungen, Wohltätigkeit, Gebet, Arbeit und Zikr.

Iftar: Speise am Ende eines Fastentages.

Ilahi: Ein Gesang zum Lob Gottes.

'Ilm: Wissen(schaft).

Iman: Glaube.

Irshad: Anleitung, Führung, Unterweisung zur inneren Entwicklung.

'Isha: Nacht. Bezeichnet meist das Nachtgebet.

'Ishq: Leidenschaftliche, überströmende Liebe zu Gott, die der spirituelle Sucher auf dem Pfad zu finden hofft.

Islam: Die ausschließliche und vollkommene Hingabe an Gottes Willen und die vorbehaltlose Annahme seiner Gebote.

Ismail: Sohn von Abraham und Hagar.

Istighfar: Bitte um Vergebung.

Jahannum: Die Hölle.

Jamat: Gemeinschaft. Manchmal auch eine kleine Gruppe von Reisenden.

Jami': Die Moschee, meist die größte einer Ortschaft.

Jannat: «Garten». Bezeichnet meist das Paradies.

Jibreel: Der biblische Gabriel; Engelswesen, das Gottes Botschaften und Offenbarungen seinen Dienern und Propheten zuträgt. Er überbrachte dem Propheten Muhammad den Koran in Schritten und Stufen der Offenbarung, die von Gott angeordnet wurden.

Jihad: Krieg, Kampf, Anstrengung. *Jihad al akbar*, der «große Kampf», bezieht sich im allgemeinen auf eine Prophetenüberlieferung, in der es heißt, der größte Kampf sei der *Jihad an-Nafs*, der Krieg gegen das eigene Ich, gegen die Begierden und Launen des Ego.

Jumah: Freitag. Auch die Bezeichnung für die gemeinschaftlichen Freitagsgebete.

Ka'ba: Das würfelförmige Gebäude in Mekka, das den Schwarzen Stein birgt und die Richtung für die Gebete der Muslime angibt. Der Anbetung des Einen Gottes geweiht, wurde die Ka'ba ursprünglich vom Propheten Adam erbaut und später von den Propheten Abraham und Muhammad wiederhergestellt.

Kabir: Groß, breit.

Kafir: Ein Ungläubiger; einer, der den Glauben verwirft.

Kalima: Das islamische Glaubensbekenntnis – Es gibt keinen Gott außer Allah, Muhammad ist sein Diener und Gesandter.

Khalwat: Abgeschiedenheit, Klausur.

Khanqa: Ein Klausurhaus und Versammlungsort der Derwische, wo der Sucher Ruhe findet und in Gesellschaft anderer lebt, die auf dem Pfad zu Gott sind.

Lawwama: «Tadelnd». Zustand der Nafs, in dem sie zum Gewissen wird und sich selbst ermahnen kann.

Maghrib: Der Westen; steht auch für die Zeit des Sonnenuntergangs.

Maqam: Station auf dem Pfad; Stadium der spirituellen Entwicklung.

Masjid: Arabisch für Moschee.

Ma'rifa(t): Stadium der Erkenntnis und Verwirklichung, das auf *Haqiqa(t)* folgt.

Marwa: Ein Hügel in der Nähe von Mekka, der für die Riten des Hajj von Bedeutung ist. Einer der Hügel, zwischen denen Hazreti Hajara hin und her lief, als sie Wasser für ihren Sohn Ismail suchte.

Matem: «Trauer». Die ersten zehn Tage des *Muharram* (erster Monat des islamischen Kalenders), während derer man dem Märtyrertum des Imam Hussein gedenkt.

Maut: Tod.

Maulana: Ehrentitel mit der Bedeutung «unser Meister» oder «unser Helfer».

Medina al munawwara: Medina, «die erleuchtete Stadt», der Ort, an dem der Prophet Muhammad begraben ist. Die Stadt hieß vordem Yasrib, wurde aber Madina, «die Stadt», oder Madinatu'n Nabi, «Stadt des Propheten» genannt», seit sie dem Propheten bei seiner Flucht aus Mekka Zuflucht gewährte.

Mihrab: Gebetsnische.

Miraj: «Aufstieg». Bezieht sich auf die Himmelsreise des Propheten. Von der untersten Himmelssphäre aus, wo sein Reittier Buraq ihn verließ, setzte der Prophet zusammen mit Hazreti Jibreel seinen Weg durch die sieben Himmel fort. An der Grenze des höchsten Himmels blieb Hazreti Jibreel zurück, und der Prophet ging allein weiter, über die Grenzen der materiellen Existenz hinaus. Das war vom mystischen Standpunkt aus gesehen ein höchst bedeutsames Ereignis für die Menschheit, denn zum erstenmal ging hier ein Mensch über den Barzakh und den sternenlosen Himmel hinaus und kehrte zur Erde zurück.

Muhabbat: Darlegung oder Belehrung.

Muqaddim: «Einer, der etwas voranbringt». Meist ein Beauftragter des Shaikh, der in dessen Abwesenheit bestimmte Aufgaben in der Tekiya übernimmt. Er kann der Hauptbeauftragte des Shaikh, aber auch einem Wakil unterstellt sein.

Murid: «Einer, der begehrt». Ein Neuling auf dem spirituellen Pfad.

Musafir: Reisender.

Musalla: Gebetsteppich.

Mutakif: Einer, der an der Itikaf-Klausur während der letzten zehn Tage des Ramadan teilnimmt.

Mutawakkil: Ein Mensch, der die Stufe des Tawakkal erreicht hat, des unerschütterlichen Vertrauens auf Gott.

Mutmainnah: Entwicklungsstadium der Nafs, in dem sie Ruhe findet und nicht mehr zum Opfer ihrer selbst wird.

Nafs: Das erfahrende Ich oder Ego. Jener Aspekt der Seele, der den Menschen seinen Leidenschaften und Begierden zu unterwerfen trachtet.

Naqshbandiyya: Eine der Tariqat-Bruderschaften des Sufismus.

Niya(t): Absicht, Intention.

Niyaz: Eigentlich «Bitten und Flehen» (die Haltung des Liebenden gegenüber dem Geliebten). Bezeichnet meist die Verbeugung vor der Möglichkeit des Göttlichen in einem anderen Menschen.

Nur: Licht, Strahlen, spirituelles Leuchten.

Pir: Alter Meister. Meist ein hochrangiger Shaikh oder *Murshid* (geistiger Führer). Häufig auch Begründer einer Schule oder Bruderschaft.

Qaf: Der Weltberg.

Qari: Einer, der sich auf die richtige Rezitation des Koran versteht.

Qasida: Langes Gedicht, das meist auch gesungen werden kann; auch mystische Verserzählung.

Qudrat: Macht, Kraft. Bezieht sich auch auf besondere Kraft-Augenblicke, die verlorengehen, wenn man sie nicht sofort nutzt.

Qibla: Gebetsrichtung.

Qiyamat: Auferstehung; Jüngstes Gericht.

Qurban: Opfertier, das nach der Opferung gemeinschaftlich verzehrt wird.

Rabb: «Herr». Gott als die alles tragende Kraft im Universum.

Rahma(t): Göttliche Gnade.

Raka(t): Einheit im Ritualgebet, bestehend aus Stehen, Verneigung, Sitzen und Niederwerfung.

Rasul: Gesandter, Botschafter.

Rehber: Führer.

Rufaiyya (auch *Rifaiyya*): Die sogenannten Heulenden Derwische. Von Ahmad ar-Rufai gegründete Derwisch-Bruderschaft.

Ruh: Geist; jenes Prinzip, dem das göttliche Geheimnis innewohnt und das dem Körper Leben gibt.

Sabr: Geduld, Beharrungsvermögen.

Safa: «Reinheit». Name eines der beiden Hügel in Mekka, zwischen denen Hazreti Hajara hin und her lief.

Saff: Linie oder Reihe, beim Gebet oder im Kampf.

Sahib: Der Besitzer oder Meister von etwas.

Sa'i: Das Ritual des Hin- und Herlaufens zwischen Safa und Marwa beim Hajj.

Sajud (*Sajda*): Niederwerfung. Die Haltung der vollkommenen Unterwerfung.

Saki (oder *Saqi*): Der Mundschenk, der den Wein der göttlichen Ekstase einschenkt.

Salat: Ritualgebet.

Salawat: Die Bitte um Gottes Segen für den Propheten Muhammad.

Salawat Tabriqieh: Besonderer Segenswunsch bei bestimmten sufischen Zusammenkünften.

Salih: Ein achtbarer, rechtschaffener Mensch.

Sama': Die Sphäre des Himmlischen.

Sanjak: Banner, Standarte.

Shahada: Das Aussprechen des Glaubensbekenntnisses.

Shahid: Märtyrer.

Shaitan: Der Teufel.

Shari'ah: Gottesgesetz.

Sharif: Edel, erhaben.

Shems: «Sonne». Auch Damaskus. Titel der einundneunzigsten Sura des Koran und Name des Freundes und Lehrers von Hazreti Rumi.

Sherif: Der Platz eines Menschen. Insbesondere der Sitzplatz eines Shaikh oder eines anderen Vertreters des Propheten.

Shirk: «Gott etwas zugesellen»; die Anbetung von irgend etwas neben Gott, dem einzigen, dem Anbetung und Huldigung gebührt.

Siddiq: Ein wahrhaftiger Mensch.

Sidrah: Ratsversammlung von Shaikhs.

Silsila: Eine Linie im «geistigen Stammbaum» des Sufismus.

Sirat al mustaqim: Der «gerade Pfad».

Sirr: Geheimnis, Mysterium.

Sofra: Der Tisch oder das Tuch, von dem gegessen wird.

Subhana Rabbi al 'ala: «Aller Ruhm gebührt Allah, dem Allerhöchsten.»

Sunna(h): Das Beispiel oder Vorbild des Propheten.

Tafrid: Im Tasawwuf das innere Alleinsein, in dem man zufrieden ist mit allem, was Gott gibt, sich nichts als Lohn für sein Handeln verspricht, das Gute, das von Gott kommt, nicht herumzeigt und generell den Interessen des Ich möglichst wenig Beachtung schenkt. Auf dieser Stufe ergreift nichts mehr Besitz vom Sucher.

Tafsir: «Erklären»; Kommentierung und Auslegung des Koran.

Tahajjud: Freiwillige Gebete im letzten Viertel der Nacht.

Tajrid: Äußerlich das Ablassen von allen Begierden dieser Welt. Innerlich löst man sich von der Erwartung, in der nächsten Welt dafür belohnt zu werden. Auf dieser Stufe besitzt der Sucher nichts mehr.

Tarawih: Die freiwilligen Gebete des Ramadan nach dem 'Isha; normalerweise zwanzig Rakats.

Tariqa(t): Pfad, Bruderschaft.

Tasawwuf: Der mystische Pfad des Islam, besser bekannt unter der Bezeichnung Sufismus.

Tasbih: «Verherrlichung». Gebetsperlenkette, mit deren Hilfe man die Namen Gottes, den Zikr und die Lobpreisungen Gottes zählt.

Taslimiyyet: «Unterwerfung»; im Tasawwuf vollkomme

Auslieferung an Gott nach langen Leiden, Widerständen und Kämpfen mit sich selbst.

Tauhid: Anerkenntnis der Einheit Gottes.

Tekiya (auch *Zawiya*): «Winkel»; ein Gebäude, das der Schulung und Unterweisung von Murids und Derwischen durch einen Shaikh dient.

Turbe: Grab.

Umma(t): Die muslimische Gemeinde; Nation.

'Umra: Die kleine Mekka-Pilgerreise; auch Besuch der heiligen Moschee in Mekka. Gilt ebenfalls als segenbringend, jedoch weniger als der Hajj. Kann jederzeit ausgeführt werden außer an Tagen, die dem Hajj vorbehalten sind.

Ustedh: Meister, Lehrer, Professor.

Wakil: Wächter. Meist der Hauptvertreter eines Shaikh.

Wali: Heiliger.

Yaqin: Gewißheit.

Yazid: Der Feind des reinen Islam, der den Imam Hussein und die Shahids in Kerbela besiegte und tötete.

Zahir: Das äußerlich Manifeste, Sichtbare. Aus der Sicht des Absoluten eines der Attribute Gottes; bezeichnet jedoch auch die Ausrichtung auf das Äußere.

Zainul Abidin: Heiliger; Enkel des Imam Ali und Sohn des Imam Hussein.

Zakat: Eigentlich «Läuterung»; bezieht sich aber meist auf die sogenannte Almosensteuer, die jährlich ein Vierzigstel des Besitzes und Einkommens ausmacht.

Zalimin: Übeltäter, auch solche, die an sich selbst schlecht handeln; Menschen der Finsternis, Unterdrücker.

Zikr (auch *Dhikr*): Lautes oder schweigendes Gottesgedenken.

Zuhr: Mittag; auch Bezeichnung des Mittagsgebets.

Zuhurat: Offensichtlich, äußerlich, wahrnehmbar (vgl. *Zahir*).

Zulfikar: Name des berühmten Schwertes, das Hazreti Ali vom Propheten Muhammad erhielt.